제국에서 민국으로 가는 길

제국에서 민국으로 가는 길

대한민국 임시정부 27년을 걷다

글 박광일 | 사진 신춘호

생각
정원

3·1운동,
그리고 대한민국 임시정부 100년의 길

시간과 공간의 역사를 찾아서

3·1운동을 바탕으로 성립한 대한민국 임시정부. 그 역사의 현장을 찾아가는 답사는 안타까움과 흥미로움, 절의와 희망, 과거와 미래에 대한 고민 등 복잡한 감정을 갖게 한다. 역사를 주제로 떠나는 답사는 책이나 그림, 사진 자료로 본 역사 현장을 확인하는 작업이다. 역사의 내용만 놓고보면 책을 읽는 '독서'와 현장을 찾는 '답사'는 비슷한 결론에 이르러야 하지만 독자와 답사자가 느끼는 역사의 깊이는 다르다.

역사 답사의 형식은 여행이다. 역사 공부의 과정이 여행의 형식을 따른다고 해야 할까. 여행 계획을 짜듯 답사할 곳을 정한다. 답사지에서 볼거리를 미리 알아두고 현장에 가서 직접 오감으로 그곳의 시간, 그곳의 공간을 살펴본다. 현실을 벗어난 '여행자의 너그러움'은 평소 부담스럽게 여겼던 역사 정보를 쉽게 받아들일 수 있게 한다. 답사지에서 보고 느꼈던 것을 곱씹으며 생각을 정리할 여유가 생긴다. 무엇보다 답사를 다녀오면 그 장소가 나에게 특별한 곳이 된다. 답사를 다녀온 장소가 미디어 매체에 등장하면 그냥 넘기기 어렵다. 조금 열심히 다녔다면 주변 사람에게 그 장소의 내력에 대해 한마디 건네고 싶은 마음이 생기기도 한다. 답사의 경험은 역사 기록 속 연표를 내 삶의 이력으로 만들어준다. 이것이 답사의 묘미가 아닐까.

역사를 구성하는 요소 가운데 시간과 공간의 의미를 생각해보자. 역사서 기록만을 읽은 이들에게 임시정부는 1919년에서 1945년(또는 1949년)까지 시간으로 기억되겠지만, 답사를 다녀온 사람들에게는 상해에서 중경(또는 다시 서울)까지라는 공간이 더 강한 이미지로 남지 않을까.

더구나 책에서는 한국사의 한 부분으로 임시정부의 역사를 배우니 우리나라를 중심으로만 생각할 수 있다. 하지만 직접 답사를 가면 그 유적이 모두 중국에 있으니 자연스럽게 우리나라와 다른 나라의 교섭 관계까지 생각할 수 있다. 일국사一國史, 곧 한국사에 익숙한 우리 시각에 작지만 분명한 변화가 생기는 것이다. 근대 이후의 역사는 지식과 돈, 사람의 교류가 그 어느 때보다 활발하니 그 경계를 설정하는 것이 어렵다. 답사는 한국사와 세계사를 연계해야 역사의 실상에 가까이 접근할 수 있다는 것을 체득하게 해준다.

특히 임시정부 답사는 우리 역사의 흐름에서 시간의 단절과 공간의 확대에 대한 고민을 던진다. 3·1운동과 대한민국 임시정부는 새로운 시대에 대한 관심이 큰 사건이었다. '독립'을 외쳤던 이들은 대한제국으로 돌아간다고 생각하지 않았다. 독립은 '국가 건설'의 과정이었다. 조선과 대한제국의 역사와 단절하고 세우는 새로운 국가는 '황제'가 주권자인 나라에서 '시민'이 주권자인 나라로 바뀌어야 했고, 이 생각은 한 번 세상에 표출된 후 다시 돌아가지 않았다. 대한제국 시절만 하더라도 독립운동에서 '공화정'은 주요한 목표가 아니었다. 그러나 서양 열강, 중국의 신해혁명, 러시아의 소비에트혁명을 직접 눈으로 본 시민과 독립운동가는 새로운 국가에 대한 방향을 공화정으로 설정했다. 공간의 힘이 시간의 힘을 누른 것이다.

지금 다시 그들과 대화를 나눈다는 것

누군가는 근대에 우리나라에 닥친 변화를 '파도'에 비기곤 한다. 그런데 파도에 밀리기는 쉬워도 타기는 어려운 법이다. 이 어려운 일을 해낸 사람들이 바로 3·1운동과 임시정부에 참여한 우리 국민과 독립운동가다. 전근대에서 근대로 나아가는 시기, 거기에 일본의 침략이 더해진 격변의 시기에 우리 민족은 감성과 이성을 종합하여 역사의 변혁을 일궈내고자 혼신의 힘을 다했다. 그러므로 이 시기 독립운동의 역사를 일본의 압박에 대한 탈출로만 파악한다면 일부분만 보는 것과 같다. 이 시기에 독립운동을 한다는 것은 사람이 어떻게 살아야 하는지, 사회와 나라는 어떻게 되어야 하는지, 더 나아가 세계가 어떻게 움직여야 하는지 끊임없이 고민하며 실천하고 또 그 방향을 수정해나가야 하는 정치·철학적인 일이었다. 3·1운동도 대한민국 임시정부도 이런 치열한 고민 속에서 존재가치를 찾으려 했다. 그들의 최종 목표는 독립이 아니라 새로운 국가의 건설이었기 때문이다.

제국에서 민국으로 가는 길

광복 뒤 1948년 대한민국 정부 수립의 공을 외부(외국)의 공으로 돌리는 얼빠진 사람들이 있다. 이들을 여기서 비판하자니 지면이 아까워 긴 말은 하지 않겠다. 임시정부와 지금의 대한민국이 어느 정도 관련 있는지는 학계에서 조금 더 연구할 일이지만, 그 결과와 상관없이 대한민국 정부 수립을 일제의 패망에 따른 당연한 결과로 인식하는 안이함은 역사에 대한 진지한 고민이 없음을 보여주는 것이다. 만약 그랬다면 대한제국을 복원해야 했다.

3·1운동과 임시정부의 자취를 찾다 보면 수많은 독립운동가의 열정과 희생, 미래에 대한 비전에 감동할 수밖에 없다. 현장에서 만나는 독립운동의 모습은 굉장히 다양하다. 그렇기 때문에 독립운동을 하나의 이미지로 이해하려 하면 위험한 판단을 할 수도 있다. 비교적 평온한 시대에 사는 지금도 남과 북의 생각이 다르고, 같은 한국 사람이라도 세대·지역·재산 규모에 따라 혹은 다른 이유로도 생각의 차이가 크다. 그러니 애국과 매국, 근대와 봉건, 민주주의와 파시즘, 민족주의와 사회주의의 격변기를 살아가며 미래를 만들어가던 사람들의 생각은 더 복잡하지 않았을까.

아쉽게도 현대를 살아가는 우리에게 그들의 고민은 아직 유효한 것 같다. 무엇보다 당시 임시정부가 바라던 나라는 지금처럼 남북이 나뉜 모습이 아니다. 분단 문제의 핵심에 강대국이 있으니 어쩔 수 없다는 주장도 있을 수 있겠다. 그러나 100여 년 전, 국가를 잃고 국민의 자격도 인정받지 못하는 상황에서 미래를 꿈꿨던 독립운동가가 보기에 이런 주장은 한심한 나태함으로밖에 보이지 않을 것 같다. 남의 나라에서 독립운동을 하며 남의 나라에서 군대를 만들어야 했던 사람들과 지금의 우리를, 어찌 비교할 수 있을까.

다시 임시정부 사람들과 대화를 나눠본다. 왜 그러했으며, 어떻게 그럴 수 있었으며, 무엇을 바라며, 또 무엇 때문에 그리 싸웠는가 묻고 답을 구하고 싶다. 그들이 꿈꾸던 꿈을 찾아내야 하기 때문이다. 그 꿈의 일부는 지금 실현되었지만 아직 이루지 못한 꿈은 우리에게 노력을 요구하고 있다. 우리에게는 그들과 공감할 수 있는 역사적 감수성이 필요하다. 답사는 그 시간, 그 공간에 있던 사람을 찾아가 시도하는 대화다.

우리의 임시정부 답사기

27년의 길을 따라 걷다

2002년 여름, 우리나라를 뒤덮은 축구 열기는 역사적인 사건이었다. 인구의 10분의 1, 그러니까 수백만 명이 거리로 뛰쳐나왔으니 말이다. 굳이 역사에서 비슷한 사례를 찾자면 1919년 3·1운동을 떠올릴 수 있을까. 그러고 보니 월드컵 거리 응원과 3·1운동은 공통점이 더 있다. 바로 현장에서 휘날렸던 태극기와 "대~한민국!"이라는 함성이다. 국민이 나라의 이름을 이렇게 애타게 불러본 적이 있던가.

그런데 1919년 3·1운동 때 사람들은 대한민국을 외치지 않았다. 대한이란 낱말이 들어가긴 했지만 '대한독립만세'였고, 더 많은 사람들은 '조선독립만세' 또는 그냥 '독립만세'를 외쳤다. 당시 「독립선언문」 역시 "오등吾等은 자玆에 아我 조선朝鮮의 독립국獨立國임"으로 시작한다.

그럼 '대한민국'은 언제 나온 말일까. 여러 연구를 보면 1919년 4월 11

1919년 9월 1일부터 발행된 대한민국 임시정부 구미위원부의 공채다. 상단 왼쪽부터 시계 방향으로 10달러·50달러·100달러(앞·뒤). Republic of Korea라고 적혀 있다. 독립기념관 제공.

일 수립한 임시정부가 처음으로 대한민국을 써 나라 이름을 표기했다. 1910년 8월 29일 국권 피탈로 사라진 '대한제국大韓帝國'은 1919년 4월 11일, '대한민국'으로 다시 나타난 것이다.

대한제국과 대한민국은 어떤 차이점이 있을까. 황제를 뜻하는 '제帝'가 국민이나 시민을 뜻하는 '민民'으로 바뀌었다. 엄청난 차이다! '민국'의 개념이 무엇이었는지는 영어로 조금 더 확실하게 알 수 있다. 임시정부가 1919년 11월 독립운동 자금을 모금하기 위해 발행한 '독립공채'는 외국인과 미국에 거주하는 교포들을 대상으로 했던 까닭에 나라 이름이 영어

제국에서 민국으로 가는 길

로 표기되어 있다. 여기에 대한민국을 영어로 'Republic of Korea'라고 적었다. 민국을 Republic으로 정의한 것이다. 신해혁명으로 1912년 수립한 '중화민국' 역시 'Republic of China'다.

그러므로 대한민국은 '공화국共和國(Republic)인 대한大韓'이다. 즉 왕이나 황제의 명에 따라 운영되는 나라가 아닌 주권을 가진 국민 또는 시민이 나라의 대표를 뽑고 헌법에 따라 운영하는 나라다.

공화국은 평등한 권리를 갖는 주권자인 '국민'과 공정하고 객관적이며 정당한 '법'이 필요하다. 원래 공화라는 말은 기원전 9세기 중국 주나라 여왕厲王이 폭정을 행하자 백성들이 여왕을 쫓아내고 일부 제후와 재상이 왕을 대신해 나라를 다스리게 했던 시대를 뜻한다. 그리스와 로마의 정치체제에서 비롯된 '민주주의民主主義'라는 이념과 가장 잘 어울리는 정치체제이기도 하다. 대한제국과 대한민국 사이에는 역사의 연결점인 '대한'과 단락段落인 '민국'이 공존하고 있다. 우리는 100여 년 전 이 묘한 어울림 속에 있었던 시간과 공간을 찾아 답사를 시작하고자 한다.

중국으로 떠난다는 것에 대해

상해 대한민국 임시정부 청사를 비롯해 중국 각 지역의 임시정부 유적지를 찾아다니는 여정은 여느 국내 답사와는 많이 다르다. 당시 임시정부 요인들의 독립과 국가 건설을 위한 방략을 살펴보는 것은 물론이거니와 중국 정부와 관계, 임시정부 유적지 관리의 문제도 생각해야 한다. 우리 역사 유적이 중국에 있기 때문이다. 어떤 마음가짐으로 접근하면 좋을까. 따로 정답이 있지는 않다. 다만 먼저 다녀온 경험을 바탕으로 사족을 단다면 다음과 같은 것을 제안할 수 있겠다.

첫째는 현재의 중국을 바로 보려는 노력이다. 사람들은 익숙하지 않은 것에 대해 과대평가나 과소평가를 하는 경향이 있다. 근거를 바탕으로 평가하는 것이 아니라 전해 들은 것이나 선입견을 바탕으로 눈앞의 광경을 평가하는 것이다. 이러한 태도는 답사의 경험을 유용한 것으로 만드는데 아무런 도움이 되지 않는다. 그러므로 눈으로 본 것을 일단 받아들이면 좋겠다. 그리고 의문이 생기는 부분은 조금씩 자료를 살피거나 사람들에게 물어가며 해결해가는 것이 필요하다. 우리는 100여 년 전 독립운동의 공간을 찾아왔지만 그 현장인 중국은 지금 21세기의 시간을 보내고 있다. 과거 임시정부의 활동 공간이었던 중국은 현재도 여전히 우리에게 중요한 나라다. 그러므로 이왕 중국에 답사를 간다면 현재의 중국을 이해할 수 있는 기회를 놓치지 말자.

둘째는 상상력을 발휘하려는 노력이다. 답사 현장에서는 임시정부 요인들이 활동하던 시절을 상상해야 한다. 남경南京(난징) 인근의 진강鎭江(전장)처럼 옛 모습이 그대로 남아 있는 곳에서는 당시 모습을 쉽게 상상할 수 있지만 보통은 많은 변화가 있기 때문에 꽤 많은 상상을 해야 한다. 공간에 대한 상상뿐만 아니라 당시 임시정부가 처한 상황에 대한 상상도 필요하다. 상상력을 발휘하기 위해서는 일정한 수준의 배경지식이 필요하다. 답사 출발에 앞서 여러 자료들을 챙겨 보아두면 상상을 펼치는 데 도움이 된다. 처음에는 어렵겠지만 자꾸 연습하면 어느 정도는 가능하다. 그럼 꽤 훌륭한 답사를 할 수 있다.

셋째는 답사 장소의 의미를 파악하는 것이다. 그 장소의 경위도뿐만 아니라 지리의 특성, 특히 강이나 바다와 어떻게 연결될 수 있는지 잘 살펴볼 필요가 있다. 근대 이후 역사에서 중요한 것이 교통로다. 지금이야 지리의 한계를 상당 부분 극복했지만 임시정부가 활동하던 시절에는 그렇지 못했다. 그러므로 지도를 늘 곁에 두고 관련 내용을 살펴보자.

여기까지 마음의 준비와 각오가 되었다면, 이제 본격적으로 임시정부 답사를 떠난다. 첫 장소는 임시정부가 수립된 곳, 상해다.

임시정부 답사를 시작하며.

1부

임시정부 상해 시기

1919. 4.~1932. 5.

상해에서 독립을 외치다

독립운동가들은
왜 상해로 향했을까

대한민국 임시정부 이동 경로

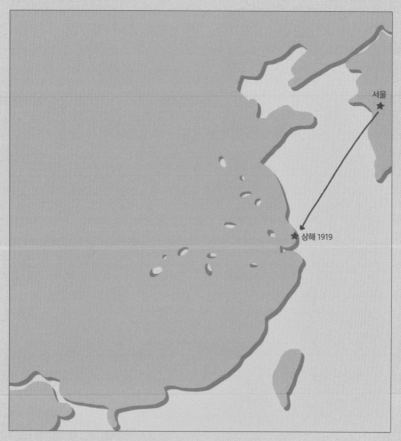

제국에서 민국으로 가는 길

우리는 임시정부가 수립된 이후의 모습에 관심을 갖지만, 이왕 상해에 간다면 그전의 모습을 미리 알아보고 가는 것이 좋겠다.

1910년 8월, 일본에 국권을 빼앗긴 이후 한국인들은 일제의 탄압을 피해 중국으로 건너가기 시작했다. 국권을 되찾고 나라의 미래를 꿈꾸던 사람들은 상해로 모여들었다. 바로 김규식·여운형을 중심으로 한 신한청년당新韓青年黨*이다. 신한청년당은 제1차 세계대전의 종전 분위기를 활용해 독립의 실마리를 찾으려 했고, 1918년 8월에 사무소를 설치했다. 몇 달이 지난 11월 말, 민족자결주의를 제창한 미국 대통령 우드로 윌슨이 상해에 특사를 파견했다. 특사 찰스 크레인은 중국 정부의 파리강화회의(1919년 1월) 참여를 독려하기 위해 연설회를 열고 "곧 열릴 파리강화회의가 약소민족의 해방을 위한 절호의 기회이니 대표를 파견할 것"을 주장했다. 민족자결주의는 제1차 세계대전 패전국의 식민지를 대상으로 한다. 그런데 크레인은 중국 상해에서 연설하며 그 대상을 '약소민족'으로 달리 말했다. 독일의 이권을 일본이 계승한다는 원칙에 따라 전승국임에도 피해를 본 중국을 끌어들이기 위한 수사修辭였다.

---

* 신한청년단新韓青年團이라고도 한다.

상해에서 활동하던 미국 장로교의 조지 애쉬모어 피치* 목사의 주선으로 연설회에 참석한 여운형은 크레인에게 우리나라의 상황을 알리고 미국의 동의 여부를 타진했다. 크레인은 호의적인 반응을 보였고 이에 신한청년당은 빠르게 움직이기 시작했다. 조직을 정비하자마자 김규식을 파리강화회의에 대표로 파견하고, 독립운동 세력에게 세계정세의 변화를 전하기 위해 여운형을 만주·연해주 등지로, 장덕수를 일본으로, 선우혁·김철·서병호를 국내로 파견했다. 무단통치의 식민지 상태에서 독립을 원하던 우리 민족은 민족자결주의 등장이라는 자극을 받자 곧 도쿄 2·8독립선언과 3·1운동을 일으키며 역사의 새로운 국면을 만들었다.

전국적으로 200만 명이 넘는 국민이 독립을 애타게 부르짖은 3·1운동은 우리 민족사에 획기적인 사건이었다. 황제가 빼앗긴 나라를 국민의 힘으로 찾겠다고 선언한 것이다. 이제 역사의 큰 흐름은 왕이나 귀족으로부터 일반 국민, 시민으로 넘어왔다. 3·1운동은 이제까지 독립운동을 하던 사람들에게 큰 힘을 주었다. '이제부터 나는 우리 민족, 우리 국민과 함께한다'는 마음이 들지 않았을까. 독립운동의 기지가 된 상해로 사람들은 다시 희망을 갖고 모여들었다.

일본에서 신익희·윤현진, 만주와 러시아에서 조성환·이시영·이동녕·조소앙·김동삼 등이 합류했다. 이렇게 모인 사람들은 프랑스 조계의 보창로 329호

---

* 선교활동을 위해 1870년 중국으로 온 조지 필드 피치 목사의 아들이다. 조지 필드 피치는 1893년 기독교 신자인 윤치호를 만나 한국 문제에 관심을 갖던 중 상해 YMCA에서 활동한 아들 애쉬모어를 통해 여운형을 만났고 한국의 독립운동을 지지하게 됐다. 조지 필드 피치는 아들을 통해 여운형이 미국 특사인 찰스 크레인을 만날 수 있도록 주선했다. 1923년 조지 필드 피치가 타계한 이후에도 피치 가족은 한국의 독립운동과 임시정부의 여러 활동을 지원했다. 광복 수립 이후인 1947년, YMCA 업무로 한국을 방문하기도 했다.

제국에서 민국으로 가는 길

파리강화회의 임시정부 대표단. 앞줄 여운홍(맨 왼쪽), 김규식(맨 오른쪽). 뒷줄 이관용(왼쪽에서 두 번째), 조소앙(그 옆), 황기환(맨 오른쪽). 독립기념관 제공.

에 임시사무소를 설치했다. 이 임시사무소의 공식 이름은 '독립임시사무소'다. 독립이라니, 얼마나 감격적인 말인가.

독립임시사무소로 신한청년당, 일본 도쿄에서 2·8독립선언을 이끈 이광수·최근우, 미국에서 온 여운홍 등이 속속 합류했다. 국내 민족대표 33인의 권한을 위임받은 현순*도 도착했다. 모임은 활기를 띠기 시작했고, 중국에 있던 유력한 미국 신문 〈The China Press〉를 통해 3·1운동 소식이 전해지며 상해의 한인사회도 크게 고무됐다.

---

* 현순은 이승훈이 천도교 측으로부터 받은 자금 5천 원 중 2천 원을 지원 받아와 독립임시사무소 운영자금으로 냈다.

제국에서 민국으로 가는 길

답사 가는 길
새로운 시작을 위한 거점, 상해로

여행을 떠나 다른 나라 공항에 도착하면 그 나라 특유의 분위기가 느껴진다. 중국 역시 갈 때마다 묘한 중국만의 분위기, 그러니까 오감을 자극하는 무언가가 느껴진다. 이렇게 분위기가 다른 중국에서 우리는 대한민국

상해공항 전경.

의 시작을 찾는 아이러니한 답사를 시작한다. 특히 그 첫 장소인 상해는 우리가 찾는 역사와 어울리지 않을 것 같은 현대적 분위기가 물씬한 번화한 도시다. 그럼에도 불구하고 우리나라 사람들에게 상해는 여전히 임시정부가 어려웠던 시절을 보낸 장소로 기억되며, 임시정부 역시 상해 임시정부가 가장 먼저 떠오를 정도로 익숙하다.

임시정부는 왜 북경이나 남경이 아닌 상해에 자리를 잡았을까. 그 이유를 찾기 위해 방문한 상해가 어떤 도시인지는 외탄外灘(와이탄)이 잘 보여준다. 황포강을 중심으로 서쪽에는 서양식 건물이 즐비하고 건너편인 동쪽에는 새로운 중국을 상징하는 포동浦東(푸동)의 동방명주를 비롯해 우리나라에서도 보기 힘든 높은 건물이 즐비하다. 만약 밤에 외탄을 찾았다면 화려한 조명에 눈을 떼기 어려울 만큼 휘황한 곳이다. 상해가 어떻게 발전한 도시인지 잠시 역사를 살펴보자.

상해란 지명은 북송(960~1127) 때 오송강 근처를 상해포上海浦와 하해포下海浦로 불렀던 데서 유래했다. 이 지역은 무역항으로 발전하기 시작해 원대(1271~1368)에 '상해현'이 설치되면서 역사에 등장했다. 그리고 명대(1368~1644)에 왜구의 침입을 막기 위해 성벽을 쌓아 도시로서 면모를 갖췄고, 청나라(1636~1912) 말에 물류의 중심을 강에서 바다로 바꾸는 과정에서 상해는 중국의 남쪽 거점도시로 발돋움했다.

상해는 1840년 아편전쟁에 이어진 1842년 남경조약으로 큰 영향을 받았다. 남경조약 때 개항하기로 한 5개 항구 가운데 하나였던 것이다. 1843년 11월 개항한 상해는 동아시아의 산업과 무역, 금융의 결절점이 되며 세계와 연결되는 국제도시로 발전했다.

상해 황포강변의 외탄 야경. 사진 속 관광객들이 서 있는 자리가 우리 독립운동가들이 상해로 들어왔던 외탄의
부두 일대다.

    이 시기 상해의 변화를 극적으로 보여주는 곳이 조계지다. 1845년 영
국인 거류지에 처음 설치된 조계지는 1848년 미국 조계, 1849년 프랑스
조계로 이어지며 1862년에는 영국과 미국 공동조계와 프랑스 조계가 대
규모로 조성된다. 이러한 조계지 설정에는 중국 정부의 원칙이 반영되어
있다.

    중국은 기존 현 밖에 조계지를 만들어 화양별거華洋別居, 곧 중국 사람
과 서양 사람의 거주지를 나누고자 했다. 그런데 일단 생긴 조계지가 행
정·사법·입법 체계를 갖추면서 중국의 영향력이 미치지 않는 배타적인
공간으로 변했다. 그 배타성은 상해의 겉으로 드러난 모습에서 확인할 수
있었다. 고색창연한 건물로 가득한 외탄은 공동조계지의 외곽으로 거창
한 서양식 상업건물이 들어섰고, 홍구虹口(홍커우) 등에는 고급 서양식 주

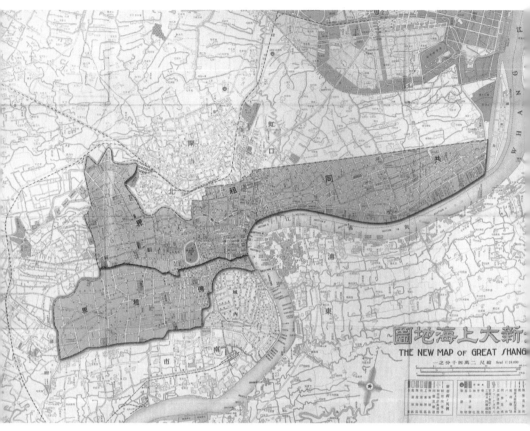

상해 조계 표시 지도다. 노란색 부분이 대한민국 임시정부가 수립된 프랑스 조계이고, 붉은색 부분이 영국과 미국의 공동조계다. 국사편찬위원회 소장.

제국에서 민국으로 가는 길

택이 들어섰다. 또 대세계大世界(다스제)와 신세계新世界(신스제)는 극장이
나 카페와 같은 소비 오락의 거리가 되었다. 1930년대 이미 수백만 명이
거주하는 도시로 성장한 상해는 서구에 널리 알려지며 '동방의 진주'나
'동방의 파리', '동방의 뉴욕'으로 불렸다. 비록 당대에 성공하지는 못했지
만 국민당 정부는 상해 조계지의 발전을 바탕으로 상해 전체 발전을 꾀하
는 '내상해계획'을 세웠다. 이때 상해는 더 이상 '대大'란 수식어가 낯설
지 않은 도시였다.

　상해는 사상의 용광로 역할도 했다. 신해혁명의 기운이 넘치는 이곳에
베트남과 인도 등 아시아의 혁명가들이 모여들었다. 상해는 한반도에서
멀지 않았고, 조계지라면 일제의 감시를 따돌릴 수 있었으며, 바다를 통
해 세계의 정보를 구하고 교류할 수도 있는 도시였다. 다양한 공간으로
연결될 도시를 찾고 있던 독립운동가라면 누구나 관심을 가질 만한 곳이
었다.

　다시 외탄의 건물들을 보자. 한때 서양 열강이 자신들의 위용을 드러내
기 위해 세운 건물은 지금 중국의 위용을 드러내는 장식이 된 것 같다. 역
사의 변화가 이렇게 무섭다. 높은 건물마다 한 곳도 빠짐없이 휘날리는
중국의 국기 '오성홍기五星紅旗'는 많은 것을 생각하게 한다.

　시간을 거꾸로 돌려 1910년대 외탄을 상상해보자. 동방명주가 반짝이
는 곳은 어둠으로 적막했겠지만, 서양식 건물이 가득했던 반대쪽은 서양
을 가본 적이 없는 한국인들에게 낯설고도 놀라운 풍경이었으리라. 배
에서 내리며 그들은 무슨 생각을 했을까. 3·1운동 직후 만주 안동(지금의
단동)에서 바닷길로 4일 만에 포동항에 도착한 김구는 상해에 대해 그저

상해 외탄 포서에 즐비한 서양식 건물들.

"무사히 도착했다."라고 《백범일지》에 담담히 적었지만 모두가 그렇지는
않았을 것이다. 모든 것이 고국 조선보다 큰 중국이었다. 거대한 서양식
건물들이 즐비한 상해는 그 모습만으로 좌절과 희망을 동시에 던져주지
않았을까.

제국에서 민국으로 가는 길

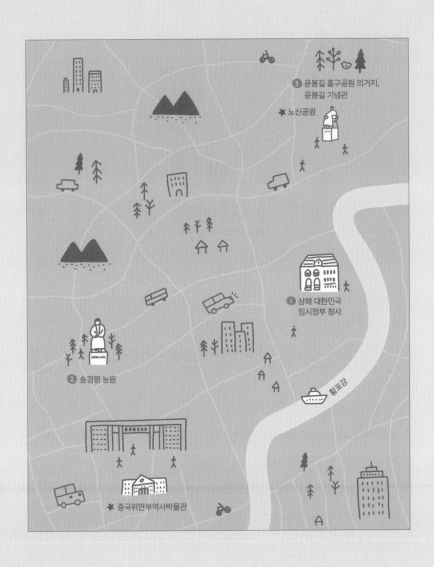

1 상해 대한민국 임시정부 청사   3 윤봉길 훙구공원 의거지 · 윤봉길 기념관

2 송경령 능원

상해 임시정부의
'신천지'가 열린 곳

상해 대한민국 임시정부 청사
상해시 황포구 마당로 306로 4호

우리가 첫 답사지로 찾아갈 곳은 그 유명한 상해 대한민국 임시정부 청사다. 우리가 익히 알고 있는 사실 말고 또 어떤 의미가 있는 곳일까.

(전략) 지금 일지를 기록하는 것은 너희들(인과 신, 두 아들)로 하여금 나를 본받으라는 것이 결코 아니다. 내가 진심으로 바라는 것은 너희들 또한 대한민국의 한 사람이니, 동서고금의 많은 위인 중 가장 숭배할 만한 사람을 선택하여 배우고 본받게 하려는 것이다. 나를 본받을 필요는 없지만, 너희들이 성장하여 아비의 일생을 알 곳이 없기에 이 일지를 쓰는 것이다. (후략)

대한민국 11년(1929년) 5월 3일

상해 법(법국-프랑스) 조계 마랑로(현 마당로) 보경리 4호

임시정부 청사에서 집필을 완료하다

제국에서 민국으로 가는 길

大韓民國臨時政府舊址
(上海普慶里4號)

상해 대한민국 임시정부 청사의 축소 모형. 보경리 4호.

앞에서 말하는 '일지', 그러니까 책의 이름은 독자들이 짐작하듯이 《백범일지》다. 김구는 이 건물 2층에서 1년여에 걸쳐 《백범일지》 상권을 완성했다. 이때가 1929년이었고, 《백범일지》 하권은 중경의 화평로 임시정부 청사에서 집필을 시작하여 1947년에 완성했다. 화평로 청사는 지금은 없다. 그러니 《백범일지》를 쓴 장소라는 점으로도 이곳을 찾을 만한 이유가 충분하다.

이곳은 상해 시기 임시정부의 역사를 이야기하기에 좋은, 어쩌면 유일한 장소다. 1919년부터 1932년까지 짧지 않은 시간 동안 여러 번의 위기가 임시정부에게 닥쳤다. 위기는 임시정부를 위협했고 안정적으로 청사를 유지하기 어렵게 했다. 이때 임시정부의 요인을 지키는 역할을 담당한 것이 경무국이었고, 김구는 경무국의 책임자인 경무국장이었다.

임시정부의 내무부 산하 경무국은 지금의 경찰청과 비슷하다. 경무국

상해 대한민국 임시정부 청사로 들어가는 초입. 건물 2층 외벽에 '보경리'라고 새겨져 있다.

이라는 이름이 처음 등장한 것은 대한제국 시절로, 당시에는 감옥 관리도 맡았던 기관이다. 다만 임시정부 시절 경무국은 조금 더 특별한 역할도 맡았다.《백범일지》를 보자.

나는 5년 동안 경무국장으로서 신문관, 검사, 판사뿐만 아니라 형 집행까지도 담당했다. (중략) 남의 조계지에 붙어사는 임시정부니만치, 경무국 사무는 현재 세계 각국의 보통 경찰행정과는 달랐다. 그 주요 임무는 왜적의 정탐활동을 방지하고, 독립운동자의 (일본으로) 투항 여부를 정찰하여, 왜의 마수가 어느 방면으로 침입하는가를 살피는 것이었다. 나는 정복과 사복 경호원 20여 명을 임명하여 이 일을 수행하였다.

제국에서 민국으로 가는 길

경무국은 경찰의 역할뿐만 아니라 사법기관과 첩보기관의 역할까지 모두 맡아 임시정부와 요인을 지키는 것에서 시작해 교민 보호, 일제의 정탐 방지, 상해의 프랑스 조계 당국과 협력 등 여러 일을 했다. 다행히 프랑스 조계지여서 일본의 영사관 경찰이 마음대로 활동하기는 곤란했고, 프랑스 조계 당국은 임시정부에 우호적인 조치를 취해주기도 했다. 사례를 하나 들자면, 1922년 의열단이 벌인 황포탄 의거에 대한 조치다. 의열단원 오성륜·김익상·이종암이 상해 황포탄 부두에서 일본 육군대장 다나카 기이치를 사살하려는 과정에서 불행히도 미국 여성이 총탄에 맞아 죽었다. 다나카 저격 실패 후 이종암은 도주했으나 오성륜·김익상은 중국 경찰에 붙잡혀 일본 영사관에 넘겨졌다. 그리고 프랑스 경찰이 이 일로 임시정부 요인들을 잡아갔는데, 김구가 요청하자 이들을 풀어주었다.

경무국에는 수십 명의 경호원을 두었고 국내와 연결하는 비밀조직인 연통제에는 경무사, 그리고 교민단체에는 의경대를 두었다. 1926년 동양척식주식회사에 폭탄을 던진 의열단원 나석주 의사도 경무국 출신이다.

김구는 처음에 상해 임시정부의 문지기가 되겠다고 왔다. 그러나 격에 맞지 않다고 생각한 안창호와 이동녕이 상의해 경무국장을 맡겼는데, 김구는 그 역할을 무난하게 수행했다.

상해에 머무는 동안 임시정부는 김신부로를 비롯해 장안로·고잉의로·하비로·포석로 등으로 청사를 옮겨다녀야 했다. 그리고 1926년 마당로 보경리 4호에 닿았고, 상해 청사로는 유일하게 남아 있는 곳이 되었다. 그러니 상해에 답사를 오거든 이곳에 꼭 들러 임시정부의 역사를 생각해보는 시간을 갖자.

청사로 가는 길, 신천지

본격적으로 임시정부 역사를 살펴보기 전에 이 조금은 특별한 공간이 갖는 의미를 먼저 보자. 이 일대는 지금 신천지新天地(신톈디)라 부르는 화려한 곳으로 상해 여느 거리처럼 새로 지은 높은 빌딩이 가득하다. 그런데 유리로 번쩍이는 신식 빌딩 뒤로 고풍스러운 검정 벽돌로 지은 집이 여럿 있다. 조금 독특한 분위기를 가진 이 공간의 중심에는 붉은 벽돌로 장식을 한 '중공 제1차 전국대표대회 회지'가 있다. 중공, 그러니까 중국공산당이 1921년 여기에서 성립됐다. 대한민국만 여기에서 시작한 것이 아니라 공산당이 집권한 지금의 중국도 여

중공 제1차 전국대표대회 구지. 1921년 7월 23일부터 일주일간 중국공산당 제1차 전국대표대회가 이곳에서 비밀리에 열렸다.

제국에서 민국으로 가는 길

기에서 시작된 것이다. 우연일 수 있지만 신천지, 그러니까 새로운 세계가 열리는 곳이라는 이름이 마음속 깊게 와 닿는다.

중국으로서도 중요한 이 지역은 지금 새롭게 정비 중이다. 이 지역은 도심 가운데서 인구밀도가 높으면서도 낙후한 곳이다. 중국은 전면적인 재개발 대신 석고문石庫門* 주택의 원형을 살려 옛 모습을 재현하는 방향으로 거리 일대를 복원하고 있다. 지금 우리가 찾아가는 마당로 보경리의 임시정부 청사 역시 석고문 주택이다. 다른 점이 있다면 복원된 것이 아니라 그때 그 모습 그대로라는 것. 그 청사로 가는 길은 상해시 정부의 개발 정책 덕분에 마냥 오래됐다는 느낌이 들지는 않는다. 과거로 들어가는 느낌이지만 거기에는 새로운 세계가 기다리고 있는 것 같다.

신천지를 대표하는 백화점 앞의 길을 건너면 보경리라고 쓴 이문里門이 있다. 입구를 알리는 이문 옆에는 이곳이 임시정부 청사였음을 말해주는 글씨가 있다. 큰 글씨의 한자와 작은 글씨의 한글로 각각 '大韓民國臨時政府舊址(대한민국 임시정부 구지)'와 '대한민국 임시정부 유적지'가 적혀 있다. 그 옆에는 입장권을 판매하는 곳과 작은 영상실이 마련되어 있다. 이 이문을 들어가면 왼쪽에 살림집들이 있고 오른쪽에 임시정부 청사가 있다. 여러 가구가 이어진 형태의 건물이라 겉에서 보기에는 옹색하지 않다.

1932년 임시정부가 떠난 뒤 이곳은 일반 주택으로 쓰였다. 그러던 중

---

* 문틀을 화강암으로 하고 문 위에는 서양식 문양을 넣은 집. 1920~1930년대 조계지에 지어진 중국식과 서양식의 혼합 주택.

상해 임시정부 청사의 입구.

1993년 양국 정부가 청사를 복원했고, 이후 그 옆 공간까지 확대해 전시
관으로 쓰고 있다. 그렇지만 다른 집은 여전히 사람들이 사는 주택으로 그
대로 남아 있다. 중국인들의 일상이 함께 있는 곳이니 임시정부 청사에 왔
다며 크게 소리를 치거나 앞마당을 차지하고 행사를 치러서는 곤란하다.

상해 임시정부의
생활인들

　　　　　　　　　　　임시정부 청사는 3층짜리 건물인데 1층
과 2층은 집무실, 3층은 침실로 쓰였다. 지금은 임시정부 요인과 임시정

　　　　　　　　　　　　　　　　　　　　제국에서 민국으로 가는 길

부 관련 사진 자료를 빼곡하게 전시하고 있다. 보통 중국 안내인이 각 장소에 대해 설명하고 가끔 벽에 붙어 있는 임시정부 요인의 이름을 알려주기도 하는데, 그 수준이 높지 않다. 간혹 어떤 중국 안내인은 역으로 우리에게 질문을 던지기도 한다. 설명을 하기 위해서가 아니라 설명을 듣기 위해서다. 그러니 미리 어느 정도의 정보를 갖고 가서 김구며 홍진이며 이상룡이며 그 이름과 얼굴을 살펴보는 것이 좋겠다. 건물 내부를 둘러보다 보면 좁은 공간을 사무실과 살림집으로 나눠 썼던 당시 임시정부 사람들의 모습이 그려진다. 밖에서 본 것과 달리 각 층의 계단은 오르내리는 사람들이 교차하기도 비좁다. 공간이 작아 안타까운데 이 작은 공간마저도 운영하기 어려웠던 임시정부의 살림살이는 더욱 속상하다.

> 청사 가옥세가 불과 30원, 고용인 월급이 20원을 넘지 않았으나 집세 문제로 집주인에게 종종 소송을 당하였다.
>
> — 《백범일지》

임시정부를 꾸려갈 자금을 구하는 것은 독립운동을 하는 데 중요했다. 《장강일기》의 저자인 정정화*는 임시정부의 자금을 구하기 위해 10여 년 동안 무려 여섯 차례에 걸쳐 국내에 잠입해 지인과 친인척의 돈을 받아왔다. 나중에 중국어와 영어를 잘해서 김구의 입으로, 임시정부의 선전부장으로 활약한 엄항섭은 임시정부의 살림살이를 위해 취직을 했다. 1920년

---

* 김가진의 며느리이자 김의한의 부인.

임시정부 청사에 재현해놓은 김구(오른쪽)의 집무 모습.

임시정부 청사에서 생활했던 요인들의 숙소 모습.

제국에서 민국으로 가는 길

대 상해에는 600명에서 천여 명의 한인이 거주하고 있었다. 이 가운데 임시정부와 관련이 있어 일본 경찰의 추적을 받는 요인이 아니라면 허드렛일이라도 취직을 했고 그 월급의 일부를 독립운동 자금으로 내는 경우가 많았다고 한다.

여기서 우리는 독립운동, 독립전쟁의 새로운 면을 기억해야 할 것 같다. 정정화는 자신의 기록에 그 부분을 뚜렷하게 남겨놓았다.

이름, 명예, 자존, 긍지보다는 우선 급한 것이 생활이었다.

— 《장강일기》

어쩌면 적과 싸우는 것보다 앞이 까마득한 기나긴 생활을 이어나가는 것이 더 어려운 일일 수 있겠다. 대한민국 임시정부와 독립운동을 위해 자금을 마련하고 또 그것을 유지하기 위해 노력했던 분들에 대해 한 번 더 생각해본다.

청사 살림의 어려운 형편 속에서도 임시정부는 우리 역사의 새로운 시대를 열었다. 그 시대는 1910년 이전과도 다르고, 1910년부터 1919년까지 우리 민족이 겪었던 시대와도 다르다. 임시정부 수립이 논의되던 1919년 3월, 이제 그 역사 속으로 들어가 우리의 임시정부 탄생 과정을 살펴보자.

「대한민국 임시헌장」 제1조,
민주공화제

프랑스 조계지 보창로 329호에 차린 독립임시사무소는 역사적 사명을 품은 지사들로 북적거렸다. 독립임시사무소의 목표는 3·1운동의 역량을 모아 독립운동 최고지도기관을 수립하는 것이었다. 3월 26일과 27일에는 독립운동 최고지도기관을 수립하기 위한 논의가 심도 깊게 논의됐다. 이에 대해 여운형·이광수 등은 정당 수립을, 다수 사람들은 정부 수립을 주장했고 결국 정부 수립으로 가닥이 잡혀갔다.

밤을 새워가며 이어진 회의는 4월 10일 밤 막바지에 이르렀다. 그리고 4월 11일 아침, 각 지역을 대표하는 대의원 29명은 마침내 중요한 결정을 내렸다. 임시정부 구성을 위한 회의기관 이름을 '임시의정원'으로 정한 것이다. 입법기관인 임시의정원이 탄생하는 순간이었다. 임시의정원의 '임시'란 말은 임시정부의 '임시'가 갖는 의미와 같다. 이때 임시는 미완성의 의미가 아니라 아직 정식 정부, 정식 의정원이 아니라는 당시의 상태를 설명하는 낱말이다.

임시의정원은 정부가 갖춰야 할 것들을 정해갔다. 국호와 연호도 이때 제정되었다. 신석우의 발의와 이영근의 제청으로 국호를 '대한민국'으로

제국에서 민국으로 가는 길

정했다. '대한민국'이 탄생한 것이다! 연호는 '민국'이었다.

정부 조직안도 완성됐다. 4월 8일 강대현이 국내에서 가져온 '신한민국 정부'의 헌법과 정부 조직안을 참고했다. 이어 국무총리를 수반으로 하는 '국무원'을 구성했다. 그리고 이승만을 국무총리로 선정했다. 하와이의 지도자였던 이승만이 임시정부 수반으로 등장한 배경에는 임시의정원의 구성원 가운데 기호 지방 출신이 많았던 것이 영향을 끼쳤다. 이승만이 서울 출신이었기 때문이다. 그밖에도 당시 독립운동 세력의 상황이 고려됐다. 연해주를 대표하는 이동휘는 군무총장, 이승만과 더불어 미주 독립운동 세력을 대표하던 안창호는 내무총장, 역시 연해주의 실력자였던 최재형은 재무총장, 만주 지역의 이시영은 법무총장, 파리강화회의에 대표로 파견됐던 김규식은 외무총장으로 선임됐다.

임시헌장은 이시영·조소앙·남형우·신익희 등 법을 전공한 이들이 모여 구성했다. 이렇게 하여 1919년 4월 11일, 마침내 대한민국 임시정부가 수립되고 「대한민국 임시헌장」이 발표됐다.

제1조 대한민국은 민주공화제로 함.

제2조 대한민국은 임시정부가 임시의정원의 결의에 의하여 이를 통치함.

제3조 대한민국의 인민은 남녀·빈부 및 계급 없이 일체 평등으로 함.

제4조 대한민국의 인민은 종교·언론·저작·출판·결사·집회·주소 이전·신체 및 소유의 자유를 향유함.

제5조 대한민국의 인민으로 공민 자격이 있는 자는 선거와 피선거권이

있음.

제6조 대한민국의 인민은 교육·납세 및 병역의 의무가 있음.

제7조 대한민국은 인민의 의사에 의해 건국한 정신을 세계에 발휘하고
　　　나아가 인류의 문화 및 평화에 공헌하기 위해 국제연맹에 가입함.

제8조 대한민국은 구황실을 우대함.

제9조 생명형·신체형 및 공창제公娼制를 전폐함.

제10조 임시정부는 국토 회복 후 만 1년 내에 국회를 소집함.

- 「대한민국 임시헌장」

「대한민국 임시헌장」의 조항들은 짧고도 간단하다. 그러나 우리 역사에서 획기적 변화를 일으킨 이 묵직한 의미를 문장의 양으로 평가할 수 없으리라.

민국,
그리고 민주공화제

이제 임시정부가 천명한 「대한민국 임시헌장」의 내용을 차근차근 살펴보자. 가장 눈에 띄는 건 역시 제1조다. 대한민국은 민주공화제로 한다고 한다. 이 내용은 지금 대한민국 헌법의 제1조와 같다. 흥미로운 건 민주와 공화에 대한 부연 설명이 없다는 점이다. 이는 적어도 발표할 당시 많은 사람들이 이 뜻을 잘 알고 있었다는 것을 방증한다. 21세기에 들어선 지 한참 지난 요즘에도 가끔 '민본民本'과

1919년 4월 대한민국 임시정부 수립 당시 제정 공포한 「대한민국 임시헌장」. 국사편찬위원회 소장.

'민주民主'를 헷갈려 현대의 시각으로 민본을 지향한 조선시대 왕을 비판하는 경우가 있는 것을 생각하면 놀라운 일이 아닐 수 없다. 더구나 정치체제로서 공화 역시 쉬운 낱말이 아니다. 왕정을 대체하는 엄청난 변화를 수반해야 하니 그 의미를 이해했다는 것을 차치하고라도 그걸 받아들였다는 것이 더욱 놀랍다. 제8조에서 구황실을 우대한다고는 했으나 이는 독립운동의 세력 확대를 염두한 포석으로 보인다. 당시 임시정부의 중심 기관인 임시의정원 초대 의장 이동녕은 이렇게 걱정을 토로했다.

우리는 이제 군주제를 부활하려고 독립운동에 투신한 것이 아닙니다.
세계적인 추세에 따라 이 나라에 민주제를 정착시켜야 한다는 사명감
속에서 회의를 진행하고 있는 것입니다.

— 「임시의정원 개원 발언」

임시정부의 이러한 생각은 어디에서 비롯되었을까. 그 내력을 짐작해 볼 수 있는 것이 여럿 있다. 그중 하나가 상해란 지역의 특성이다. 상해는 1911년 일어난 신해혁명의 거점도시였다. 혁명 세력이 많이 모여 있었고, 임시정부에 참여한 신규식은 상해에서 신해혁명 주요 요인들과 교류했다. 그리고 1917년 신규식·박은식·신채호 등 14명이 작성한 「대동단결선언」이 임시정부에 이론적 기반을 제공했다. 「대동단결선언」은 1910년 한일병합으로 대한제국 황제가 주권을 일본에 넘긴 것이 아니라 포기한 것이니, 그 주권은 국민이 되찾아와야 한다고 했다. 이는 임시정부를 수립해 국민이 주권을 가진 국가를 수립하자는 주장으로 귀결됐다. 이러한 분위기였으니 임시정부 수립은 당연한 수순이었다.

이제까지 임시정부의 수립 과정을 살펴보았다. 그러고 보니 상해에서 진행된 과정은 어디에서 본 듯한 느낌이 든다. 대의원을 뽑아 국회를 구성한 뒤 헌법을 제정하고 국호를 정한 뒤 내각을 구성하며 정부 수립을 발표했던 것이 1948년 5월부터 8월까지의 5·10총선거 - 7·17헌법 제정 - 8·15정부 수립 과정과 닮았다. 이 과정이 이미 30년 전 상해에서 펼쳐졌던 것이다. 다만, 임시였을 뿐.

⦁

임시정부, 우리 민족을
대표하는 정부로

1919년 3월 1일, 만세운동이 일어난 직후 뿌려진 전단지에는 '가假정부 수립', 그러니까 임시정부 수립에 대한 내용이 들어 있었다. 조금씩 싹이 보이던 임시정부 수립의 움직임이 3·1운동을 계기로 본격화되었다고 볼수 있다. 3·1운동 이후 봇물처럼 쏟아져 나온 주장은 상해뿐만 아니라 곳 곳에서 일어났다. 여기서 1919년 4월 11일 상해에서 수립한 임시정부 외에 다른 두 곳에서 수립된 임시정부를 살펴보자.

여러 임시정부 가운데 가장 먼저 수립된 곳은 러시아 연해주*의 '대한 국민의회'다. 당시 연해주에는 20만 명에 이르는 동포들이 있었고, 러시아 정부는 한국인들의 단체 설립에 대해 대체로 긍정적이었다. 대한국민 의회는 원세훈·문창범·김알렉산드르·오창환·이동휘 등을 주축으로 이미 2월 25일 그 조직이 구성되어 있었고, 니콜리스크와 블라디보스토 크의 만세운동 이후인 3월 17일 공식적으로 정부 수립을 선언했다. 연해

---

* 러시아어로 '프리모리스키주州'는 한자로 의역하면 바다와 닿아 있다는 뜻의 연해沿海주가 된다. 주도는 블라디보스토크이며 면적은 16만 5,900제곱킬로미터로 한반도의 72퍼센트 정도다.

주의 임시정부는 러시아 영토에 수립된 정부라 '노령露領*정부'로도 부른다. 최고의결기관으로 총회를 두었고, 독립군의 조직과 훈련을 하는 선전부, 독립군 자금을 모으는 재무부, 각국 영사관을 대상으로 외교활동을 하는 외교부 등을 두었다. '의회'라고 이름 붙였지만 대한국민의회는 행정과 사법까지 통합한 조직이었다. 대한국민의회는 일제에 항전을 선포하고, 연변의 나자구(뤄쯔거우)에 독립군 훈련소를 설치해 국내 진입 작전을 준비하기도 했다.

국내에서도 3·1운동 이후 정부 수립 운동이 일어나 '한성정부'가 세워졌다. 이규갑·홍진·한남수·김사국 등이 전국 13도 대표를 조직하고 민주정부를 수립한다는 전제로 조직을 구성했다. 3월 17일 정부 수립에 대한 구체적인 절차와 방법을 논의한 뒤 4월 2일, 인천 만국공원에서 대표자회의를 열어 임시정부를 수립한다는 계획도 세웠으나 이루어지지 않았고 4월 23일, 서울 서린동의 중국 음식점이었던 봉춘관에서 13도 대표 24명**이 약소하게나마 '국민대회'를 열고 임시정부 수립을 선포했다. 이때 한성정부는 국체를 민주제로 한다는 등의 약법約法을 발표하고 정부 수반으로 집정관총재 이승만, 국무총리총재 이동휘 등을 선임했다.

서울에서 국민대회를 거쳐 수립됐으니 형식면에서 체계를 갖춘 정부이지만 내각 전원이 상해를 비롯해 외국에 망명한 상태였고 국민대회 이

---

* 러시아령. 시베리아 일대를 이른다.
** 상해 임시정부에 비해 소수 인원이라고 보기 어렵지만 국내라는 점을 고려하면 실제로 많은 수라고 보기는 어렵다.

제국에서 민국으로 가는 길

후 일제의 검거가 이어지며 제 모습을 갖추지는 못했다. 연구자에 따라 한성정부를 그 실체가 없다고 평가하기도 한다. 한성정부가 기독교 세력과 기호 출신 중심으로 조직이 짜여져 국내를 모두 포괄하지 못했고 이규갑·홍진 등이 상해 임시정부의 임시의정원에 참여했다는 점을 근거로 든다. 하지만 당시 정부 수립에서 가장 중요한 각 지역, 그러니까 국내 13도의 대표자를 구성하려고 했다는 점, 미국의 통신사인 〈연합통신〉이 국외로 이 소식을 보도하면서 한성정부가 널리 알려졌다는 점에서 존재를 완전히 부정할 수는 없겠다.

이밖에도 임시정부 수립을 밝힌 곳은 더 있지만 그 실체를 살펴볼 수 있는 곳은 대체로 상해·노령·한성(서울)이었고 다른 곳의 정부는 이른바 전단傳單정부였다. 세 임시정부는 서로 독립운동 최고지도기관과 미래를 지향하는 정부로서 경쟁해야 하는 상황이었다. 임시정부가 우리 민족을 대표하려면 세 개로 존재해서는 안 됐고, 자연스럽게 통합에 대한 논의가 벌어졌다.

통합 임시정부의 사전적 의미는 '상해·노령·서울의 세 정부가 1919년 9월에 통합된 정부'다. 그러나 실제 내용은 사전적 해석대로 보기 어려운 점이 있다. 또 그 과정이 무척이나 복잡해 단번에 파악할 수 없지만 임시정부의 통합에 대해서만큼은 결과보다 과정에 주의를 기울일 필요가 있다. 우리 민주주의는 이때 막 등장했고 그 내용을 현실에 옮기며 시행착오를 겪는 중이었다. 그럼에도 불구하고 통합을 추진한 이들은 '민주적 절차'를 중요하게 생각했고, 통합을 이루기 위한 '과정'에 많은 관심을 두었다. 이 경험이 향후 독립운동 단체가 민주주의를 내재화하는 데 중요한 의미를 갖는다는 것을 알았기 때문이다.

임시정부의 통합은
민주적으로

임시정부 역사를 답사하다 보면 단연 어려운 것이 있다. 바로 독립운동 세력의 변화 과정을 이해하는 것이다. 이 내용이 어려운 이유는 크게 두 가지인데, 하나는 합치고 헤어지는 과정이 명확하지 않은 경우가 많다는 것이다. 그래서 잠시 그 내용을 놓치면 다음 상황이 전개될 때 이해하기 어렵다. 예를 들자면 의열단 김원봉이 갑자기 조선민족혁명당으로 등장하는 경우, 한국독립당 김구가 다시 한국국민당의 이름으로 등장하는 경우다.

다른 하나는 그 상황에 등장하는 독립운동가와 단체가 참 많다는 것이다. 우리에게 독립운동가가 이렇게 많았는가 하고 긍지를 느끼면서도 이 많은 분들을 어떻게 외우고 받아들여야 할지 황망해진다. 더 나아가 한두 사람의 독립운동가가 익숙해지고 어떤 단체가 익숙해졌다고 생각될 즈음 다시 새로운 운동가, 새로운 단체가 등장한다. 또 여러 단체에 걸쳐 등장하는 인물도 심심치 않게 많다. 그러나 한 번 등장한 인물은 다시 나올 가능성이 많고, 한 번 언급된 단체 역시 다음에 나올 수 있다. 그러므로 처음에 잘 외워지지 않는다고 어려워하지 말자. 그때 벌어진 상황만 파악하고 구체적인 모습과 관련 인물, 관련 단체는 나중에 살펴본다는 마음을 갖는 것이 좋겠다.

제국에서 민국으로 가는 길

그럼 이제 본격적으로 임시 정부의 통합 과정을 살펴보자. 임시정부 가운데 실체를 가지고 있는 두 지역의 임시정부, 그러니까 상해와 연해주가 통합의 중심이 되었다. 먼저 연해주의 대한국민의회는 원세훈을 파견하여 대한국민의회와 상해 임시정부의 임시의정원을 합치고 정부를 연해주로 옮길 것을 제안했다. 연해주에 정부의 배후가 될

임시정부 국무총리 겸 내무총장 취임 당시 안창호. 독립기념관 제공.

교포가 많고 우리나라 본토와 가깝다는 것이 근거였다. 하지만 상해 쪽 인사들은 그 제안을 거부했다. 연해주는 일제의 간섭을 피하기 어렵고, 다른 나라와 외교관계를 맺는 데 상해가 더 유리하다고 판단했기 때문이다. 통합에 대한 의지는 있지만 진전이 없는 답보 상태에서 안창호가 등장했다.

상해 임시정부의 국무총리 대리 겸 내무총장인 안창호는 5월 말 미주의 대한인국민회에서 지원 받은 약간의 자금을 들고 상해에 왔다. 6월에 취임한 안창호는 임시정부의 대표성과 역량을 강화해 독립운동을 지도하고자 했다. 이를 위해서는 연해주와 미주의 힘도 모아야 했다. 안창호는 자연스럽게 임시정부 통합에 관심을 가졌다. 그러나 두 정부는 서로 견해

가 달랐다. 또 비교적 안정적인 미주의 동포 사이에서 영향력이 강했던 이승만의 거취도 문제였다. 이승만은 한성정부에서 추대한 집정관총재직을 자의적으로 해석해 '대통령'이라고 주장하면서 한성정부에 정통성이 있다고 했다. 한 달 동안 문제들을 살펴본 안창호는 해결점을 찾아냈다.

> "러시아 연해주·중국·미국 각지로부터 정식 의정원을 소집하여 거기서 주권자 3인을 택하여 그 셋이 일곱 차관을 뽑아 의정원에 통과시키려고 합니다."
>
> – 《안도산전서》

안창호는 먼저 실질적인 동포 사회의 후원과 조직이 있는 지역에서 명망 있는 인사를 임시정부의 핵심에 두어 조직을 구성하자고 했다. 상해의 안창호, 연해주의 이동휘, 미주의 이승만이 모인다면 통합이 가능하다고 본 것이다. 안창호와 이동휘가 모이는 것은 상해와 연해주 두 정부가 손을 잡는 것과 같으니 실질적인 통합의 효과를 기대할 수 있었다.

다음으로는 이승만을 끌어들여야 했다. 당시 이승만은 자신을 '대통령'으로 일컬으며 미주 한인사회의 자금을 독점하고자 했다. 미주의 자금을 끌어오기 위해서는 이승만이 임시정부에 참여할 명분을 제공할 필요가 있었다. 여기까지 고민한 안창호는 마침내 '한성정부' 카드를 꺼내들었다.

두 세력, 그러니까 상해와 연해주의 임시정부를 해산하고 한성정부의 이름을 계승해 통합하자는 것이었다. 그럴 경우 상해와 연해주 둘 다 기득권을 포기하게 되니 통합의 명분이 될 수 있었다. 그리고 이승만과 이동휘로부터 새로운 임시정부에 참여하는 것에 대해 동의를 구할 수 있었다.

통합 논의가 끝맺음되자 상해 임시정부는 한성정부를 참고하여 임시헌법 개정안과 정부 개조안을 통과시켰다. 곧이어 1차 개헌을 한 「대한민국 임시헌법」을 9월 11일 공포했다. 전문과 8개 장, 58개 조문으로 이뤄진 임시헌법은 선언 수준이던 「대한민국 임시헌장」의 내용을 제대로 된 법 조문으로 정리했다. 임시헌법에서 정한 정부 조직의 가장 큰 변화는 '국무총리제'에서 '대통령제'로 바뀐 것이었다. 임시정부 통합 과정에서 이승만을 끌어들이기 위해 나온 고육지책이었다.

새로운 통합 임시정부 성립이 눈앞에 왔는데 다시 문제가 발생했다. 연해주에서 온 이동휘·문창범 등 인사들이 상해 임시정부가 내각만 해산하고 임시의정원은 그대로 둔 것을 비판했다.

또 임시의정원이 이승만을 대통령으로 선출하자 일부 인사가 이승만에 대해 거세게 반발하며 임시정부에 참여하는 것을 거부했다. 이승만이 이전에 주장했던 '위임통치론' 때문이었다. 이승만은 1919년 2월 25일, 미국 대통령에게 청원문을 보내 한국을 국제연맹의 위임통치 아래에 두도록 미국이 주선해달라고 한 바 있다. 이에 대해 신채호는 다음과 같이 격한 반응을 보였다.

"차라리 나 죽이구려! 미국에 편안히 들어앉아 위임통치나 부탁하는 이승만을 어떻게 수반으로 모신단 말이오? 따지고 보면 이승만은 이완용보다 더 큰 역적이 아니오. 이완용은 있는 나라를 팔아먹었지만, 이승만은 있지도 않은 나라를 팔아먹은 자란 말이오."

결국 신채호는 상해를 떠나 북경으로 가버렸다. 아슬아슬한 순간을 겪었지만 11월 3일 이동휘가 국무총리에 취임하며 통합 임시정부의 모습은 갖춰졌다. 당시 임시헌법에 따라 선출된 대통령과 국무위원은 다음과 같다.

대통령 이승만   **국무총리** 이동휘

내무총장 이동녕   **군무총장** 노백린   **재무총장** 이시영   **법무총장** 신규식

학무총장 김규식   **교통총장** 문창범   **외무총장** 박용만   **노동국 총판** 안창호

막 출발한 통합 임시정부의 과제는 분명했다. 독립전쟁을 하겠다는 점에서 전시정부와 비슷하지만 실질적인 군대를 갖지 못했고, 국외에 수립됐다는 점에서 망명정부와 비슷하지만 빼앗긴 나라와 찾아야 할 나라의 모습이 달랐다. 가진 것은 없지만 해야 할 일은 많은 임시정부였다.

임시정부의 외교활동과
무장투쟁

초기 임시정부의 활동은 1920년 만주에서 대한독립군과 북로군정서北路軍政署가 봉오동전투·청산리대첩 등 무장투쟁을 활발히 수행한 것과 비교하면 크게 드러나지 않는다.

그래서 임시정부를 비판하는 지점 중 하나가 외교에 치중하느라 다른 일을 제대로 하지 못했다는 것이다. 3·1운동의 결과로 임시정부가 수립될 당시는 제1차 세계대전 종전이라는 세계사의 큰 변곡점을 지나는 때였다. 임시정부는 일본의 식민 지배 속에서 독립할 가능성을 여기서 찾고자 했다. 구체적으로는 전후 처리를 위한 파리강화회의에 의견을 제출하는 것이었다. 임시정부의 최대 목표는 3·1운동이라는 우리 민족의 독립에 대한 의지를 손에 들고 세계 여러 나라와 교섭해 임시정부를 인정받아 결국 대한민국의 독립을 승인받는 것이었던 셈이다. 물론 임시정부는 외교활동 외에 다른 독립운동, 그러니까 독립전쟁이나 의열투쟁도 전개했다. 여기서는 먼저 임시정부의 외교활동을 조금 더 넓은 시각으로 살펴보려 한다. 실제로 임시정부의 외교활동은 이후 중경 시기에 큰 성과를 거두게 되니까 말이다.

파리강화회의로
시작한 외교

　　　　　　　　　임시정부의 외교활동은 이미 임시정부 수립 이전에 신한청년당에서 우리나라 대표로 파리강화회의에 파견한 김규식의 활동에서 시작되었다. 임시정부가 수립되자 김규식의 지위는 신한청년당의 한국 대표에서 임시정부 외무총장 겸 파리위원부 대표 자격으로 바뀌었다. 하지만 일본의 방해로 파리강화회의에 한국 문제를 상정하지 못했다. 다만 김규식의 활동은 1919년 8월 스위스에서 열린 제2인터내셔널대회*에 이관용·조소앙이 대표로 참여해 「한국 독립 승인 요구서」를 제출해 결의안을 통과시키는 데 영향을 끼쳤다.

　　미국에서는 이승만과 서재필이 외교활동을 펼쳤다. 이승만은 한성정부 집정관총재 시절 집정관총재사무소를 미국 워싱턴D.C에 설치했다가 임시정부 대통령이 되며 구미위원부로 이름을 바꿨다. 이때 구미위원부는 멕시코와 쿠바뿐만 아니라 필라델피아에서 서재필이 설립했던 '한국통신부', 파리에서 김규식이 설립한 '한국대표부(대한민국 임시정부 주파리 대표부)'도 관할하는 조직으로 확대됐다. 이승만의 외교활동은 대한제국 시절 외교관계를 맺었던 나라들에게 한국에 공화정부가 수립됐음을 알리는 서한을 보내는 것부터 시작됐다. 그러나 가장 공을 들인 1921년 워싱턴회

---

* 만국사회당대회라고도 한다. 1889년부터 1920년까지 수회 열렸다. 제2인터내셔널은 제1인터내셔널(1864~1876)에 이어 조직된 국제적 노동단체다. 이 시기에는 제2인터내셔널 재건파가 중심이 되어 스위스의 루체른과 제네바에서 회의를 하고 있었다. 참고로 제3인터내셔널(1919~1943)은 공산주의 인터내셔널 또는 코민테른이라 부른다. 각국 공산당에 지부를 두고 혁명운동을 지도·지원했다.

의에서 한국의 대표단은 존재조차 인정받지 못했다. 미국은 대체로 한국 문제에 관심이 없거나 냉소적이었다.

그렇지만 임시정부에 관심을 준 나라도 있었다. 바로 러시아(소비에트 러시아)와 중국이다. 러시아 연해주에 수립한 대한국민의회를 이끌던 이동휘가 1919년 임시정부의 국무총리가 되면서 러시아는 임시정부 외교의 주요 대상이 됐다.

1920년 1월, 임시정부는 한형권*·여운형·안공근 세 사람을 러시아에 파견할 요원으로 선정했다. 하지만 이동휘가 독단으로 한형권만 파견하고 이때 레닌이 지원하기로 한 독립운동 자금 200만 루블의 일부인 60만 루블을 받았다. 한형권은 금화인 60만 루블을 한 번에 운반하기 어려워 20만 루블은 모스크바에 맡기고 40만 루블만 상해로 가져왔다. 그러나 40만 루블을 전달 받는 과정에서 이동휘가 임시정부의 개혁 문제를 두고 마찰했고, 40만 루블의 행방이 묘연해졌다. 한형권은 김립에게 전달했다고 하나 실제로는 이동휘가 유용한 걸로 보이며, 이 사건으로 김립은 자금 유용 혐의를 받다가 나중에 김구계系의 오면직·노종균에게 암살당했다. 이러한 문제로 이동휘는 임시정부를 탈퇴했다.

그리고 2차로 1922년 레닌정부로부터 20만 루블을 수령하여 국민대표회의 비용으로 쓰는 과정에서 임시정부와 고려공산당 사이에 알력이 발

---

* 이동휘의 측근. 한형권은 이동휘가 1918년 연해주에서 창당한 우리나라 최초의 사회주의 정당 '한인사회당'에 입당했다. 한인사회당의 핵심인사로는 김알렉산드라·유동열·박애·이한영·김립·오하묵·오와실리·이인섭·박진순 등이 꼽힌다. 한인사회당은 1920년 이후 상해파 고려공산당으로 확대·개편된다.

생했다. 결국 임시정부는 레닌이 약속한 나머지 140만 루블을 받지 못하게 됐다. 레닌 정부에 대해서는 이승만도 관심을 갖고 이희경을 파견하기도 했다.

낯선 낱말과 많은 이름이 등장하고 또 사건이 명확하게 밝혀지지 않은 부분이 있어 조금 복잡해 보이는 임시정부와 러시아 사이의 외교다. 그럼에도 불구하고 당시 임시정부에게 독립운동 자금을 지원한 나라가 러시아였다는 점은 무척 중요하다. 임시정부가 초기에 접촉했던 다른 어떤 나라도 정부 차원에서 자금을 지원한 적이 없었다. 이처럼 국제관계는 상황에 따라 변한다.

다시 임시정부의 외교를 보자. 러시아가 한국 문제에 관심을 가지고 있었지만 임시정부가 외교에 가장 공을 들인 나라는 중국이었다. 문제는 중국도 상황이 나빴다는 점이다. 1912년, 신해혁명의 결과로 중화민국이 수립됐지만 군벌 중심의 북경정부와 손문孫文(쑨원)*을 중심으로 한 광동정부廣東政府**로 나뉘어 있었다. 두 정부 가운데 누구를 선택할 것인지를 놓고 임시정부는 별다른 고민을 한 것 같지 않다. 임시정부의 요인들이 중국의 혁명에 참여하기도 했거니와 정치적 이념도 광동정부와 비슷했기 때문이다. 임시정부에서는 1921년 10월 국무총리대리 겸 외무총장인 신규식을 특사로 광동에 파견해 손문을 만나도록 했다. 가장 중요

---

* 호는 중산中山으로 중국 각지에서 중산이란 이름을 볼 수 있다. 그가 죽은 1925년은 중국 현대사에서 중요한 의미를 갖는다. 같이 기억하면 답사에 도움이 된다.
** 호법정부라고도 한다. 신해혁명의 뜻을 이어받아 북경정부를 타도할 목적으로 손문이 광동성의 성도인 광주(광저우)에 3차에 걸쳐 수립한 정부다. 1925년 국민정부로 이름을 바꿨고, 1927년 무한(우한)으로 옮겨갔다.

제국에서 민국으로 가는 길

한 문제였던 상호 정부 승인을 비롯해 군사교육과 재정 지원을 요청하기 위해서였다. 광동정부 역시 어려움을 겪고 있던 터라 아쉽게도 구체적인 합의에는 이르지 못했다. 그러나 소기의 성과는 있었다. 광동정부의 국회에서 손문의 뜻에 따라「한국 독립 승인안」을 상정하고 통과시킨 것이다. 또한 임시정부는 외무부의 박찬익을 광동 주재 임시정부 대표로 파견하고 광동정부로부터 월 500원의 지원을 6개월 동안 받기로 했다. 박찬익은 대한민국의 이름으로 상대방이 인정한 첫 번째 외교관이 됐다. 광동정부와의 교섭은 실질적인 임시정부 승인을 받아낸 성과를 거뒀고, 중국과의 관계는 손문을 계승한 국민당으로 이어졌다. 중국, 그리고 국민당 정부의 지지를 필요로 했던 임시정부로서는 중요한 전기를 마련한 외교활동이었던 셈이다.

이밖에도 임시정부의 외교활동 가운데 주목할 부분이 있다. 1923년 일본 외무성에 외무총장 조소앙의 이름으로 항의 공문을 보낸 일이다. 1923년 9월 1일 발생한 관동대지진*의 혼란을 무마하기 위해 무고한 조선인들을 학살한 '관동대학살'에 대해 공식적으로 항의한 것이다. 공문에서 임시정부는 다음과 같은 내용을 일본 정부에 요구했다.

- 불법 강제 구금당한 1만 5천 명의 한국인을 즉시 석방할 것.
- 모든 재해구역에 있는 한국인의 생사 여부와 성명·연령·주소·업적을 조사하여 발표할 것.

---

* 진도 7.9의 대지진으로 9만 명 이상이 사망하고, 가옥 28만 채 이상이 전소되는 등 큰 피해가 발생했다.

• 한국인을 잔인하게 죽인 무리들을 관리들에게 묻지 말고 엄중하게 처벌할 것.

- 「대한민국 임시정부의 대일항의공문」

임시정부는 공문 발송에 그치지 않고 피해 조사를 위한 조사단도 파견했다. 일본 정부에 조사 활동을 숨기기 위해 '재일본관동지방이재조선동포위문단'이라고 이름을 붙였다. 이미 일본 안에서 피해를 조사하는 단체가 있었고 국내에서도 피해 조사를 하기 위해 준비를 했던 터라 그 상황을 수집·정리하는 활동을 했을 것으로 보인다. 임시정부에서는 7인의 집행위원을 임명하고 임시정부 기관지라고 할 수 있는 〈독립신문〉 사장인 김승학 등이 일본으로 가서 진상조사를 했다. 이렇게 해서 1923년 11월 28일, 〈독립신문〉은 6,661명의 한국인 학살 피해자 수를 발표했다. 지금까지 관동대지진 때 학살당한 우리 동포의 수는 이것을 근거로 삼는다. 이 발표 후, 관동대학살에 분노한 의열단원 김지섭은 이듬해 일본 황궁에 폭탄을 던졌다.

이렇듯 임시정부는 파리강화회의를 시작으로 미국·소련·중국·일본 등을 향해 외교활동을 전개했지만, 독립에 결정적인 역할을 할 만한 성과를 내지는 못했다. 당시 세계정세가 임시정부의 희망과 다르게 전개됐기 때문이다. 파리강화회의는 승전국의 패전국 처리가 주된 사안이었고, 무엇보다 일본이 그 승전국 중 하나였기 때문에 서구 열강을 대상으로 하는 외교는 실패할 수밖에 없었다. 그런 점에서 외교가 독립운동의 방략이 되려면 서구 열강과 함께할 방법을 찾아야 한다는 공감대가 임시정부 안에서 생겼다. 그리고 소련·중국의 광동정부를 대상으로 펼친 외교는 당장 큰 성과를 내지는 못했지만 새로운 가능성을 열어주었다.

임시정부, 독립전쟁을 준비하다

이제 임시정부가 설정한 무장투쟁의 방향을 보자. 무장투쟁을 위해 임시정부는 1919년 7월 국내에 비밀조직체 100여 개를 설치해 연락망을 만들고자 했다. 이를 위해 임시정부의 내무부 아래 연통제를 두었고 국내 각 도에는 감독부, 군에는 총감부, 면에는 사감부를 두어 국내 행정을 장악하려 했다. 이 조직을 통해 군인을 모집하고 시위를 벌이도록 하거나 애국금을 모아 광복 사업의 완성을 이루려고 했다.

교통부 역시 그 아래 교통국을 두어 국내외 독립운동 세력과 행정 조직을 연결하고자 했다. 만주 안동에서 아일랜드계 영국인 조지 루이스 쇼가 운영하는 이륭양행을 거점으로 의주·평양·사리원·경성(서울)·부산으로 이어지는 통로도 마련했다. 각 지역에서 독립운동 자금을 모으면 부산 백산상회 등의 거점에서 교통국을 통해 다시 경성·사리원·평양·의주·만주를 거쳐 상해 임시정부로 보내도록 했다.

또한 각종 인쇄물을 통해 국내의 동포들에게 임시정부의 존재를 알리고 독립운동에 참여할 것을 선전하기도 했다. 이를 위해 활용한 것이 〈독립신문〉이다. 1919년 3월부터 1925년 11월까지 발간된 〈독립신문〉은 독

부산에 있는 백산기념관 외경. 백산 안희제가 설립했던 백산상회 옛터에 세워졌다. 민족기업인 백산상회는 임시정부에 자금을 지원하고 전달하는 거점 중 하나였다.

립사상을 퍼뜨리고 임시정부를 소개하는 것은 물론 우리의 상황을 스스로 보도할 매체가 있어야 한다는 필요에서 만들어졌다. 〈독립신문〉은 상해뿐만 아니라 국내에도 배포되고 하와이에 지국을 설치하며 임시정부의 활동과 일본의 침략을 알리는 역할을 했다. 더불어 1919년 9월에 만들어진 《한일관계사료집》도 그 제작 목표가 국제연맹에 제출하는 것이었으니 외교의 방략이면서 동시에 독립투쟁의 역사적 내력을 밝히는 것이라고 할 수 있겠다.

무장투쟁의 본격적인 시작은 안창호가 1920년을 '독립전쟁 원년'으로 선포하면서부터였다. 임시정부의 모든 역량을 동원해 일본을 몰아내기 위해 국내로 진공할 무장 군대를 국외에서 만드는 것을 1차 목표로 삼고,

캘리포니아에 설립된 한인비행사양성소의 교관들. 왼쪽부터 장병훈·오림하·이용선·노백린·이초·이용근·한장호. 독립기념관 제공.

2차로 이에 호응할 세력을 국내에서 만들고자 했다.

1920년 1월 「국무원 포고 제1호」로 시작해 국내에는 군사주비단軍事籌備團을 조직하고 국외에는 육군무관학교를 세운 뒤 임시정부 아래 군대를 조직하며 이미 활동 중인 독립군을 산하 부대로 조직하는 방안을 세웠다. 이에 따라 육군무관학교에서 3회에 걸쳐 졸업생 43명을 배출했고 위생병이 될 간호사도 연희의학전문학교 출신 의사 곽병규의 주도로 1기에 13명을 양성했다. 또 의용단을 꾸려 국내에서 군자금 모집 활동과 의열투쟁을 펼쳤다. 기존 독립군 세력을 끌어들이는 데도 많은 노력을 기울여서 여러 독립군 세력이 임시정부 지지 선언을 했고, 또 서로군정서西路軍政署는 임시정부 아래 조직으로 자임하며 군정부 대신 군정서로 이름을 지었다. 임시정부 군무총장 노백린이 미국 캘리포니아에 설립한 한인비행사 양성소*도 독립전쟁 준비의 일환이었다.

그러나 국외의 임시정부가 직접 독립전쟁을 위한 군대를 이끄는 것은 여러모로 어려움이 있었다. 무엇보다 중국을 비롯한 여러 나라 정부의 승인과 함께 군대를 운영할 막대한 자금이 필요했다. 임시정부는 이처럼 어려운 상황 속에서도 포기하지 않으며 독립전쟁을 준비했고 이를 위해 각국 정부와 교섭하는 것을 잊지 않았다. 그 결과가 이후 1940년 중경에서 성립한 '한국광복군'이니 그 준비 기간이 정말 길었다.

---

* 미국 캘리포니아에 있었는데, 농장이 있던 곳의 이름을 따 윌로우스 비행학교라고도 부른다. 우리나라 공군의 효시라 할 수 있다.

만국공묘에
잠든 사람들

송경령 능원
상해시 능원로 21호 송경령 능원

임시정부의 등장은 새로운 역사의 시작이다. 이제 그 역사를 찾아 상해 어디로 움직여야 할까. 여느 관광객이라면 갈 곳이 많지만 임시정부 답사자에게는 목적지가 그리 많지 않다. 이번에는 송경령宋慶齡(쑹칭링) 능원이다. 송경령 능원은 어떤 곳일까. 먼저 이 공간의 주인공인 송경령이 누구인지 한번 살펴보자.

송경령은 손문의 부인이며 장개석蔣介石(장제스)*의 부인인 송미령宋美齡의 언니다. 가족 관계만큼 중국 현대사에서의 위치도 꽤 대단하다.

"위대한 애국주의, 민주주의, 국제주의, 공산주의 전사다."

---

* 본명은 장중정. 임시정부가 교섭한 중국의 가장 중요한 인물로 다양한 면모를 보여준다.

송경령 능원을 단체 참배하는 추모 행렬. 공산당 정권 수립에 이바지한 송경령은 손문의 부인이기도 하다.

　　중화인민공화국 전국인민대회가 송경령을 평가하며 한 말이다. 손문의
혁명을 이어가는 중국 현대사의 고비마다 송경령은 동생의 남편인 장개
석의 국민당이 아닌 공산당과 보조를 맞췄다. 이후 공산당 정권이 수립됐
을 때 부주석을 맡기도 했으며 사후에는 명예주석이 됐다. 북경에서 생을
마감한 송경령은 상해의 '만국공묘', 그러니까 상해 조계지에 있는 외국
인 공동묘지에 묻어달라고 했다. 부모님 무덤이 거기에 있기 때문이었다.
송경령이 만국공묘에 묻히며 묘역 이름은 송경령 능원으로 바뀌었고, 송
경령의 기념관도 지어졌다.

　　잘 가꾼 잔디밭과 송경령을 기리는 기념관, 그리고 송경령의 무덤이 있
는 넓은 공동묘지에는 조계지에 머물던 우리 임시정부 요인들도 잠들어
있다. 임시정부가 1919년 활동을 시작했고 1932년까지 상해에 머물렀으
니, 그사이 죽음을 맞이한 이들은 여기 외국인 공동묘지에 묻혔다. 독립

외국인 공동묘지였던 송경령 능원에는 임시정부 요인들이 묻혔던 묘역의 흔적이 남아 있다.

의 결실을 보지 못하고 생을 마감했으니 정말 안타까운 일이다.

　우리는 임시정부라고 하면 조직을 이끌어간 특정한 몇 사람만 떠올리곤 한다. 임시정부를 깊이 살펴볼 기회가 없었던 것이 근본 이유일 것이다. 그러나 제대로 된 조직, 힘을 낼 수 있는 조직은 지도자와 그 지도자 옆의 인재가 모두 능력을 발휘해야 한다. 이왕 임시정부 답사를 왔으면 그 시야를 넓혀 한 명의 독립운동가라도 더 만나는 기회를 가져보는 것이 좋겠다. 외국에서 만나는 독립운동가의 무덤, 송경령 능원이 그 기회를 줄 것이다.

　임시정부의 역사는 27년이란 긴 시간에 걸쳐 있다. 30대의 청년이 상해에서 독립운동을 시작했다면 중경에서 환국할 즈음에는 어느덧 60세를 바라봤을 것이다. 27년의 시간 중 13년을 상해에서 머물렀으니 이 시기에 유명을 달리한 독립운동가는 이곳에 묻혔다. 급박하게 상해를 떠난

국립서울현충원 임시정부 묘역 전경.

임시정부는 십수 년을 다른 지역에 머물렀고, 환국 때도 상황이 급박했던 터라 여기에 묻힌 독립운동가를 미처 국내로 모시지 못했다. 그나마 다행이라면 1993년에 안태국·신규식·김인전·박은식·노백린, 1995년에 윤현진·오영선의 유해를 모셔왔다는 것이다. 그리고 그 옆으로 연병환·조상섭 등으로 추정되는 묘역을 확인했고 그 과정에서 국립서울현충원에 임시정부 묘역이 생겼다.

국내로 봉송된 독립운동가들

1993년 국내로 처음 유해를 옮겨온 다섯 명의 이름은 익숙하면서도 낯설 것 같다. 임시정부 요인들의 이력을 다

제국에서 민국으로 가는 길

송경령 능원에 있는 안태국 묘역 표석과 좌표.

살펴볼 수는 없지만 이왕 우리 눈앞에 그들의 흔적이 있으니 간단하게나마 이력을 살펴보자.

먼저 1920년 이곳에 묻혔던 안태국이다. 안창호가 주도했던 신민회 회원이었고, 이승훈과 함께 신지식과 애국심 고취를 위해 설립한 서점인 태극서관을 운영하기도 했다. 1909년 이재명 의사의 이완용 암살 시도 사건으로 투옥된 뒤, 다시 1910년 일어난 105인 사건에 연루되어 양기탁과 더불어 5년 동안 감옥에 갇혀 고생했다. 풀려난 뒤 독립운동을 위해 임시정부를 찾았으나 안타깝게도 곧 병을 얻어 40대 초반의 나이에 숨을 거뒀다.

다음으로 신규식이다. 카이저수염을 길러 선글라스를 끼고 멋을 한껏 낸 사진으로 유명한 인물이다. 그렇지만 그의 선글라스 안에는 아픔이 있다. 대한제국 군인이던 시절 을사오적을 처치하려고 했지만 실패에 그치

상해에서 신채호·신석우·신규식. 독립기념관 제공.

자 현실을 비관하며 음독자살을 시도했다. 가족들이 만류한 덕분에 살아
났지만 한쪽 눈을 잃었다. 이후 스스로 호를 예관睨觀이라 붙였으니 '흘겨
보다'라는 뜻이다. 뒤집어진 세상을 똑바로 볼 수는 없음이리라. 강직한
성품의 신규식은 독립운동 전선에 나서서는 한쪽 눈으로 더 넓은 세상을

제국에서 민국으로 가는 길

송경령 능원에 있는 김인전 묘역 표석.

보며 손문이 주도하는 중국혁명동맹회에 가입, 신해혁명에 참여했다. 이 인연으로 1919년 손문이 이끄는 광동정부가 대한민국 임시정부를 승인하는 데 큰 역할을 했다. 그러나 이후 임시정부가 분열하자 신규식은 서로 힘을 합칠 것을 독려하며 25일이나 음식을 먹지도, 약을 들지도, 말을 하지도 않다가 1922년 숨을 거뒀다. 먼 친척뻘인 신채호도 강직하기로 유명하니 집안 내력인가 싶다.

다음으로 김인전. 김인전은 일제강점기를 맞아 지식인의 영역이 어떻게 변했는지 보여준다. 1876년 태어난 김인전은 어려서는 가풍에 따라 한학을 공부했다. 그 과정에서 민족의 미래에 대한 고민으로 가산을 출연出捐해 '한영학교'를 열었다. 기독교를 믿기 시작하면서 평양신학교에 입학하고 평생의 동지라고 할 수 있는 송병조를 비롯해 3·1운동의 민족 대표인 이승훈·길선주·양전백을 만났다. 교육계로 투신한 뒤 3·1운동이 일어나자 3월 5일의 군산 영명학교 교사와 학생들의 만세시위를 비롯해 3월 13일에는 전주 신흥학교와 기전여학교를 중심으로 만세시위를 펼치는 데 주도적 역할을 했다. 이후 상해로 건너가 임시정부에서 임시의정원 의장으로 활동하며 임시정부의 역량 강화를 위해 노력했다. 이때 '국민대표회의'를 준비했고 또 1921년 미국 워싱턴D.C.에서 열린 태평양회의에 대표를 파견하기도 했으며 이후 한국노병회韓國勞兵會* 창설에 참여하기도 했다. 나라의 어려움은 지식인의 활동 영역을 확장시켰다.

그다음으로 박은식. 설명에 앞서 서울 동작동 국립서울현충원 묘비에 있는 문장을 보자.

> 국혼國魂은 살아 있다. 국교國敎 · 국학國學 · 국어國語 · 국문國文 · 국사國史는 국혼國魂에 속하는 것이요, 전곡錢穀 · 군대軍隊 · 성지城池 · 함선艦船 · 기계器械 등은 국백國魄에 속하는 것으로 국혼의 됨됨은 국백에 따라서 죽고 사는 것이 아니다. 그러므로 국교와 국사가 망하지 아니하면 국혼은 살아 있으므로 그 나라는 망하지 않는다.
>
> —《한국통사韓國痛史》**

박은식은 역사학자다. 이미 만주에서 《동명성왕실기》, 《발해태조건국

국립서울현충원에 있는 박은식 묘비와 묘역.

지》,《명림답부전》,《천개소문전(연개소문전)》,《대동고대사론》 같은 역사 속 위인을 소개하는 위인전과 고대사를 썼다. 또 3·1운동과 독립운동사 연구에 꼭 필요한 《안의사중근전》,《한국통사》,《한국독립운동지혈사韓國 獨立運動之血史》*도 썼다. 박은식은 처음에는 역사학자보다 언론인으로서 더 많은 활동을 했다. 〈황성신문〉과 〈대한매일신보〉 주필로 활동하며 일 제의 침략을 기탄없이 비판하고, 국민을 깨우쳤다. 이 연장선상에서 독립 협회와 신민회에 참여했고 중국의 강유위康有爲(캉유웨이), 양계초梁啓超 (량치차오) 등과 교류하며 중국혁명 사업에도 일조했다. 1917년에는 「대동 단결선언」을 발표하여 임시정부 수립이 필요함을 강조했고, 마침내 임시 정부를 수립했다. 1925년 3월부터 8월까지 2대 대통령이었고, 그해 11월

---

* 3·1운동의 규모와 피해를 규명하는 데 중요한 근거가 되는 책이다.

송경령 능원에 있는 노백린 묘역 표석.

에 서거했다.

　마지막으로 노백린이다. 이름 뒤에 붙일 호칭으로는 선생보다 장군이 적당하겠다. 대한제국 시절 무관으로서 헌병대장, 육군 연성학교장으로 활동했을 때 통감이던 이토 히로부미가 연회를 열었다. 이때 노백린은 일본군 사령관 하세가와 요시미치*와 칼을 뽑아 신경전을 벌였다고 전해진다. 대한제국의 미래가 불투명해지자 신민회에 참여했고, 국권을 빼앗기자 상해를 거쳐 미국으로 갔다. 마침 수립된 임시정부는 노백린을 군무총장으로 임명하고 군대 양성에 관한 일을 맡기고자 했다. 미국에 머물고 있던 노백린은 쌀농사로 부를 일궈낸 재미교포 김종림으로부터 5만여 평의 땅과 자금을 지원 받아 한인비행사양성소를 열었다. 비행사양성소

---

*　이후 2대 조선총독으로 취임했다.

　　　　　　　　　　　　　　　　　　　제국에서 민국으로 가는 길

는 한때 연습 비행기 5대, 학생 41명이 다닐 정도로 성황을 이뤘다. 하지만 김종림의 농장이 홍수로 큰 피해를 입자 양성소는 2년여 만에 문을 닫았다. 이후 노백린은 상해 임시정부로 돌아와 1922년부터 1924년 4월 9일까지 국무총리를 역임했다. 노백린의 이력 역시 신민회에서 임시정부로 이어졌다. 신민회는 임시정부로 흐르는 물길의 큰 저수지 가운데 하나가 아니었을까. 1926년 숨을 거둔 노백린의 꿈은 한국 군인으로서 제복을 입고 남대문에 입성하는 것이었단다.

이처럼 임시정부 요인의 이력을 살피는 것은 자연스럽게 당시 독립운동의 흐름에 접근하는 길을 만들어준다. 또한 얽히고설킨 인간관계에 조금 익숙해지면 가끔은 놀라운 지점에 등장하는 애국지사를 발견하는 재미를 느끼게 해준다. 그중 한 명이 박은식이다. 박은식의 이력에는 '대한민국 임시정부 2대 대통령'의 직함이 있다. 그럼 1대 대통령 이승만에서 어떻게 바뀌었을까. 이제 그 이야기를 해보자.

·

대한민국 임시정부
초대 대통령, 이승만

대한민국 임시정부 초대 대통령*은 이승만이다. 한성정부의 집정관총재를 대통령이라고 주장하던 이승만을 임시의정원이 진짜 대통령으로 선출했다. 임시정부가 이승만을 끌어들여 통합을 완성하기 위해 헌법을 개헌해 대통령에 대한 규정까지 마련한 것이다. 새 헌법에서 대통령이 갖는 권한은 컸다. 임시의정원을 열 권한도, 국가를 대표하는 권한도 대통령에게 있었다. 여기에 임기를 정하지 않았다는 점도 문제가 되었다.**

더구나 이승만은 임시정부가 있는 상해가 아니라 미국에서 임시정부를 운영하고자 했다. 실제로 그는 통합 임시정부가 출범했을 때도 상해에 오지 않았고, 대통령으로 재임한 5년 6개월 가운데 6개월만 상해에 머물렀다. 이런 가운데 독립운동 세력의 확장과 임시정부의 역할에 대한 논쟁이 벌어지면서 임시정부는 그 권위가 약화돼갔다.

임시정부를 지키고자 하는 각계의 독립운동 세력이 임시정부의 변화

---

* 공식 호칭은 '임시대통령'이다.
** 당시 많은 임시정부 요인들은 곧 독립이 될 것이라 생각하고 대통령의 임기를 정하지 않은 것으로 보인다.

제국에서 민국으로 가는 길

를 요구했지만 임시정부의 사소한 변화까지도 대통령의 손을 거쳐야 했다. 어떤 일에서도 절차의 민주주의를 중요시했던 임시정부는 혁신을 위해 지도력에 문제가 있는 대통령이 스스로 자리에서 물러나길 바랄 수밖에 없었다. 실제로 1920년 5월 각 부 차장들이 임시대통령을 불신임하는 일이 발생하자 이승만이 12월에 상해로 왔다. 임시정부의 구성원들은 이승만이 소내 내동령으로 선출됐을 때부터 야기된 전력과 지도력에 대한 우려를 직접 해명하고 임시정부의 역량을 강화할 만한 지도력을 보여주기를 기대했다. 그러나 상해로 온 이승만은 이렇다 할 움직임을 보여주지 않았고 자파 세력 확대에만 관심을 두었다. 이에 이동휘 등 각료들이 1921년 대통령 사퇴를 요구했지만, 이승만은 '대한민국 임시정부 대통령'이란 지위를 포기할 생각이 전혀 없었다. 이승만은 외교활동을 이유로 6개월간의 상해 체류를 끝내고 이듬해 6월 미국으로 떠나버렸다. 결국 임시정부는 대통령을 탄핵하고 헌법 개정으로 가는 길을 선택했다. 1923년 4월, 임시의정원에 대통령 탄핵안을 제출한 것이다.

탄핵안은 임시의정원 등 임시정부 조직의 약화로 제대로 논의되지 못하다가 1924년 6월 대통령 유고안을 발의했다. 직을 수행할 대통령이 지금 없으니 대통령 대리를 뽑겠다는 것이었다. 이에 따라 대통령 대리를 이동녕·박은식이 이어서 맡았다. 이 과정에서 탄핵의 대상인 이승만이 소명하는 절차를 마련했지만 응하지 않았다. 이에 따라 임시의정원은 탄핵안을 심판할 위원장*과 위원을 선출했고 심판서를 의정원에 보고했다.

---

* 임시대통령 이승만 심판위원회 위원장은 의사이면서 독립운동에 투신해 철혈단을 조직했던 나창헌이 맡았다.

그 결과는 다음과 같다.

이승만은 외교에 의탁한다는 말로 직무지를 떠나 5년 동안 바다 건너 한 편에 머물며 난국 수습과 대업 진행에 하등 성의를 다하지 않을 뿐만 아니라 허황된 사실을 꾸며 배포하여 정부의 위신을 손상하고 민심을 분산시킴은 물론이거니와 정부의 행정을 저해하고 국고 수입을 막았고 의정원의 신성을 모독하고 공결을 부인하였으며 심지어 정부까지 부인한 바 사실이라.

생각건대 정무를 총람하는 국가 총책임자로서 정부의 행정과 재무를 방해하고 임시헌법에 의하여 의정원의 선거를 통해 취임한 임시대통령이 자기 지위에 불리한 결의라 하여 의정원의 결의를 부인하고 한성정부 조직을 운운하는 것은 대한민국의 임시헌법을 근본적으로 부인하는 행위라.

이처럼 국정을 방해하고 국헌을 부인하는 자를 하루라도 국가원수의 직에 두는 것은 대업의 진행을 기대하기 어려우며 국법의 신성함을 보존하기 어려울 뿐만 아니라 순국제현이 편히 눈감지 못할 바이며 살아 있는 충용의 바라는 바가 아니라. 고로 주문과 같이 심판함.

대한민국 7년(1925년) 3월 11일

임시대통령 이승만 심판위원회 위원장 나창헌

동 위원 곽헌 · 채원개 · 김현구 · 최석순

– 「대한민국 임시정부 공보 42호」

제국에서 민국으로 가는 길

사람은 잘 변하지 않는 모양이다. 몇 가지 내용만 바꾼다면 1960년 4·19혁명 때 시위에 나선 사람들의 주장이라고 해도 믿을 것이다.

1925년 3월 23일 이승만 대통령 탄핵안이 통과됨과 동시에 후임 대통령 선출 작업이 이뤄졌다. 이때 제2대 대통령으로 박은식을 뽑았다. 그리고 2차 개헌이며 3차 헌법에 해당하는 개정헌법을 공포했다. 개정헌법의 핵심은 대통령제를 내각책임제로 바꾼 점과 내각 수반을 '국무령'이라 이름 짓고 그 임기를 3년으로 정한 점이다. 헌법 개정까지 이뤄지자 박은식은 대통령직에서 사임하고, 1925년 9월 임시정부는 새 헌법에 따라 만주 지역 독립운동 세력의 중심에 있던 이상룡을 국무령으로 선출했다. 혼란을 수습하고 각 지역의 여러 독립운동 세력으로부터 지지를 얻어내기 위해 명망이 높은 이상룡을 초대 국무령으로 선출한 것이다. 하지만 국무령제를 도입한 이후에도 임시정부는 여전히 어려움을 겪었다.

임시정부, 파도를 넘으며
변화 발전하다

이승만이 대통령으로 있는 동안 임시정부는 이렇다 할 성과를 만들어내지 못하고 각계의 독립운동 세력으로부터 임시정부의 변화·발전을 요구받았다. 이를 위해 여러 독립운동가가 임시정부로 모여 논의할 것을 주장했으니 바로 국민대표회의 소집 요구다.

1921년 2월, 박은식·원세훈·김창숙 등 14명은 「우리 동포에게 고함」이라는 선언문에서 임시정부 개혁을 위해 국민대표회의를 소집하자고 요구했다. 이 선언문은 큰 충격을 주었다. 박은식·원세훈은 모두 직전까지 임시정부에서 활동하던 인물이기 때문이다. 이 선언문이 나오자 위기감을 느낀 조완구·윤기섭 등 45명은 임시정부에 대한 절대 지지를 발표했다. 그렇지만 4월에 다시 북경의 신채호·박용만 등을 중심으로 한 군사통일준비회가 임시정부와 임시의정원의 해산과 국민대표회의 개최를 요구했고, 5월 만주의 여준·김동삼 역시 국민대표회의 개최를 주장했다. 이런 가운데 논란의 중심에 있던 이승만이 6월에 상해를 떠나면서 국민대표회의 개최에 대한 논의는 소강상태로 들어갔다.

이때 소비에트 러시아의 코민테른은 극동아시아 지역의 민족혁명 세력을 모아 1922년 1월 모스크바에서 극동민족대회*를 열었다. 이 회의의 참가자는 총 144명에 이르렀는데 한국 56명, 중국 42명, 일본 16명이었고 몽골과 자바(인도네시아)에서도 참여했다. 참가 규모에 따라 배정한 의장단에는 김규식·여운형이 포함되었다. 여기에서 한국의 독립과 임시정부 지원 및 확대 개편에 대한 논의가 이뤄졌다. 특히 제국주의에 대항하기 위해 사회주의 세력이 민족주의 세력과 연합하는 진술인 통일진선이 강조되며 좌우 통합의 가능성을 높였다. 모스크바에서 돌아온 여운형이 안창호의 국민대표회의 발언에 찬성하자 회의가 열리는 것은 기정사실이 됐고, 임시정부 임시의정원은 회의 개최를 검토하기 시작했다.

마침내 1923년 1월, 임시정부의 미래를 결정할 국민대표회의가 개최되었다. 회장은 김동삼, 부의장은 윤해·안창호가 맡았으며 국내와 상해를 비롯해 만주·중국·미주·연해주 등의 120여 개 단체, 130여 명의 대표가 회의에 참여했다. 이렇게 시작한 회의는 5월까지 63회나 이뤄졌으니 3·1운동 이후 이렇게 많은 독립운동가가 이렇게 많이 회의를 한 적이 있었던가 싶다. 하지만 의견을 모으는 과정은 순탄치 않았다. 가장 큰 문제였던 임시정부의 존재방식을 놓고 더 나은 쪽으로 개조하자는 개조파와 임시정부를 아예 해산하고 독립운동의 중심세력을 새로 만들어야 한다는 창조파로 나뉘었다.

창조파와 개조파가 팽팽히 맞서면서 결론이 나지 않자 1923년 5월 김

---

* 극동인민대표대회라고도 한다. 처음 회의 장소는 이르쿠츠크였지만 중간에 변경해 모스크바 크렘린궁에서 회의를 열었다.

동삼이 회장직을 사임하며 윤해가 대신 위원장을 맡아 개조에 대한 안을 부결시켰다. 이에 개조파가 반발해 탈퇴하자 국민대표회의는 사실상 결렬됐다. 국민대표회의에 남은 80여 명의 창조파는 새로운 정부를 수립할 것을 결의하고, 국호는 한韓 또는 조선공화국으로 하는 정부를 블라디보스토크에서 수립하기로 했다. 하지만 소련이 이들에게 블라디보스토크에서 떠날 것을 요구하자 북경으로 장소를 옮겼고 이마저도 실천에 옮기지 못하면서 창조파도 뿔뿔이 흩어졌다. 창조파의 와해로 국민대표회의가 성과를 얻지 못하면서 이를 주도한 안창호 역시 입지가 약해졌다.

국민대표회의는 임시정부의 새로운 지향점을 제시하거나 독립운동을 지도할 새로운 기관을 수립하는 것에 실패했다. 하지만 임시정부를 포함하여 여러 독립운동 단체가 머리를 맞대고 독립의 방략을 논했다는 점, 다양한 논의 속에서도 향후 수립될 국가의 체제는 민주와 공화정임을 누구도 부인하지 않았다는 점에서 독립운동의 흐름에서 중요한 회의였다. 임시정부는 큰 파도인 국민대표회의를 넘겼지만 다시 독립운동의 중심이 되는 지위를 위협받게 됐다. 이번에는 '민족유일당운동'이라는 파도가 닥친 것이다.

민족유일당운동과 한국독립당

민족유일당운동을 국민대표회의와 비교해본다면 공통점은 임시정부를 가운데 놓고 독립운동 세력의 결집을 타진하는 것이었다. 차이점은 국민대표회의는 임시정부의 존치 여부가 중요한 화두였고, 민족유일당운동은 좌우 세력의 합작 가능성을 목표로 했다는 것이다.

또 하나 다른 것이 있으니 바로 세계정세의 영향력이다. 국민대표회의도 코민테른 회의의 영향을 받았지만 그 회의의 본질은 한국 독립운동 세력 내부의 요구가 컸다. 민족유일당운동은 거기서 더 나아가 동아시아의 민족해방운동의 흐름과 발맞추려고 했다. 그렇다면 당시 세계정세가 어떠했던 것일까.

일제의 침략을 비판하고 아시아의 민족해방운동에 깊은 관심을 갖고 있는 나라를 서구 열강 가운데에서는 찾아볼 수가 없었다. 거의 유일하게 민족해방운동에 관심을 갖고 있는 나라가 바로 소련이었다. 그러므로 소련, 더 나아가 코민테른의 방침에 따라 민족해방운동의 흐름이 출렁거리는 경우가 많았다.

1924년 1월 20일, 중국 광주의 중산대학에서 중국국민당은 공산당과 손을 잡는 '제1차 국공합작'을 선언했다. 손문의 국민당이 레닌정부의 경제·군사적 지원을 받아들이면서 이뤄진 것이다.

이 소식은 우리 독립운동계에 영향을 끼쳤다. 마침 임시정부 안에서도 2대 대통령을 역임한 박은식, 중국 광동정부와 협상을 벌였던 신규식도 독립운동계의 좌우 통합을 요구한 바 있었다. 1926년 7월 안창호는 중국처럼 당으로 나라를 운영하기 위한 대당大黨 건설의 필요성을 주장했다. 그리고 북경의 좌파를 이끌고 있던 원세훈을 설득하여 '대독립당조직북경촉성회'를 설립했다. 안창호의 행보에 상해의 좌파 역시 모임을 갖고 우파인 홍진과 선언문을 발표했다. 당을 중심으로 뭉치려는 분위기가 무르익으면서 1927년 3월, 상해에서 '한국유일당독립당상해촉성회(이하 상해촉성회)'가 열렸다. 집행위원으로 24명이 선임되었는데 그 구성을 보면 다음과 같다.

임시정부 계열 (16명) 홍진 · 이동녕 · 김구 · 이규홍 · 조상섭 · 조완구 · 나창헌 · 최석순 · 최창식 · 김철 · 김갑 · 오영선 · 안공근 · 윤기섭 · 송병조 · 김규식

사회주의 계열 (8명) 홍남표 · 조봉암 · 강경선 · 김두봉 · 정백 · 현정건 · 이민달 · 황훈

의열단도 민족유일당운동에 발맞춰 「독립촉성선언」을 발표했고 북경 · 상해에 이어 광주 · 무한 · 남경에서도 촉성회가 연이어 생겨났다. 임시정부 또한 안팎의 민족유일당운동에 호응하여 헌법을 개정했는데 그 내용에는 이제까지 볼 수 없었던 파격이 포함됐다. 곧 임시정부 최고기관인 임시의정원의 권한을 '독립운동가가 대단결한 당을 완성할 때에 국가의 최고권력이 그 당에 있음'을 넣은 것이다. 이는 국민대표회의에서 그토록 터부시되었던 '임시정부 해산'을 포함한 것이니 임시정부 역시 민족유일당운동에 큰 기대를 두었음을 알 수 있다. 그러나 민족유일당운동은 곧 방향을 틀어야 했다. 1927년 7월 장개석의 쿠데타로 국공합작이 결렬된 것이다. 여기에 더해 1928년 코민테른이 「12월 테제」를 통해 사회주의자들에게 민족주의자들과의 결별을 요구했다. 이에 따라 민족유일당운동의 중심인 상해촉성회는 1929년 10월 26일 해체를 결의했다. 이후 좌파는

좌파대로, 우파는 우파대로 정당을 만들었고, 임시정부도 '상해 한국독립당'을 결성했다. 상해 한국독립당은 중국국민당과 공산당의 조직을 참고했다. 때문에 한국독립당 안에는 두 당의 성격이 섞여 있었다. 당의 강령을 조소앙의 삼균주의*로 하되 세계의 피압박 민족과 연대하는 '열린 민족주의'를 채택하고 더불어 '토지와 대규모 생산기관의 국유화'와 같은 사회주의 요소를 당강령에 포함시켰다. 민족유일당운동의 시기를 보내며 임시정부는 세계사의 흐름에 뒤처지지 않기 위해 노력했던 것이다.

지도체제의 변화,
그리고 김구

두 번의 큰 파도가 임시정부를 지나가는 동안 임시정부는 지도체제에 변화를 주었다. 간단하게 보면 대통령제 – 국무령제 – 주석제의 흐름이다. 상해를 떠나기 전 수립한 임시정부의 지도체제는 나중에 중경에 가서야 손을 보게 된다. 그런 점에서 이동시기 임시정부를 이해하는 데도 다음 내용이 참고된다.

임시정부는 1925년 새 헌법에 따라 임기 3년의 국무령이 이끌어가는 체제로 바꿨다. 초대 국무령으로 선출된 이상룡은 임시정부 국무위원에 김좌진 등을 임명해 무장투쟁 역량을 강화하고 통합에 힘을 기울였다. 그

---

* 개인과 개인, 민족과 민족, 국가와 국가 간의 완전한 균등을 실현하기 위해서는 정치·경제·교육의 균등을 실현해야 한다는 주장이다.

중경에서 개최된 자유한인대회에서 연설하는 홍진. 백범김구선생기념사업협회 소장.

러나 국민대표회의 속에서 별다른 성과를 얻지 못하면서 이상룡은 북경으로 돌아가버렸고 새 국무령으로 양기탁·안창호 등이 선출되었으나 역시 취임하지 않으면서 임시정부에는 최고지도자 공백 사태가 일어났다.

위기 속에 1926년 7월 홍진이 국무령에 취임했다. 홍진은 민족대당, 곧 민족유일당운동을 당면 과제로 삼고 여기에 적합하도록 헌법을 개정했다. 이후 홍진은 민족유일당운동을 하는 데 임시정부라는 옷이 거추장스럽다고 여기며 국무령에서 사임했다.

이렇게 되자 임시의정원 의장을 맡고 있던 이동녕은 국무령으로 김구를 추천했다. 임시정부 최고지도자로 김구가 등장하는 순간이다. 하지만 김구는 아래와 같은 이유로 이동녕의 제안을 처음에 받아들이지 않았다.

첫째. 나는 해주 서촌 김 존위(이장, 곧 낮은 지위)의 아들로서 정부가 아무리 상황이 어려워졌다고 하더라도 일국의 원수가 되는 것은 국가와 민족의 위신에 큰 관계가 된즉 불가하고,

둘째. 이상룡·홍진 두 사람도 응하는 인재가 없어 내각 조직에 실패하였거늘 나는 더욱 응할 인물이 없을 터이다.

− 《백범일지》

국무령이라는 직을 수행하기에는 명망가도 아니며, 주변의 호응을 끌어낼 만한 인물도 아니라는 것이다. 이동녕은 계속 김구를 설득했다.

선생은 재덕이 출중하나 일생을 자기만 못한 동지(김구 자신)를 도와서 선두에 내세우고 스스로는 남의 부족을 보충하고 고쳐 인도하는 일이 일생의 미덕이었다. 최후의 한순간까지 선생의 애호를 받은 사람은 오직 나 한 사람이었다.

《백범일지》에서 밝혔듯 김구는 이동녕을 존경했다. 임시정부 안에서 이동녕이 내무총장일 때 김구는 경무국장이었고, 이동녕이 국무총리일 때 김구는 내무총장이었다. 이 관계 속에서 짐작할 수 있듯이 김구는 이동녕의 부탁을 마냥 거부하기 어려웠다. 결국 김구는 1926년 12월 국무령에 취임했다.

이제 임시정부의 지도자 김구의 시대가 시작되는 것일까. 아직은 아니다. 김구는 다시 헌법을 개정해 국무위원제를 채택했다. 이 제도에 따르면

임시의정원에서 국무위원을 선출해 국무위원회를 구성하는데, 이 국무위원 중 한 사람을 선출해 주석으로 삼아 회의를 주관한다. 주석은 대통령이나 국무령과 달리 국무위원 안에서 사회를 보는 역할 정도를 한다. 그러니까 국무위원제는 일종의 집단지도체제였다. 이 점에서 지도력의 부재가 나타날 수 있지만 한편으로 입법기관과 행정기관 사이에 긴장감을 줄이고 운용에 융통성을 보일 수 있다. 새로 신설된 주석은 이동녕이 맡았다. 국무령이었던 김구는 다시 내무장을 맡았다. 격변의 시기에는 중량감 있는 인물이 지도자를 맡아야 한다는 김구의 뜻이 반영된 자리 배치다.

한때 상해 우리 독립운동자의 수가 천여 명이었던 것이, 차차 줄어들어 수십 명에 불과하였다. (중략) 나는 최초에는 정부의 문파수(문지기)를 청원하였으나 끝내는 (경무국장을 거쳐) 노동총판, 내무총장, 국무령, 국무위원, 주석으로 중임을 거의 역임하였다. 이렇게 된 것은 나의 문파수 자격이 진보된 것이 아니라 임시정부의 인재난, 경제난이 극도에 달하였기 때문이다.

김구의 지극히 겸손한 표현이지만 이는 당시 임시정부가 처한 현실을 보여주기도 한다. 1927년 사실상 집단지도체제인 국무위원제로 바꾼 것은 임시정부를 이끌 지도자를 세우기도 어렵고, 임시정부 각 부문을 책임질 사람도 구하기 어려웠기 때문이다. 이러한 상황에서 임시정부, 더 나아가 중국에서 활동하던 독립운동가들에게 좋지 않은 소식이 들려왔다. 바로 만보산 사건이다.

제국에서 민국으로 가는 길

일본이 공작한
만보산 사건

1931년 7월 만주사변이 일어나기 직전 만주 길림성 장춘현 만보산 지역에서 일어난 사건이다. 밖으로 드러난 보도 내용을 발췌해보면 이렇다.

중국인이 한국 농민에게 땅을 10년 기한으로 빌려주어 180여 명의 한인이 농토를 개간했다. 이 과정에서 물을 댈 수로를 만들었는데 이것이 다른 중국인의 농토에 피해를 주고 수로와 연결된 이통강이 여름 장마철을 맞아 범람할 위기가 생긴 것이다. 이에 중국 농민들이 항의하는 과정에서 수로 일부를 메워버리는 사건이 일어나자 일본 장춘 영사관 경찰이 나섰다. 이렇게 되자 더 많은 중국 농민과 경찰이 나서면서 상황은 더욱 악화되었고 소수였던 한국 농민이 피해를 입었다.

— 〈조선일보〉

내용 자체가 조금 어렵다. 간단히 요약하면 중국에서 우리나라 농민들이 피해를 당하고 있다는 것이다. 그 사건의 실상은 다음에 살펴보기로 하고 만보산 사건에 대한 보도를 좀 더 보자. 〈조선일보〉는 '중국 관민 800여 명, 우리 동포 200여 명과 충돌, 부상'이라는 호외를 추가로 내보냈다. 그러자 인천·원산·서울·평양에서 한국인들이 중국인과 중국인이 운영하는 상점을 공격하는 사건이 벌어졌다. 일부 지역에서는 낮에도 중국인들에 대한 폭력과 살상이 이어졌다. 조선총독부는 이 사건에 소극적으로 대응하다 한참 지나서야 관련자를 검거하기 시작했다. 이 같은 국내 상황이 중국에 알려지자 한국과 일본이 같은 편이라는 의심이 생겨났다. 중국을 기반으로 활동하는 임시정부를 비롯한 독립운동 단체에게 치명적인 일이었다.

도대체 실상은 무엇일까. 이미 1925년, 조선총독부 경무국장 미쓰야와 만주 군벌인 장작림(장쭤린) 사이에서 미쓰야협정이 체결됐다. 협약에는 우리 독립운동가를 일본에게 넘길 경우 보상을 한다는 내용이 있었다. 만주의 한인들은 만주 군벌뿐만 아니라 중국인과도 긴장관계에 놓여 있는 상황이었다. 이때 일본이 공작을 벌여 중국 농민 학영덕을 매수해 농장을 만들게 한 뒤 그 땅을 한국인에게 빌려주도록 했다. 원래 농토가 아닌 땅이라 수로가 필요했는데 학영덕은 한국인들에게 수로 공사를 권유했고 그 과정에서 중국 농민들과 충돌이 벌어졌다. 장춘 지역의 일본 영사관 경찰은 적극 개입해 사건을 키웠고, 〈조선일보〉 장춘지국장인 김이삼을 포섭해 중국인들이 한국인들을 일방적으로 공격했다는 가짜뉴스를 국내로 타전하도록 했다. 이 기사가 퍼지면서 국내외에서 중국인에 대한 공격이 이어졌던 것이다.

상황이 급박하게 돌아가자 국내외 인사들은 실상을 간파하고 더불어 사태의 심각성을 인식했다. 이에 서울 황성기독교청년단체회관에서 여러 단체가 모여 중국인에 대한 한국인의 공격은 한국인 전체의 의사가 아님을 밝히고 유감의 뜻을 표했다. 그리고 중국과 만주의 한국인 교포와 여러 단체는 수습위원회를 조직한 뒤 가짜뉴스를 쓴 김이삼을 처형하고 〈길림일보〉에 사죄성명을 발표하기도 했다.

제국에서 민국으로 가는 길

그렇지만 한국인을 향한 중국인과 국민당 정부의 시선은 여전히 차가웠다. 만보산 사건이 아니더라도 일본의 식민지가 된 한국이 일본과 연결되었다고 보는 시선은 늘어났고 이는 중국 관내에서 활동하는 독립운동가를 옭아맸다.

상황은 얼마 지나지 않아 더 나빠졌다. 일본이 만주를 침략한 것이다. 오래전부터 만수에 눈독을 들이던 일본은 1931년 9월 19일, 만주 침략을 본격적으로 시작했다. 전날 일어난 유조구 사건, 그러니까 중국군이 봉천 부근 남만주 철도와 일본 수비대를 공격한 사건을 빌미로 삼았다. 이때 일본은 만주를 장악한 뒤 괴뢰국을 세운 다음, 만주를 중국에서 떼어내고 일본의 영토로 만들 계획을 수립한 터였다. 일본은 만주 침략을 개시하자마자 남만주 지방 전체를 장악했다. 중국국민당은 공산당 토벌에 집중하느라 일본에 대해 제대로 대응하지 못했다. 만주마저 일본의 손에 들어갈 위험에 놓이면서 임시정부는 중국의 도움을 받기가 더욱 어려워졌다.

일본 천황을 저격한
이봉창의 결단

중국의 상황이 급변하는 가운데 임시정부의 위기감도 높아졌다. 중국에서도 환영받지 못하고 국내외의 한국인도 임시정부의 존재를 잊어버릴 것 같았다.

1931년 10월 임시정부는 난국을 타개할 방략으로 의열단의 독립운동 방식을 채택했고, 김구를 중심으로 한인애국단을 결성했다. 이유필·이수봉·김석·안공근이 간부가 되었으며 단원을 모집해 일본의 주요 시설을 파괴하고 요인을 암살할 계획을 세웠다. 이는 독립전쟁의 방편 가운데 하나로 한 사람을 죽여 만인을 살리는 작전이었다.

한인애국단의 주요 목표는 일본 천황*과 상해 주둔 일본군 사령부, 상해 일본군 비행장, 조선총독부, 일본 관동군 사령부와 사령관 등이었다. 한인애국단이 실행한 거사 가운데 널리 알려진 것이 이봉창 거사와 윤봉길 거사다. 두 거사는 모두 우리 임시정부에게 특별한 의미가 있다.

---

* 일왕이라는 표현을 쓰기도 하나 역사 용어로서 일본 천황이라고 적는다.

제국에서 민국으로 가는 길

한인애국단 소속의 이봉창은 도쿄에서 일본 국왕의 폭살을 시도해 일제에게 큰 충격을 주었다. 또한 윤봉길은 상하이 홍커우 공원에서 열린 일본 국왕 생일 및 상하이 점령 축하 기념식장에 폭탄을 던져 일본군 장성과 다수의 고관들을 살상하였다. 이를 계기로 한국의 독립운동에 냉담하던 중국인들이 큰 감명을 받았고 중국국민당 정부가 대한민국 임시정부를 인정하게 되었다.

– 《고등학교 한국사》, 비상교육

이봉창·윤봉길 의거에 대한 우리나라 교과서의 설명이다. 늘 그렇듯이 교과서는 독립운동에 대한 서술마저도 많은 이야기를 압축했다. 한인애국단, 이봉창과 윤봉길, 일본 국왕, 국민당 등이 짧은 글 속에 한꺼번에 등장한다. 또 중국 사람들이 우리나라의 독립운동에 냉담했다는 것도 이야기한다. 왜 일제에게 침략을 받는 같은 처지면서 중국과 국민당 정부가 그다지 관심을 갖지 않았던 걸까. 그리고 의거 후 국민당 정부가 임시정부를 인정하게 되었다는데, 그 인정의 결과는 무엇일까. 이봉창·윤봉길 의거의 의미를 제대로 새길 수 있는 이야기를 이제부터 하려 한다.

먼저 이봉창 의사를 살펴보자. 《백범일지》는 1931년 1월 이봉창의 임시정부 방문을 이렇게 적고 있다.

하루는 중년의 동포가 민단을 찾아와 다음과 같이 말하였다. (중략) 그의 말에 절반은 일어이고, 동작 또한 일본인과 흡사했다. 그래서 특별히 조사할 필요가 있다고 생각하였다.

태극기 앞에서 선서문을 가슴에 달고 수류탄
을 들고 서 있는 이봉창. 백범김구선생기념
사업협회 제공.

　　사실 이봉창은 이때 겨우 32세였는데 김구에게는 중년처럼 보였나보
다. 아무튼 이봉창은 여느 독립운동가와 다른 독특한 인물이었는데 김구
와 나눈 대화를 보면 더욱 그러한 생각이 든다.

　"인생의 목적이 쾌락이라면, 31년 동안 인생의 쾌락은 대강 맛보았습니
　다. 그런 까닭에 이제는 영원한 쾌락을 얻기 위하여 우리 독립사업에 헌
　신하고자 상해에 왔습니다."
　"저는 어려서부터 일어에 익숙해서 일본에서 지낼 때에는 일본인의 양

　　　　　　　　　　　　　　　　　　　제국에서 민국으로 가는 길

자가 되어 성명을 기노시타 쇼죠라 행세하였습니다."

이봉창은 이봉창이라는 한국 이름보다 기노시타 쇼죠로 더 오래 사회 생활을 했다. 그런 이봉창이 무슨 이유로 독립운동에 투신하게 됐을까. 그 내력을 간단하게 정리해본다.

1901년 시울 용산*에서 태어난 이봉창은 보통학교를 졸업한 뒤 생활전선에 뛰어들었다. 한국에서, 일본에서, 그리고 만주에서도 일본인 가게의 점원으로 일했고, 한국 사람이라고 차별을 받자 아예 일본인의 양자가 되어 이름도 기노시타 쇼죠로 바꿨다. 하지만 일본인으로 사는 것도 어려웠다. 가게에 온 한국인 손님을 일본 주인이 괄시하는 모습을 그대로 흘려보내지 못한 데다 일본 천황의 행차 때 검문 과정에서 한글로 된 쪽지가 나왔다고 호된 고초를 겪었기 때문이다. 결국 이봉창은 일본인이 되지도 못했고 될 수도 없는 현실을 돌아보아야 했다. 배움이 깊지 않았고 처음부터 독립에 대한 열의가 강하지는 않았지만 식민지의 모순을 몸으로 체득했던 것이다. 이봉창은 김구에게 인생의 쾌락을 맛보았다고 했지만 쓴맛을 보았고, 독립이 되지 않고서는 사람다운 대접을 받을 수 없다고 여겼다.

이봉창과 대화하며 깊은 뜻을 이해한 김구는 그를 한인애국단에 가입시켰다. 그리고 상해에 머무는 동안에도 일본인으로 생활하도록 했다. 우리말보다 일어가 더 익숙한 모습에 이봉창에게는 '일본 영감'이란 별명이

---

* 효창공원 앞에 이봉창이 17세 때부터 살았던 생가 터가 있다.

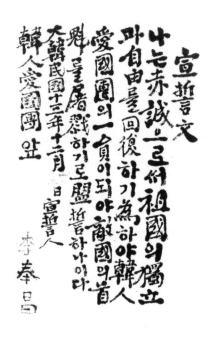

붙여졌는데, 김구는 이봉창의 이러한 모습이 일본에서 거사를 할 때 유리
할 것이라고 보았다. 이봉창이 상해에 온 지 1년이 다 되어갈 무렵 김구는
본격적인 거사 준비를 했다. 1931년 11월, 하와이애국단에서 보내준 1천
달러를 거사 자금으로 쓰고 중국군 소속 김홍일(중국 이름 왕웅)과 김현을
시켜 폭탄 두 개를 준비하도록 했다. 하나는 일황 폭살용, 다른 하나는 이
봉창의 자살용이었다. 그리고 이봉창에게 계획을 알려준 뒤 안공근의 집
으로 가 선서식을 거행했다.

제국에서 민국으로 가는 길

선서문宣誓文

나는 적성으로써 조국의 독립과 자유를 회복하기 위하여 한인애국단의
일원이 되어 적국의 수괴를 도륙하기로 맹서하나이다.

대한민국 13년(1931년) 12월 13일

선서인 이봉창 한인애국단 앞

선서를 마친 이봉창은 김구와 같이 사진을 찍은 뒤 상해를 떠났다. 12
월 17일 일본으로 간 이봉창은 1932년 1월 8일, 일황 히로히토가 요요기
연병장에서 신년 관병식을 마치고 궁으로 돌아가는 길을 노렸다. 일황의
마차가 황궁의 사쿠라다몬 앞에 이르렀을 때 폭탄을 던졌다. 그러나 히로
히토가 탄 마차는 지나가버렸고 뒤따르던 궁내부 대신의 마차만 뒤집어
졌다. 실패였다.* 다만 신격화한 일본 천황을, 그것도 일본 도쿄에서 폭탄
을 던졌다는 사실은 전 세계에 충격적인 뉴스가 되었다. 중국국민당 기관
지인 〈국민일보〉는 이 사건을 다음과 같이 전했다.

한인 이봉창이 일본 천황을 저격했으나 불행히도 명중하지 못했다.

'불행히도 명중하지 못했다[不幸不中].' 만주사변 직후 반일감정이 격
해진 중국 정부와 중국인의 마음이었다. 이 말은 곧 중국 전역으로 퍼져
나갔고 만보산 사건 이후 멀어졌던 한국인, 그리고 임시정부에 대한 중

---

* 이봉창은 일본 법원에서 사형선고를 받고 그해 10월, 일본 이치가야 형무소에서 교수형으로 순국했다.

국인의 지지를 회복하는 밑거름이 됐다. 한국과 중국이 대일전선에 같이 설 가능성을 다시 만든 것이다. 일본은 기사가 나간 뒤 이 표현에 대해 강력하게 항의하며 급기야 신문사로 군인과 경찰을 보냈다. 일본의 압력으로 프랑스 조계지 공무국은 더 이상 김구를 보호하기 어렵다는 통보를 해왔다.

설상가상으로 상해사변이 일어났다. 반일감정이 고조된 가운데 상해에서 1월 18일, 일본 일련종(니치렌종) 승려 두 명을 포함한 민간인이 항일 분위기가 강한 중국 회사를 기웃거리다가 폭행을 당하는 사건이 일어났다. 이 과정에서 한 명이 죽고 세 명이 중상을 입었다. 이를 이유로 일본군은 1월 28일, 상해를 전격 침략했다. 해군육전대*의 상륙전을 시작으로 항공모함을 6척이나 동원한 일본군은 금방이라도 상해를 점령할 것 같았다. 그렇지만 중국군 제19로군 3만여 명의 항전은 만만치 않았다. 상해 시민들의 지원을 받으며 중국군이 맞섰고, 전쟁은 한 달이 지나도록 공방전을 이어갔다. 하지만 항공모함까지 동원한 일본의 공격을 막아내기에는 역부족이었다. 다시 임시정부는 백척간두에 선 것처럼 보였다.

이때 이봉창 의거가 국내외에 알려지며 각계 동포가 임시정부에 격려와 함께 다시 지원금을 보내기 시작했다. 김구는 한국 독립운동사에 큰 영향을 끼칠 또 다른 거사를 윤봉길과 준비한다. 이 이야기는 장소를 바꿔 살펴보자.

---

* 일본 해병대의 역할을 하던 부대.

윤봉길,
의거하다

윤봉길 홍구공원 의거지 · 윤봉길 기념관
상해시 홍구구 사천북로 2288호

이제 우리는 노신공원(루쉰공원)으로 간다. 노신공원을 찾아가는 동안 문득 남의 나라에서 내 나라의 역사 유적을 찾는 것이 어떤 의미인지 생각해본다. 개발 등으로 자국의 유적 보존도 쉽지 않은 요즘, 중국은 다른 나라 사람들이 한때 머물렀던 공간을 보존·유지하고 있다. 자기네 역사라고 주장하기 위해서가 아니라 그들을 위해서 말이다. 혹시 우리나라에 그런 유적이 있나 생각해보니 부산의 UN묘지가 떠오른다. 일본에도 임진 왜란 때 끌려간 조선의 도공인 이삼평이나 심수관 관련 유적지가 있긴 하다. 그러나 중국이 보존·유지하고 있는 임시정부 유적지와는 의미도 중요성도 조금 다른 것 같다.

중국으로 임시정부 답사를 가면 처음에는 자그마한 건물과 공간에 아쉬운 마음이 든다. 그러나 금싸라기 땅이 되어버린 장소를 그대로 유적으로 보존하고 더 나아가 전시관까지 꾸민 것을 생각하니 고마움과 다행스

노신공원 내 윤봉길 의거 현장 표석.

러움의 복잡한 감회에 젖게 된다. 이후 3·1운동백주년기념사업추진위원회가 임시정부의 역사를 지키고 있는 중국의 담당자들에게 고마움을 표시하는 자리를 가진다는 이야기를 들었다. 정부 정책이 기본이 되어야 하겠지만 민간 차원에서 국민의 한 사람으로서 한국의 역사 현장을 지키는 이들에게 좋은 인상을 남기는 것도 꼭 필요하다고 생각해 그 자리에 참석했다. 그들에게 감사한 마음을 전하고 싶었다. "당신들이 유지, 관리하는 이곳이 우리에게 과거의 역사를 넘어 미래를 향한 공간이 될 것이며 그 의미를 지켜주고 있어서 고맙다."라는 말과 함께.

노신공원은 중국인들에게 그런 고마움을 갖는 공간 가운데 하나다. 어떤 곳인지 먼저 공원의 내력을 잠깐 보자.

노신공원의 옛 이름은 홍구공원이다. 부동산 가격이 비싸기로 소문난

제국에서 민국으로 가는 길

상해 중심에 있다. 약 40만 제곱미터의 공간에 연못과 숲이 제법 어우러져 있어 상해의 쉼터 노릇을 톡톡히 한다. 《백범일지》에 '신공원'으로도 나오는 이 자리는 원래 조계지 인근 숲이었다. 그러던 것을 1905년경에 공원으로 꾸미고 신파자장 공원으로 불렀다가 1922년 동네 이름을 따 홍구공원으로 했다. 당시 이곳은 서양인들이 산책을 자주 했는데 이상한 출입금지 규칙이 있었

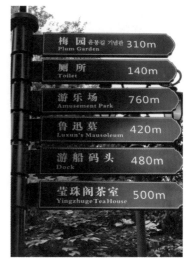

노신공원 매원(윤봉길 기념관) 이정표.

다고 한다. 안내판이 따로 있는 것은 아니지만 '개와 자전거, 외국인의 시종이 아닌 중국인, 양복과 고급 의상을 입지 않은 일본인과 인도인의 출입을 금한다'고 말이다. 고약하기가 그지없는 내용인데 이 말이 조금 과장되어 '중국인과 개가 들어갈 수 없는 곳'으로 소문이 나기도 했다. 이소룡이 주연을 맡았던 영화 〈정무문〉을 보면 관련 이야기가 나온다.

홍구공원은 일본이 상해를 침략하면서 원래 모습을 잃었는데 제2차 세계대전이 끝나면서 잠시 장개석의 이름을 붙여 중정공원이 되었다가 다시 홍구공원으로 바뀌었다. 그러던 중 1936년 만국공묘에 있던 노신의 무덤을 1956년 이곳으로 옮기고 기념관을 지으며 노신공원으로 이름을 바꿨다.

노신공원은 늘 사람들로 북적인다. 우리나라의 여느 공원과 마찬가지

노신공원 매원에 핀 매화. 정자는 매정으로 불리며, 윤봉길 기념관은 매헌으로 부른다.

로 운동하는 사람, 산책하는 사람이 많다. 상해의 빌딩 거리를 헤맨 우리로서는 이곳에서 녹지를 만나니 반갑지 않을 수 없다. 그런데 한국 사람들에게 더욱 반가운 것이 있다. 공원에 들어서면 바로 보이는 이정표다. 공원의 주요 장소를 중국어와 함께 한글로 알려주고 있는 것도 그렇고 매원梅園*을 윤봉길 기념관으로 소개하고 있어서 살짝 소름이 돋기도 한다. 윤봉길 기념관. 윤봉길 생가가 있는 예산에서, 아니면 양재동 시민의숲에서 보던 그 이름을 중국 상해에서 보는 기분이라니!

　이곳 방문은 늦은 겨울이나 이른 봄을 추천한다. 싸늘한 공기가 온몸을 휘감을 때가 원래 답사 다니기 좋은 날씨지만 이때 노신공원 그리고 매원

---

*　윤봉길의 호인 매헌을 따 200여 그루의 매화나무를 심어놓은 추모 공간이다.

제국에서 민국으로 가는 길

에 오면 붉고 흰 매화의 짙은 향기가 공간을 가득 채우기 때문이다.

매원은 이정표를 따라 5분 정도 걸어가면 나온다. 노신 공원의 중심이라고 할 수 있는 노신 묘소만큼 큰 규모는 아니지만 이렇게 별도의 공간으로 마련되어 있다. 그래서 관람 시간도 정해져 있고 입장권을 따로 끊어야 하는

매헌 내 윤봉길 흉상.

수고로움이 있지만 이곳은 윤봉길 기념관이 있는 곳이 아닌가. 오감으로 매원을 느끼며 들어가자. 윤봉길의 업적을 새긴 석비를 지나 매원 안쪽으로 들어가면 윤봉길 기념관, 곧 매헌梅軒이 보인다. 매헌은 제법 널찍하게 쌓은 기단 위에 맵시 있게 한국의 건축양식으로 지은 2층 건물이다. 건물 한쪽에 울퉁불퉁한 언덕이 있고 다른 한쪽에는 연못이 있어 풍광도 제법 좋다. 매헌 건물 1층에는 윤봉길의 흉상이 있고 2층에는 영상을 볼 수 있는 공간이 있다. 건물 안팎의 전시는 모두 1932년 4월 29일의 사건을 설명하고 있다.

독립운동사의 전환기를 만든
홍구공원

1932년 4월 29일 오전 11시 45분경, 상해 홍구공원에서 굉음과 함께 폭발이 일어났다. 단상에 있던 귀빈들(?)은 피투성이가 되어 쓰러졌고, 사방에는 피가 낭자했다. 윤봉길 의사가 던진 물통 모양의 폭탄이 정확하게 단상에 떨어진 것이다. 이날은 어떤 날이며 무슨 행사를 하고 있었을까. 그 내용을 살펴보기 위해 다시 1932년 1월 이봉창 의거 후 일본이 상해사변을 일으켰던 때로 돌아가보자.

중국군이 상해에서 일본에 맞서고 있었지만 국민당 정부는 일본과의 전면전을 꺼리고 있었고, 군수품 보급이 제대로 이어지지 않았다. 일본 역시 생각보다 강한 중국의 저항에 당황한 상태였다. 이 사건이 길어지는 것을 바라지 않았던 미국·영국·프랑스 등 서구 열강이 조정에 나섰고, 3월 19일부터 정전회담이 시작됐다. 일본은 이 회담에 맞춰 대규모 시위를 준비했다. 군대의 시가행진도 계획했는데 마침 4월 29일이 일본 천황의 생일이라는 데 착안해 관병식을 준비했다. 일황의 생일을 기념하는 행사를 군대를 동원하여 상해 한복판에서 벌이겠다는 것이었다. 중국인의 자존심을 밑바닥까지 긁어내고 회담에서 우위에 서려는 속셈이었다. 장소는 홍구공원. 외국 공사관에서는 이 행사가 상해 시민의 감정을 자극할 경우 어떤 일이 일어날지 모른다며 위험성을 경고했지만 일본은 이 행사를 강행했다. 상해의 일본 영사관에서는 관련 내용을 공공연히 〈일일신문〉에 실었다.

4월 29일 홍구공원에서 천장절 축하식을 거행한다. 그날 식장에 참석하는 자는 물병 하나와 점심으로 도시락, 일본 국기 하나씩을 가지고 입장하라.

이때 안공근의 집에 머물며 채소 장수로 일본을 염탐하던 이가 있었으니 바로 윤봉길이다. 윤봉길은 충청남도 예산 출신으로 학교 운영과 농민 계몽운동 등을 하다가 "대장부가 집을 떠나 뜻을 이루기 전에는 살아서 돌아오지 않는다[丈夫出家 生不還]."라는 신조를 따라 독립운동에 투신해 만주를 거쳐 1931년 8월 상해에 도착했고, 안공근의 집에 머물고 있는 중이었다. 일본군의 행사 소식이 전해지자 윤봉길은 김구를 찾아갔다. 김구 역시 4월 29일을 놓칠 수 없다고 생각하던 차라 거사 준비에 속도를 내기 시작했다. 이때 가장 신경을 쓴 부분은 폭탄이었다. 이봉창의 거사 때 폭탄이 크게 터지지 않았기 때문이다.

김구는 일본인이 쓰는 어깨에 메는 물통과 도시락을 사서 그 안에 폭탄

윤봉길 의거 때 폭탄을 만들어준 중국인 왕백수 부부. 첫줄 왼쪽부터 왕백수 부인·김구·왕백수. 뒷줄은 엄항섭·박찬익. 백범김구선생기념사업협회 제공.

장치를 만들고자 했다. 김홍일과 함께 김구는 조선소 안에 있는 중국군 병공창으로 갔다. 상해 병공창장 송식표는 이봉창의 폭탄이 성능이 떨어졌던 것에 대해 유감을 갖던 중 다시 김구가 폭탄 제조를 요청하자 호의를 보였다. 그는 중국 기술자인 왕백수가 토굴 안에서 20개의 폭탄을 터뜨리는 실험을 직접 확인시켜주었고, 또다시 20여 개의 폭탄을 제조해 무료로 주었다. 이봉창 의거로 상해 안팎의 분위기가 크게 바뀌었음을 알 수 있다. 4월 26일 윤봉길은 한인애국단에 정식으로 가입하고, 거사를 제대로 수행할 것을 선언했다.

> 선서문
> 나는 적성으로써 조국의 독립과 자유를 회복하기 위하여 한인애국단의 일원이 되어 중국을 침략하는 적의 장교를 도륙하기로 맹서하나이다.
> 대한민국 14년(1932년) 4월 26일
> 선서인 윤봉길 한인애국단 앞

이봉창의 선서문에서 '적국의 수괴'였던 것이 '중국을 침략한 적의 장교'로 바뀌었다. 목표가 달라지며 선서문의 내용도 일부 수정한 것이다. 이튿날 안공근의 집에서 이봉창이 그랬던 것처럼 사진을 찍었다. 또 행사장에 입고 갈 양복을 준비하며 시계도 샀다. 말끔하게 차려입어서 일본 헌병의 의심을 받지 않으려 했다. 윤봉길은 27일과 28일 미리 홍구공원으로 가서 행사장이 설치되는 것을 지켜보며 거사 위치를 확인했다. 그리고 상해 주둔 일본군 사령관인 시라카와의 사진도 구했다. 조금 더 정확

제국에서 민국으로 가는 길

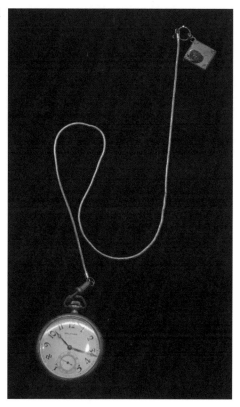

윤봉길이 거사 전 김구에게 바꾸자며 건넨
시계. 경교장 전시.

을 기하기 위해서였다. 윤봉길의 모든 행동은 대한민국의 독립을 위한 것
이었지만 이를 보는 김구의 마음은 착잡했을 것이다. 50대 중반의 김구가
아들과도 같은 25세의 청년 윤봉길을 적진으로 보내는 마음이 어땠을까.

4월 29일 아침, 김구는 윤봉길과 교포 김해산의 집에서 아침을 먹었다.
거사 전이라 마음을 가누기 어려웠을 텐데 윤봉길은 거뜬히 국밥 한 그릇
을 비워냈다. 그리고 김구에게 부탁 아닌 부탁을 했다. 자신과 시계를 바
꾸자는 것이었다.

"제 시계는 어제 선서식 후 선생님의 말씀에 따라 6원을 주고 구입한 것
인데, 선생님 시계는 불과 2원짜리입니다. 저는 이제 한 시간밖에 더 소
용없습니다."

– 《백범일지》

일본군이 준비한 행사장에는 이미 1만여 명의 군대가 도열하고 있었
고, 상당수의 헌병들이 경계를 서고 있었다. 홍구공원은 행사를 구경하려
고 모여든 3만여 명에 이르는 사람들로 가득차 있었다. 일본의 경비는 삼
엄했다. 자신들의 강성함을 드러내기 위해 관병식을 열지만 한편으로는
만약의 문제를 대비해 경계를 겹겹이 세우는 데 주력했기 때문이다. 행사
장의 단상은 상해 주둔 일본군 사령관인 시라카와를 비롯해 해군 제3함
대 사령관 노무라와 9사단장 중장 우에다, 주중 공사 시게미츠, 일본 거류
민 단장 카와바타, 상해 총영사 무라이 등이 채웠다.

9시에 시작된 행사가 두 시간 반을 조금 넘긴 11시 45분쯤이었다. 헌병
대의 경계를 순식간에 뚫은 윤봉길이 단상을 향해 물통 모양의 폭탄을 던
졌다. 결과는 성공! 폭탄의 성능도 뛰어났지만 무엇보다 셀 수 없이 폭탄
던지는 연습을 반복했을 윤봉길의 담대함이 만들어낸 결과였다. 시라카
와 사령관과 카와바타 단장은 즉사를 피했지만 상처가 심해지며 이후 죽
었고, 노무라 해군 사령관은 실명, 우에다 중장은 다리가 절단됐으며, 시
게미츠* 공사는 다리를 온전하게 쓸 수 없게 됐다. 단상의 모든 사람이 죽

---

* 1945년 9월, 미국의 미주리 함상에서 항복문서에 서명한 인물. 이때 그가 다리를 저는 영상이 남아 있다.

선서문을 가슴에 달고 수
류탄과 권총을 쥐고 있는
윤봉길. 독립기념관 제공.

거나 중상을 입은 것이다.

그토록 거창했던 행사장은 순식간에 아수라장이 됐고, 투척 후 몸을 숨기지 않았던 윤봉길은 일본군에게 심하게 폭행을 당하며 체포됐다. 윤봉길은 상해 파견 일본군법회의에서 사형을 선고받고 오사카로 호송된 뒤 12월 18일 가나자와 구금소에 수감됐다. 그리고 그다음 날, 가나자와 교외 육군작업장으로 옮겨져 총살형으로 순국했다.

윤봉길의 의거 이후 바로 광복을 맞이하지는 못했다. 그러나 일제의 침략에 중국과 조선의 많은 사람들이 가만히 있지 않겠다는 의지를 전 세계에 보여주었다. 이 사건으로 당황한 일본은 중국과의 정전협정을 서둘러 5월에 체결했다.

중국인들은 이봉창 의거로 우리나라와 임시정부에 대해 가지고 있던 막연한 불안감을 해소했고, 윤봉길 의거로 일제의 침략에 맞서는 공동운명체임을 강하게 확인했다. 임시정부는 중국 각지에서 보내온 성금으로 잠시나마 재정의 어려움도 피할 수 있었다. 중국국민당은 당시 일본과 전면전을 피하고 있던 터라 한편으로는 윤봉길 의거가 마냥 반갑지는 않았지만 임시정부를 지원할 이유와 명분은 찾았다. 이제까지 상해의 프랑스 조계에서 외롭게 투쟁해온 임시정부가 중국인, 중국 정부의 관심과 협력 속에서 활동할 기반이 만들어진 것이다.

이봉창과 윤봉길의 의거는 독립운동이 앞으로 새로운 차원으로 전개되는 데 디딤돌 역할을 했다. 당시 국외 독립운동은 위기에 빠져 있었다. 1920년대에 들어 연해주는 소련의 영향력이 확대되며 독립운동 기지로서 역할이 제한적이었다. 게다가 가장 강력한 독립운동 기지였던 만주는 1931년 만주사변으로 그 근거 자체가 소멸될 위협을 받고 있었다. 독립운동을 위해서는 이제부터 일제의 침략에 맞서 중국을 포함한 여러 세력과 연대해야 했다. 또한 국내외의 동포들에게 독립운동이 계속되고 있다는 사실을 알려야 했으며, 독립운동에 관심을 둔 동포들의 구심점이 되어야 했다. 특히 윤봉길의 의거는 이러한 문제를 일거에 해결할 실마리를 만들어냈다. 새로운 수준으로 도약하는 독립운동의 발판이 여기에서 만들어졌다고 해도 과언이 아닐 것이다. 그런 점에서 지금 우리가 서 있는 상해 홍구공원, 곧 노신공원은 특별한 장소다.

최초의 청사,
상해를 떠나다

그날 저녁 우리는 상해를 탈출해야 된다는 것을 알게 되었다. 프랑스 조
계 당국에서는 여러 해 동안 상해에 있는 우리 독립운동가를 정치적인
피난민 취급하여 보호해주었다. 그러나 이 사건 때문에 사정이 달라졌
다. 당시 상해는 일본군의 점령하에 있었으므로 프랑스 당국은 일본의
압력을 받지 않을 수 없었고, 프랑스 당국은 우리에게 즉시 상해를 탈출
하라고 통고하였다.

– 《장강일기》

당시 임시정부의 살림을 맡았던 정정화는 윤봉길 의거 이후 급박한 상
황을 이렇게 전했다. 거사의 성공을 장담할 수 없던 김구는 이동녕·조완
구 등과 소식을 듣고자 기다렸다. 점심을 지나 두세 시가 되자 호외 신문
이 나왔고 비로소 거사의 성공을 확인했다. 이튿날 일본의 대대적인 수색
작업이 시작되었다.

이때 안타까운 일이 벌어졌다. 거사를 비밀리에 진행하느라 윤봉길의
의거를 임시정부 안에서도 몇 명만 알고 있었고 상해에 있는 대다수의 독

립운동가들은 이를 미처 몰랐다. 그중 안창호도 있었다. 김구가 피하라는 편지를 미리 보냈지만 끝내 전해지지 못한 채 안창호는 이유필의 집을 방문하다가 체포당했다.*

이때 김구는 조지 애쉬모어 피치 목사의 집에 피신한 채 추이를 살펴보고 있었다. 안창호 체포 외에도 일제의 마수가 상해 곳곳을 뒤집으며 한인 사회는 무너질 지경에 이르렀다. 이에 김구는 5월 10일, 한인애국단 이름으로 성명서를 발표했다. 홍구공원 의거는 대한민국의 독립을 위해 한인애국단이 실행한 것이며 한인애국단의 단장은 자신이라는 내용이었다. 이 발표로 김구 역시 상해에 머무는 것이 어려워졌다. 김구를 잡는 현상금은 1차로 20만 원, 2차로 일본 외무성·조선총독부·상해 주둔군 사령부가 합쳐서 60만 원으로 늘어났다. 결국 피치 목사의 집이 발각되면서 김구는 상해를 떠나야 했다. 김구는 피치 목사로 변장하고 부인인 제랄딘 피치와 같이 부부처럼 움직였다. 정작 피치 목사는 두 사람을 위한 운전기사로 변장해 위험한 순간을 넘겼다. 그리고 김구는 기차를 타고 가흥嘉興(자싱)으로 옮겨갔다. 다른 요인들도 차례로 상해를 떠나며 임시정부의 상해 시기는 막을 내렸다. 이제 이동 시기가 임시정부 앞을 기다리고 있었다.

---

* 이후 국내로 송환되어 서대문형무소에 수감됐다. 이 일로 김구는 큰 충격을 받았다. 그를 구하기 위해 다방면으로 노력했지만 실패했다.

제국에서 민국으로 가는 길

중국혁명의 위대한 사상가를 기리는 곳

노신공원

윤봉길 기념관이 있는 노신공원은 중국이 사랑하는 현대 작가 노신을 기념하는 공원이다. 노신은 어떤 인물일까. 윤봉길과 나이 차이는 있으나 당대에 같이 숨쉬었던 노신. 혹시 우리의 임시정부와 어떤 관련이 있지는 않을까 궁금해지기도 한다.

노신은 1881년 중국 절강성浙江省(저장성) 소흥紹興(샤오싱)에서 태어났다. 노신은 필명이고, 본명은 주수인이다. 원래 주 씨 집안은 그 지역의 명문이라서 노신도 어렸을 적에는 유복하게 자랐다. 그렇지만 아버지가 일찍 죽으며 집안이 기울기 시작했다. 이에 따라 학비가 무료인 해군학교와 철도학교에 입학하며 신학문을 전공했다. 그리고 국비유학생으로 뽑혀 일본에 가서 의학을 공부했다. 일본 유학 중 중국인을 처형하는 장면이 들어간 영상을 학교에서 틀어주자 의학 공부를 그만두고 외국 문학을 번역하는 일에 관심을 가졌다.

이후 귀국한 노신은 교편을 잡았지만 학교의 보수적인 분위기 때문에 흥미를 잃고 그만둔다. 그러던 중 신해혁명이 일어나 1912년 중화민국이 수립되자 동향 출신인 채원배蔡元培(차이위안페이)가 교육부장관이 되면서 노신을 불렀다. 이때부터 노신은 북경에서 교육부 관료로서, 그리고 작가로서 활동을 시작했다. 새로운 시대를 열기 위해 구체제를 부인하는 사상을 담은 소설 《광인일기》와 《아Q정전》을 발표했

동상 뒤쪽에 노신의 묘역이 조성되어 있다.

다. 노신은 1927년 국민당 정부가 광주에서 쿠데타를 일으켜 많은 사람을 학살하는 것을 보고 정치투쟁에 나섰다. 이때 노신은 부인 허광평과 함께 상해로 거주지를 옮겼고, 1929년 아들 주해영을 낳았다. 주해영은 훗날 중경에서 임시정부와 중국 명사들을 연결하는 역할을 하기도 한 인물이다. 노신은 1930년 송경령·채원배가 중심이 된 '중국민권보장동맹'의 발기인이 되어 활동을 이어갔다. 이때 노신은 우리나라의 시인 이육사*를 만났다. 의열단에 가입해 항일운동을 전개하던 이육사는 귀국길에 상해를 들렀다가 1933년 노신을 만난 것이다. 노신은 이후 작품 활동을 계속하다가 1936년 10월 55세의 나이로 생을 마감했다.

노신의 아들과 임시정부라니. 더구나 《광야》에서 초인超人을 기다리던 시인 이육사도 노신을 만났다. 역사의 인연은 어디에서 어떻게 누구

---

* 본명 이원록. 당시 이육사는 중국국민당 정부 군사위원회에서 운영하는 간부훈련반인 조선군관학교(조선혁명군사정치간부학교) 제1기생으로 1933년 4월 23일 6개월 동안의 훈련을 수료한 후 상해·안동·신의주를 거쳐 귀국하는 길이었다.

제국에서 민국으로 가는 길

와 이어질지 모를 일이다.

노신의 소설을 좋아했던 모택동毛澤東(마오쩌둥)은 노신의 비문을 직접 이렇게 썼다. "그는 단지 위대한 문학인일 뿐만 아니라 또한 위대한 사상가이자 혁명가였다." 현대 중국이 지향하는 바와 노신의 삶이 일치한다고 생각해 노신을 높이 평가한 것이다. 이로써 지금 중국에서 노신에 대한 예우가 어떠한지는 굳이 설명하지 않아도 될 것 같다. 그러고 보니 이 장소는 한국의 젊은 혁명가 윤봉길과 중국의 문학가이며 혁명가인 노신을 함께 기념할 수 있는 곳이다. 서로 다른 상황에서 다른 방식으로 새로운 미래를 열고자 했던 두 사람의 역사가 이곳에서 교차한다.

한국과 중국의 소녀가 나란히 앉은 풍경

중국위안부역사박물관

임시정부의 움직임을 따라 상해를 떠나기 전, 약간의 여유가 있다면 찾아가볼 곳이 있다. 상해사범대학이다. 이 대학에는 붉은 벽돌로 지어진 높은 건물인 문원루文苑樓가 있는데 그 2층에 자그마한 전시관이 있다. 바로 중국위안부역사박물관이다. 이 대학의 소지량 교수가 연구한 자료를 바탕으로 중국에서 일본군의 '위안부', 곧 일본군 성노예*로 끌려간 역사와 관련된 내용을 전시하고 있다. 소지량 교수는 일본군에게 끌려갔던 희생자들을 직접 만나고 인터뷰를 하며 자료를 수집했다. 이 전시관은 일본군 성노예가 인권과 관련된 심각한 전쟁범죄임을 알려준다. 위안부 문제는 전쟁범죄에 대항하는 정의에 입각한 연대가 필요하다. 당시 역사를 제대로 밝혀내 가해자는 사죄와 보상을 해야 하며, 더 나아가 미래를 향한 올바른 교육을 해야 하기 때문이다. 그런 점에서 이 공간은 특별하다.

  박물관 건물이 있는 마당에는 우리나라의 소녀와 중국의 소녀가 나란히 앉아 있는, 슬프지만 의미 있는 조각이 있다. 조각의 이름은 〈한중평화의 소녀상〉으로 2016년 제막식 당시에는 우리나라의 이용수 한머

---

* '위안부'는 본래 일본군 성노예로 써야 한다. 그러나 부득이 그렇게 쓰기 어려울 경우 따옴표를 넣어 일반적인 뜻으로 쓰는 것이 아님을 표시해야 한다.

중국위안부역사박물관(상해사범대학 문원루 2층)과 소녀상.

니와 중국의 진련촌陣蓮村(천롄춘) 할머니가 참석했다. 두 소녀상의 그림자가 주는 메시지도 특별하다. 우리나라 소녀의 그림자는 깨져 있다. 꼭 삶이 산산이 부서지고 꿈이 깨져버린 비참한 상태를 표시하는 것 같다. 그 옆에 중국 소녀가 걸어와 곁에 앉은 것처럼 발자국이 표시되어 있다. 견딜 수 없는 아픔이지만 그래도 나누면 나을까. 상해사범대학은 소녀상을 세운 내력을 다음과 같이 밝히고 있다.

'위안부' 제도는 1932년~1945년 사이 일본 정부의 주도 아래 일본군이 도입한 군대 내 성노예 제도입니다. 수십만의 중국 · 한반도 · 동남아 등지의 부녀자들이 일제에 의하여 일본군 성노예로 끌려가 갖은 고초와 반인륜적 학대와 죽음의 위험을 당하셨습니다. 이는 세기를 넘어 세계 여성 역사상 가장 잔혹한 역사로 기억될 것입니다. 전쟁의 죄악을 꾸짖고 이에 대한 가해자들의 사죄와 배상을 요구하고 있지만 아직까지 이뤄지지 않고 있습니

상해사범대학 교정에 조성된 소녀상. 한국인 소녀(왼쪽)와 중국인 소녀가 나란히 앉아 있다.

중국 소녀가 걸어와 한국 소녀 옆에 앉는다는 의미의 발자국 형상.

제국에서 민국으로 가는 길

다. 피해자들의 명예 회복과 세상의 평화를 기원하는 마음을 담아 '한중 평화의 소녀상'을 건립합니다.

다시 보니 두 소녀상 옆에 빈 의자가 하나 더 있다. 소녀들과 함께할 마음을 가진 누군가가 앉을 자리다. 그리고 앞의 글에 덧붙인 한마디.

We can forgive, but we can never forget.

그렇다. 잊지 않아야 용서할 수 있지 않은가. 잊어버린다면, 역사를 잊는다면 그들이 사죄를 해오더라도 용서할 방법이 없다.

2부

임시정부 이동 시기

1932. 5. ~ 1940. 9.

물 위에 떠다니는 정부

들어가기 전에

대장정,
길에서 역사를 만들다

대한민국 임시정부 이동 경로

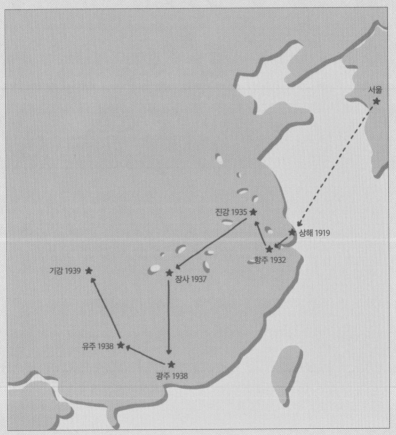

1934년 10월, 중국공산당의 군대인 홍군은 3년 동안 머물며 피와 땀으로 지켜온 강서성 서금의 소비에트를 포기하고 탈출했다. 중국국민당이 50만 명의 병력과 200여 대의 비행기를 동원해 공격에 나섰기 때문이다. 압도적인 화력 앞에서 갑작스럽게 탈출 작전을 강행한 것이라 병력 손실이 상당했다.

　이때 나선 이가 모택동이다. 그는 1935년 1월 귀주성貴州省(구이저우성) 준의시(쭌이시)에 도착하자 이제까지 탈출 과정에 대해 문제를 제기했다. 당 지도부가 군사지도를 제대로 하지 못했으며, 노동자를 중시한 나머지 농민을 대상으로 한 공산당 확산 정책이 없었다고 비판했다. 중국공산당은 모택동의 비판을 받아들여 노선을 수정했고, 모택동은 공산당의 지도자로 부각됐다. 모택동은 대오를 정비해 중국국민당 군대의 공격에 맞서 싸우며 장강과 대도하, 그리고 빙하가 쌓인 대설산을 넘는 행군 끝에 1935년 10월, 1년 만에 섬서성陝西省(산시성) 연안에 도착했다. 국민당 군대의 집요한 추격을 뿌리치고 넘기 불가능해 보이는 거대한 자연의 장벽을 통과한 이 여정은 기적, 그 자체였다. 실제로 처음 출발할 때 8만여 명이었던 병력은 10분의 1로 줄어 겨우 8천 명밖에 되지 않았다. 그러나 공산당과 그들의 군대인 홍군이 걸어온 길은 공산당과 중국 농민들이 만나는 공간이 되어 공산당이 중국 전역에 퍼지는 계기가 되었다. 또한 살아남은 세력은 지난 1년 동안의 경험을 품고 중국 공산혁명의 중심이 된다.

이것이 중국 현대사의 일대 사건으로 꼽히는 공산당의 '장정長征'이다. 거창하다 또는 대단하다는 뜻으로 대大를 붙여 '대장정'이라고도 한다. 실제로 이들은 18개의 산맥과 17개의 강을 건너는 험한 길을 걸었으며 그 거리만도 1만 2,500킬로미터에 이르니, 역사 속에서 특기할 만한 일이다. 무엇보다 이 사건이 지금도 사람들의 입에 오르내리는 것은 악조건 속에서 험한 길을 통과한 투지 때문이다. 중국공산당은 투지 하나로 비교 자체도 허락하지 않았던 강대한 국민당 세력을 꺾고 중국 대륙의 주인공이 됐다. 위기는 위험 속에서 찾는 또 하나의 기회라고 하는데, 대표적인 사례가 이 장정이다.

중국공산당의 장정 시기, 대한민국 임시정부 역시 대장정이 연상되는 상황을 겪고 있었다. 1932년 5월, 상해에서 탈출한 임시정부는 일본의 감시와 공격을 피해 1940년 중경에 도착하기까지 8년 동안 중국 각지를 옮겨다녔다. 그 거리도 6천 킬로미터가 넘는다. 가히 독립을 향한 대장정이라 할 수 있다.

피난의 인상이 강한 이동 시기 동안 임시정부는 상해 시기나 중경 시기처럼 활동이 두드러지지 못했다. 그러나 사람도 성장하는 시기와 버텨야 하는 시기가 따로 있고, 성장은 버텨야 가능하다. 만약 이 시기를 버텨내지 못했다면 상해 시기는 높이 평가받기 어려웠을 것이고, 중경 시기는 존재하지도 않았을 것이다.

물 위에 떠다니는 정부

임시정부는 상해를 떠나 8년 동안 항주杭州(항저우), 진강, 장사長沙(창사), 광주, 유주柳州(류저우), 기강綦江(치장) 등의 도시를 옮겨다녔다. 이 시기를 이동 시기 또는 장정 시기로 부른다.

제국에서 민국으로 가는 길

장강 전경.

　중국에는 '남선북마南船北馬'라는 말이 있다. 남쪽에서는 배를 타고 북쪽에서는 말을 탄다는 뜻인데, 남쪽에는 양자강을 비롯해 많은 강과 호수가 있다. 이왕 양자강이 나왔으니 잠시 그 이야기를 해보자. 양자강으로 널리 알려졌지만 원래 중국에서 부르는 이름은 장강이다. 중국을 동서로 가로지르는 큰 강, 그러니까 황하黃河와 장강 가운데 황하를 '하河'로 장강을 '강江'으로 줄여 부른다. 두 강을 기준으로 삼아 중국에서 하북과 하남이 나뉘고 강북과 강남이 나뉜다. 그런데 강북이라는 표현은 잘 보이지 않고 장강의 하류 지역을 일러 강동이라고 부르는 경우가 종종 보인다. 《삼국지》의 주역 가운데 하나인 오나라가 들어서면서 '강동'이란 말과 '수군'이란 말이 등장했다. 우리의 수군은 바다에서 활동하지만 오나라의 수군은 장강을 중심으로 활동했다. 수군이 강에서 활동했다니 그 강의 규모를 짐작할 수 있으리라. 남북조시대가 펼쳐지면서 강남에 남조가 성립하며 이 지역 개발이 이뤄졌다. 남북조를 통일한 수나라는 7세기에 강남을 끌어당기기 위해 북경과 항주를 잇는 대운하를 놓았다. 이후 송나라가 여진족이 세운 금나라에 밀려 남쪽으로 내려가 남송南宋이 성립되면서 다시 강남이 중심지로 떠오르기도 했지만, 대체로 강남은 북경을 중심으로 둔 통일 왕조의 경제적 기반, 그러니까 중앙을 받쳐주는 역할을 했다.

장강의 길이는 무려 6,300킬로미터로 중국에서 가장 길며 세계 전체를 놓고 봐도 세 번째에 해당한다. 티벳 고원에서 발원하는 본류 외에도 상류에는 여러 개의 지류가 장강으로 흘러 들어오고 그렇게 생긴 큰 물줄기는 큰 호수와 광대한 유역을 만들어낸다. 장강은 서쪽 끝 청해성青海省(칭하이성)에서 상해까지 무려 11개의 성 또는 직할시를 관통하며, 장강이 흐르는 큰 도시인 성도成都(청두)·중경·무한·남경·진강·상해가 우리의 임시정부 답사지와 겹친다. 그래서 독립운동가 정정화가 쓴 책 제목이 《장강일기》가 됐다. 참고로 양자강이란 이름은 장강 하류를 가리키던 이름인데 이 지역의 서양 사람들이 그 이름을 퍼뜨렸다.

임시정부는 기본적으로 이 장강을 중심으로 여러 도시를 옮겨다녔다. 그래서 이 시기를 '물 위에 떠다니는 정부'라고 적기도 했다.

우리가 가흥에 도착한 지 약 두 주일쯤 지나서 성엄(김의한)과 일파(엄항섭)가 백범을 모시고 가흥에 왔다. 일경日警의 현상금까지 걸려 있어 신변의 위험을 크게 받고 있던 백범은 공장에 머물지 않고 따로 그 공장의 공장장이며 저보성의 수양아들인 진동손(진동생이라고도 한다)집에 숨어 있기로 했다. 그리고 그곳도 불안하다고 느껴질 때는 남호南湖라는 호수의 배 안에 은신하기도 했다.

— 《장강일기》

임시정부가 상해에 있던 시기에는 프랑스 조계지라는 나름의 방패가 있었다. 그러나 일단 상해를 탈출하고 나서는 스스로 안전을 챙겨야 했다. 이동 시기 초반 가흥에서는 주위를 잘 살피며 밀정을 조심했다. 그런데 이동 시기 후반 광주에서부터는 전혀 다른 위험이 임시정부를 위협했다.

> 삼수역을 바로 눈앞에 두고 짐들을 챙기느라 또 한 번 객차 안이 어수선해지기 시작할 즈음에 갑자기 바깥에서 요란한 총소리가 연이어 났다. 일본 비행기의 공습이었다. 기차는 멈췄고, 차에서 내려 길가로 피하라는 군인들의 고함소리가 들렸다. (중략) 성엄과 일파 등 청장년들이 나서서 일행을 차례로 차 밖으로 인도했다. 차에서 사탕수수 밭까지는 불과 몇 걸음 사이였지만 하늘에서는 요란한 소리와 함께 계속해서 총알이 쏟아져 내리고 있었다. 무슨 정신으로 기차에서 내려 밭까지 뛰어가 몸을 숨겼는지 모르겠다.

적의 공습으로 총알이 빗발치는 위기일발의 순간을 모면하는 장면이 눈에 그려진다. 가흥 시절 밀정의 탐지를 피하는 게 목표였던 시기와 달리 광주에서는 일본의 공습이 치명적인 위협이 됐다. '중일전쟁'의 여파가 임시정부가 있는 곳까지 닥쳤기 때문이다. 만주와 일부 해안 지대의 도시를 침략의 대상으로 삼던 일본은 1937년 중일전쟁을 일으키더니 중국 전역을 전쟁터로 만들고 중국국민당 정부가 머무는 곳을 주요 목표로 삼았다. 임시정부는 국민당 정부와 협상하며 독립운동을 했던 터라 일본군의 사정권 안에 들 수밖에 없었다.

그런데 중일전쟁, 더 나아가 태평양전쟁과 같은 큰 변화는 임시정부에게 위험뿐만 아니라 가능성도 제시했다. 임시정부는 독자적인 군사력으로 일제와 맞서 싸우기 어렵다는 현실적인 상황을 예의주시하며 돌파구를 내고자 했다. 어려움이 닥치자 모든 감각기관을 동원해 살아나고자 하는 생명체처럼 임시정부는 아주 작은 기회도 소홀히 하지 않고 자신들의 것으로 만들어냈다. 그런 모습이 남아 있는 흔적, 물 위에 떠다닌 임시정부, 그 역사의 현장으로 떠나자.

아마 그 길은 고되고 힘들 것이다. 타는 듯한 햇빛과 뼛속으로 스며드는 스산한 기운, 반나절은 족히 걸리는 버스와 기차 여행은 고단할 것이다. 그러나 나라 뺏긴 사람들의 피난살이와 어찌 감히 비교할 수 있겠는가. 집을 이고 가는 달팽이는 무겁고 답답한 걸음을 한다. 하지만 이 여정의 끝에 독립과 새로운 나라가 있다는 희망을 가진 이들은 닥치는 고통을 극복의 대상으로 생각했을 테다. 그러니 만약 지금 이 책을 들고 답사를 떠난다면 그들의 마음이 되어보자. 그들이 기뻐할 때 같이 기뻐하고, 그들이 슬프고 화날 일을 겪을 때 같이 슬퍼하고 화내는 거다. 그렇게 100년의 시간을 좁혀보자.

답사 가는 길
청사 따로, 지도자 따로

이로부터 나의 가흥 생활이 시작되었다. 성은 아버님 외가 성을 따서
'장'으로 하여 장진구張震球 혹은 장진으로 행세했다. 가흥은 저보성(추
푸청) 씨의 고향인데, 절강성장도 지낸 저 씨는 그 지역에서 덕망 높고
존경받는 신사였다.

－《백범일지》

김구는 상해를 떠나 절강성 가흥에서 피신 생활을 시작했다. 《백범일
지》에 따르면 김구는 이 지역 유지였던 저보성의 도움을 받았다. 그런데
가흥은 이동 시기 임시정부가 머물렀던 도시가 아니다. 그렇다면 이를 어
떻게 이해해야 할까.
　잠깐 여기서 그 내력을 살펴보자. 상해를 떠난 임시정부는 항주에 자리

를 잡았다. 이때 임시정부는 집단지도체제였지만 한인애국단 단장으로 홍구공원 의거를 준비한 김구가 사실상의 지도자 역할을 했다. 일본은 김구를 잡기 위해 거금 60만 원을 현상금으로 거는 동시에 밀정 300여 명을 풀어 곳곳을 탐문하던 중이었다. 그러니까 김구는 일본의 정보망이 작동되던 항주를 피해 중국국민당 정부가 비밀리에 제공한 은신처인 가흥에 머물렀던 것이다.

청사 따로, 지도자 따로 있는 이중생활은 임시정부가 갖고 있는 딜레마였다. 임시정부를 표방한 이상 주요국 정부와 교섭하고 언론을 통한 선전활동을 해야 한다. 그러나 임시정부는 스스로를 지킬 방도가 없으니 안전을 보장할 수 없는 상황이라면 숨어야 했다. 위험을 감수하고 마냥 공개된 공간에서 활동할 수도, 안전을 위해 그저 숨을 수도 없는 상황이 바로 임시정부의 처지였던 것이다.

그러므로 이 시기 임시정부의 활동 공간은 항주를 중심으로 가흥과 해염을 포함하는 것으로 이해하면 좋겠다. 임시정부 이동 시기에는 이와 같이 임시정부 청사 소재지와 요인의 활동 공간이 나뉘는 현상이 종종 일어나니 같은 방식으로 생각하면 편하다.

⑤ 대한민국 임시정부 요인 가흥 거주지

④ 대한민국 임시정부 가흥 김구 피난처

전당강(첸탕강)

⑥ 대한민국 임시정부 해염 김구 피난처

⑦ 항주 대한민국 임시정부 청사

서호

가흥/해염

④ 대한민국 임시정부 가흥 김구 피난처

⑤ 대한민국 임시정부 요인 가흥 거주지

⑥ 대한민국 임시정부 해염 김구 피난처

항주

⑦ 항주 대한민국 임시정부 청사

탈출구를 숨겨놓은
김구의 피난처

대한민국 임시정부 가흥 김구 피난처
절강성 가흥시 매만가 76호

상해의 피치 목사 집을 빠져나온 김구는 안공근과 함께 그날로 항주 근처의 소도시인 가흥으로 피신했다. 남의 눈을 피하느라 여느 사람처럼 주택에 머물지도 못하고 그 지역 명사 저보성의 아들인 저봉장이 경영하던 종이공장*을 피난처로 삼았다. 이곳은 당시 닥친 세계공황으로 폐쇄된 공장이어서 남의 이목을 피하는 데 적격이었다. 김구가 도착하기 전에 이미 엄항섭 가족과 김의한 가족, 이동녕이 가흥으로 옮겨왔다. 그러나 김구와 다른 임시정부 요인들은 같은 가흥이라도 안전을 위해 한동안 서로 떨어져 살았고 얼마 동안은 서로의 거처를 몰랐다.

가흥은 남호 덕분에 관광지로 알려진 도시다. 전체적으로 차분하면서도 정리가 잘 되어 있는데 지금 매만가 일대 역시 주차장과 화장실을 비

---

* 수륜사창秀綸沙廠. 《백범일지》에는 면사공장으로 나온다.

매만가에 세워진 패방.

룻해 거리가 산뜻한 분위기다. 골목과 건물은 검정 벽돌로 되어 있는데 우아하면서도 고풍스런 느낌을 준다. 또 매만가를 둘러싼 남호는 가흥시 의 번잡함을 멀리 떨어뜨려준다.

　매만가에서 김구가 머물렀던 집은 쉽게 찾을 수 있다. 주차장에서 가깝 기도 하거니와 문 옆에 '김구 피난처'를 알리는 한자와 한글로 된 안내판 이 있고 표석이 있다. 김구 피난처는 그 옆 건물에 작은 전시관과 함께 잘 보존되어 있다. 이 집은 저봉장의 양아들 진동생 소유의 건물로 규모가 그리 큰 편은 아니지만 고급스럽게 잘 지은 2층 목조주택이다. 뒤로는 호 수를 끼고 있고 작은 마당도 있어서 숨어 지내기에 안성맞춤이다. 들어가 는 입구도 좁거니와 그 집의 2층 작은 창을 통해 문으로 들어오는 사람을 감시할 수 있도록 했다. 만약 누군가 갑자기 마당으로 들이닥치기라도 하 면 집 안으로 들어오기 전에 2층 거처에서 바로 탈출할 수 있도록 비상구

김구 피난처였던 가흥 매만가의 저보성 집 내부 모습. 사진에 보이는 2층의 작은 창(위쪽 원형)을 통해 바깥을 살폈다.

를 만들어놓았다. 침실 한쪽의 널빤지를 걷어내면 비상구가 나왔고, 사다리를 타고 내려가 남호 쪽으로 난 뒷문을 이용해 집을 빠져나가 나루터에서 배로 피신하게 되어 있다. 김구가 이 집으로 몸을 숨기자 집주인이 비상 탈출구를 만들어주었다.

일전에 답사 때 함께 안내를 하던 최태성 선생이 탈출 장면을 재현해서 사람들의 감탄을 자아낸 적도 있었다. 이렇게 배를 타고 나간 뒤에는 이 집에 걸린 빨래의 빛깔을 보고 위험 여부를 판단했다고 한다. 배경지식을 모르는 이가 듣는다면 무슨 첩보 영화의 촬영지 같다고 생각할 것 같다. 지금이야 흥미로운 답사 경험이지만 얼마나 위험했으면 피난처조차 탈

제국에서 민국으로 가는 길

김구가 피난 때 타던 나룻배(왼쪽)와 집주인이 만들어준 긴급 피신용 통로. 바닥에 설치된 널빤지를 열고 내려가면 나루가 나온다.

출에 용이한 구조를 만들어야 했을까. 잘 정돈된 거리와 고즈넉한 경치를 자랑하는 호수와는 어울리지 않는 팽팽한 긴장감이 늘 이 집을 감싸고 있었을 것이다.

고단한 삶을 보여주는
임시정부 요인들의 거처

대한민국 임시정부 요인 가흥 거주지
절강성 가흥시 일휘교 17호

김구 외 임시정부 요인들이 머물렀다고 알려진 곳은 남문 일휘교日暉橋다. 처음 이곳을 찾았을 때는 이 일휘교라는 이름에 꽂혀 매만가를 품고 있는 남호의 다리 옆 어딘가를 헤매다가 별다른 표지를 찾지 못하고 그냥 돌아왔다. 가흥 현지의 주소를 오해해 유적이 사라졌다고 본 것이다. 하지만 다른 요인들이 머물렀던 건물은 김구 피난처에서 300여 미터 떨어진 '남문 일휘교 17번지'에 있었다.

규모가 큰 2층 건물의 벽 앞에 세워놓은 안내판에 눈에 띄게 붉은 글씨로 '김구 피난처'라고 적혀 있지만, 속지 말고 그 아래 작은 글씨나 옆 벽에 붙어 있는 검은 돌에 새긴 내용을 보면 정확하다. 거기에는 '한국 임시정부 요원주지'라고 적혀 있다. 우리나라의 연립주택과 비슷한 건물인데, 1층은 주방과 회의실로 쓰고 2층은 숙소로 썼다. 1층 회의실을 전시실로 꾸며 당시 모습을 잘 재현해놓았으며 무엇보다 그 방을 쓰던 요인들의 이 가흥 임시정부 요인 가족들의 거처 입구. 안내판은 '김구 피난처'로 되어 있다.

가흥 임시정부 요인 가족들의 거처를 알리는 검은색 표석. 한국 임시정부 요원주지라고 새겨져 있다.

거처 내 숙소 모습.

름도 적어놓았다.

임시정부 요인들이 일과를 끝내고 피곤한 몸을 뉘었을 숙소에서는 여전히 그들의 숨결이 느껴진다. 맨 오른쪽 방부터 김구 어머니 곽낙원과 아들 김신의 방, 김의한 가족(정정화·김후동)의 방, 엄항섭 가족(연미당·엄기선·엄기동)의 방, 그리고 이동녕의 방이 나온다. 각 방에는 당시 침대와 사진도 있는데 마치 근대 중국의 단란한 가족사진처럼 보인다. 신분을 감추기 위해 중국인 복장을 하고 찍었기 때문이다. 나라를 잃지 않았다면 이 사진처럼 평범하게 살았을 임시정부 요인, 하지만 역사가 그들을 보통 사람처럼 살 수 없게 만들었고 그들은 운명을 극복하고자 스스로 가시밭길로 들어섰다. 침대에 누웠어도 가시밭이었던 그들의 삶을 떠올리는 것이 우리들의 임시정부 답사다.

제국에서 민국으로 가는 길

임시정부 요인에게
은신처를 제공해준 중국인

가흥의 김구 피난처와 임시정부 요인들의 거주지를 돌아보며 한 가지 궁금한 것이 있었다. 앞서 살펴본 것처럼 매만가 일대에 김구와 임시정부 요인들의 숙소를 마련해준 이는 이 지역 유지인 저보성이었다. 그런데 김구는 저보성을 어떻게 알게 되었을까. 그 실마리는 김구 피난처와 임시정부 요인 거주지에 만든 전시실에 공통적으로 걸려 있는 사진에 있다. 사진을 보며 그 내력을 살펴보자.

얼핏 평범하고 단란한 대가족의 사진처럼 보인다. 뒤에 선 남자 어른들, 그 앞에 앉은 여자들이 홀로 또는 아이들과 함께 포즈를 잡은 모습이 딱 그렇다. 가흥에 머물던 시기, 어떠한 내력이 있는지 내용을 알려주는 귀한 자료다.

사진 속에 한국인과 중국인이 섞여 있는 것에서 짐작할 수 있듯이 일반적인 가족사진이 아닌 것은 확실하다. 이들은 어떤 관계일까. 먼저 사진 속에서 진짜 가족들을 찾아보자. 엄항섭·연미당 부부와 그 자녀들인 엄기동·엄기선, 김의한·정정화 부부와 외동아들인 김자동을 찾을 수 있다. 다음으로 중국인인 저봉장·주가예, 진동생·허수생 역시 부부다. 그

가흥 피난 시절 임시정부 요인들에게 도움을 준 중국인들과 함께 저봉장의 집에서 찍은 사진이다. 뒷줄 오른쪽 끝부터 저봉장·엄항섭·김구·박찬익·이동녕·김의한·(중국인)·진동생. 앞줄 오른쪽 끝부터 주가예(저보성 며느리), 연미당(엄항섭 부인)과 아들 엄기동과 딸 엄기선, 이헌경(민필호의 어머니), 정정화와 아들 김자동, 허수생(진동생 부인). 백범김구선생기념사업협회 제공.

제국에서 민국으로 가는 길

리고 이헌경은 민필호의 어머니인데, 민필호는 김의한과 엄항섭 가족을 가흥으로 안내해온 이다. 사진에는 빠졌지만 민필호 역시 가족이 함께 가흥으로 왔다. 김구 역시 사진 속에서는 혼자이지만 국내로 사람을 보내 어머니를 모셔왔고 둘째아들 신과 함께 일휘교에 머물렀다. 이제 정말 혼자인 사람은 이동녕·박찬익 두 사람인데 이 중 이동녕은 늘 김구 또는 임시정부 요인과 함께 움직여왔다. 그렇다면 사진에서 남은 인물은 박찬익이다. 앞에서 언급한 중국인 가족과 함께 어떤 연유로 이 사진 속에 들어갔는지, 궁금하다.

사진 속 가족들 중 '박찬익'

간단한 문제부터 정리해보자. 저봉장·주가예 부부는 김구를 가흥에 숨겨준 저보성의 아들과 며느리다. 그리고 진동생은 저봉장의 양아들로 역시 김구 피신에 도움을 준 인물이다. 그러므로 이들과 함께 사진을 찍은 배경에는 사진에는 없지만 저보성이 있다. 그렇다면 김구와 임시정부, 그리고 저보성은 어떤 고리로 알게 되었을까. 이제 독자도 짐작하겠지만 고리 역할을 했던 인물이 바로 박찬익이었다.

박찬익은 젊은 시절 신민회에서 활동한 적이 있는데 그의 이력에 큰 영향을 끼친 것은 대종교였다. 1910년 만주로 망명한 그는 대종교의 영향 아래 있던 무장단체인 중광단의 간부로서 중국 정부와 교섭해 중광단에 무기를 조달했고, 신흥무관학교에서는 중국어와 한국어를 가르쳤다. 박찬익은 이렇게 중국 쪽과 교섭하면서 인맥을 차근차근 쌓아갔다.

1921년 임시정부에 참여한 이후 1929년 만주에서 한국독립당*이 창당했을 때 남경 지부의 대표를 맡았다. 이때도 남경의 국민당 정부와 관계를 맺고 1930년에는 아예 중국국민당에 참여했다. 그러다 국민당의 실력자였던 진과부陳果夫(천궈푸)의 소개로 국민당 국제부에서 업무를 보던 중, 상해 홍구공원에서 윤봉길 의거가 터졌다. 이때 박찬익은 김구와 임시정부 요인의 안전을 위해 국민당 정부와 교섭하며 피난처를 제공하기 위해 노력했다. 이 과정에서 한국 독립운동의 취지에 공감했던 저보성의 도움을 받을 수 있었다. 박찬익은 임시정부와 국민당 정부의 관계에서 중요한 역할을 하기 시작했으며 그의 활약은 그 이후로도 계속됐다.

김구와
저보성의 인연

상해를 빠져나온 이후 임시정부는 프랑스 조계지라는 방패에서 중국국민당과 중국인이 만든 방패 속으로 들어가야 했다. 다행스럽게도 윤봉길의 의거는 한국 독립운동과 중국의 대일항전이 같은 궤에 있다는 것을 알리는 계기가 되어 많은 중국인들이 호의

---

* 만주의 한족총연합회를 기반으로 설립한 정당으로 그 아래에 한국독립당군을 두었다. 이때 사령관은 지청천, 부사령관은 황학수였으며 1934년에 윤기섭·연병호가 이끄는 한국혁명당과 통합하면서 신한독립당 창당에 참여했다.

를 보여주었다. 그러나 60만 원, 현재 가치로는 200억에 해당하는 거액의 현상금이 걸린 김구를 지킨다는 것은 여간한 사명감이 아니고는 어려운 일이었다. 단순하게 외부의 부탁을 들어주는 것을 넘어 위험도 감수해야 하는 희생이 따르기 때문이었다.

저보성은 앞에서 살펴본 것처럼 매만가 일대에 김구와 임시정부 요인들의 피신처를 세공하는 것에 그치지 않았다. 상해 프랑스 조계시에 김구가 없음을 확인한 일제는 상해와 연결되는 철도를 중심으로 수색에 들어갔다. 일본 경찰이 가흥에도 나타나자 김구는 더 이상 매만가에 머물수 없게 되었다. 그러자 저보성은 자신의 며느리 주가예에게 김구를 부탁했다.

주가예의 본가는 가흥에서 멀지 않은 해염海鹽(하이옌)인데 교외에 주씨 집안의 별장이 있었다. 김구는 주가예와 함께 가흥을 떠나 기선을 타고 주가예의 본가로 갔다. 해염에서 가장 장대한 규모였던 본가에 도착한 다음 날 자동차를 타고 다시 별장으로 이동했는데 찻길이 없는 곳에 이르자 5~6리의 산길을 걸어서 넘어갔다. 당시 상황을 김구는 《백범일지》에 생생하게 적었다.

저 씨 부인은 굽 높은 신을 신고 7~8월 불볕더위에 손수건으로 땀을 씻으며 산고개를 넘었다. 저 씨 부인의 친정 여자 하인 하나가 내가 먹을 식료, 육류품을 들고 우리를 수행하였다. 나는 우리 일행이 이렇게 산을 넘어가는 모습을 활동사진기로 생생하게 담아 영구 기념품으로 제작하여 만대 자손에게 전해줄 마음이 간절하였다. 그러나 활동사진기가 없는 당시 형편에서 어찌할 수가 있으랴. 우리 국가가 독립이 된다면, 우리 자손이나 동포 누가 저분의 용감성과 친절을 흠모하고 존경치 않으리오. 활동사진은 찍어두지 못하나 문자로나마 기록하여 후세에 전하고자 이 글을 쓴다.

《백범일지》 출간으로 저보성 가족의 한국 독립운동에 대한 지지와 후원 사실이 널리 알려졌다. 늦은 감이 있지만 우리 정부도 1996년에 저보성에게 건국훈장 독립장을 추서했다. 2018년에는 한국으로 그 후손을 초청하기도 했다. 이곳을 답사하다가 한번은 저보성의 외손녀를 만나 감사의 뜻을 전할 기회가 있었다. 참 뭉클한 순간이었다. 당시 한국과 중국이 같은 눈으로 세계를 보았다는 것은 지금의 한중관계에도 참고할 만한 부분이 있다. 우리가 임시정부를 도운 이들을 다시 생각하는 것은 기억에 대한 평가만이 아니라는 점에서, 답사지에서 한 번 더 역사의 의미를 생각하게 한다.

일제의 포위망을
벗어나기 위해

대한민국 임시정부 해염 김구 피난처
절강성 가흥시 해염현 남북호 풍경구 재청별장

김구가 주가예와 같이 간 곳은 지금도 찾아가기가 쉽지 않다. 그래서 먼저 해염에 있는 남북호南北湖 (난베이후) 풍경구로 간 뒤 그 입구에서 사람들에게 물어물어 가야 한다. 입구에서도 대략 2킬로미터를 더 들어가야 하는데 풍경구 안 여러 곳에 김구 피난처를 가리키는 안내판이 있어 거기서부터는 그리 어렵지 않게 찾아갈 수 있다. 대나무 숲이 울창한 언덕을 지나면 제법 풍취가 남다른 재청별서載靑別墅에 이른다. 이정표를 따라 큰길 아래로 난 작은 길을 걸어가면 재청별서 별장이 나오는데 김구 피난처라는 표식과 함께 다음과 같은 안내문이 있다.

이 별장은 민국 5년(1916)에 해염의 문인 주찬경의 개인 별장이었다. '중국식과 서양식 건축이 결합되어 정미하고 우아하며 품격이 독특하다.' 1932년 대한민국 임시정부의 김구 선생은 상해 홍구공원 폭탄 사건

남북호 풍경구 표지석.

때문에 여기로 피난 온 적이 있다. 2001년에 김구 전시관을 증축했다. 김구 선생의 휘황한 평생과 남북호의 피난 온 상황을 서술했다. 이를 통해 한중 양국의 전통적인 우정을 발견할 수 있다. 1997년 해염현 중점문물보호단위로 지정됐다.

우리말 표현이 어색하지만 대체로 재청별서의 의미를 잘 전달하고 있다. 안내문에서 2001년 증축했다고 한 김구 전시관은 지난 답사 때 내부를 정리하고 있었다. 전시관 내용과 함께 시설을 보완하고 있는 모양이다.

그전에 본 전시관에서는 김구의 독립운동, 남북호 피난 시기의 생활, 한중우의韓中友誼라는 세 주제로 전시를 하고 있었다. 김구의 피난 시절을 글과 함께 기록 그림으로도 보여주고 있었던 게 기억난다. 재청별서 안에도 기록 그림이 있는데 동양화풍의 그림에 해당 사연을 적어놓았다. 그림을 통한 당시 상황 묘사는 다른 곳에서도 자주 등장하는데 중국의 박물관이나 유물관 전시 기법 가운데 하나인 듯하다.

음수사원 한중우의가 새겨진 표석. 김구의 아들 김신이 재청별서를 방문할 때 기념하여 세웠다.

김구가 머물렀던 재청별서 마당에는 아들 김신이 세운 작은 기념비가 있다. '음수사원飮水思原 한중우의'라는 글귀가 새겨져 있는데 이는 물을 마실 때 그 근원을 생각하듯 한국과 중국의 역사 속 우정을 생각하자는 뜻일 게다.

그럼 이제 건물을 한번 살펴보자. 별서는 우리나라 답사 중에도 가끔 만나는 낱말로, 책을 읽거나 휴양하기 위해 세운 별장과 비슷한 집을 말한다. 현재 있는 재청별서는 1996년에 재건된 건물로 아늑한 공간에 침실과 거실, 주방이 남북호를 바라보는 건물 안에 조화롭게 배치되어 있

다. 큰길에서 보면 낮은 쪽으로 움품 들어가 있는 느낌을 주지만 막상 건물에 들어가면 경사지를 이용해 지은 덕분에 창이 넓어 햇빛이 온 집 안을 밝힌다.

김구가 오기 전 재청별서는 건물의 소유자인 주가예의 숙부가 죽자 그 묘소를 지키는 제청祭廳으로 쓰던 중이었다. 그래서 김구는 이곳에 머물며 외출할 때 이 건물에 있던 묘지기와 함께했다고 한다. 해염에서 김구는 비로소 약간의 자유를 얻어 남북호와 주변의 산에 오르며 답답함을 해소했다. 또 안공근·엄항섭·진동생 등이 방문하면 근처 정자를 함께 찾기도 했다.

하루는 김구가 5리 정도 떨어진 조금 큰 마을의 국숫집에 들렀다가 사람들이 모여드는 바람에 신분이 발각될 뻔했다. 동네 경찰들이 탐문을 하던 중 주 씨 집에 일본인이 왔다는 소문을 듣고 확인하러 왔다. 함께 있던

재청별서의 서실. 김구는 재청별서에 머물며 때로 남북호와 산 위의 정자를 찾기도 했다.

묘지기가 경찰의 심문에 아니라고 답했지만 일단 지방 경찰의 귀에 들어
간 이상 더는 해염 생활을 이어갈 수 없었다. 김구는 약 반년 동안의 해염
생활을 끝내고 다시 가흥 매만가로 돌아갔다. 그리고 거기서 또 중국인의
도움을 받는다.

남호는 가흥의 명승지로서 호수에는 놀잇배들이 떠 있었다. 그 놀잇배
는 여자가 노를 젓고 다니는데, 낮에는 손님을 태워 유람하면서 관광용
으로 쓰이고, 밤에는 배 위에서 마작놀이를 하고 음식을 먹고 밤을 새기
도 한다. 그리고 늦도록 놀다가 잠을 잘 수도 있다. 이들 노젓는 여인들
을 선낭船娘이라고 부르는데, 그들은 대개 배 위에서 기거한다.

- 《장강일기》

　　김구가 신세를 진 이는 바로 이 선낭 중 한 명인 주애보朱愛寶(주아이바
오)였다. 김구는 가흥에서 광동 사람으로 행세했다. 광동말은 중국에서
도 잘 통하지 않아 중국말이 서툰 김구가 위장하기에 좋았다. 그러던 어
느 날 가흥을 돌아다니던 김구에게 어떤 군인이 출신을 물었다. 늘 그렇
듯 광동 사람이라고 했는데 우연히도 그 군인이 광동 사람이었다. 결국
취조를 받았고 이 사건으로 김구는 신변에 위협을 느꼈다. 상황이 이렇게
되자 김구는 아예 배로 처소를 옮겼으니 그 배의 주인이 주애보였던 것이
다. 김구는 주애보의 배에서 한동안 '오늘은 남문 호수에서 자고, 내일은
북문 강변에서 자는' 생활을 했다. 이처럼 가흥·해염에는 한국 독립운동
가를 도와준 이들이 여럿 있었고, 그 흔적을 곳곳에서 찾을 수 있다.

제국에서 민국으로 가는 길

위기에 선 임시정부,
무정부상태가 되다

김구와 임시정부 요인, 그 가족들이 가흥과 해염에서 중국인의 동지애 속에서 피신하던 시절, 임시정부 청사는 항주에 자리를 잡았다. 청사를 찾아가기 전에 항주 시기 임시정부의 활동에 대해 잠시 살펴보자.

> 나는 임시정부가 무정부상태라는 조완구 형의 친서를 받고 심히 분노하여 급히 항주로 달려갔다. 그곳에 주재하던 김철은 이미 병사하였고, 5당 통일에 참여하였던 조소앙은 벌써 민족혁명당을 탈퇴하였다. 그때 항주에 주거하던 이시영·조완구·김붕준·양소벽·송병조·차리석 등 의원들과 임시정부 유지 문제를 협의하였다. 그 결과 의견이 일치되어 일동이 가흥에 도착하여 이동녕·안공근·안경근·엄항섭·김구 등이 남호에 놀잇배 한 척을 띄우고 선중에서 회의를 개최하였다. 이 회의에서 이동녕·조완구·김구 3인을 국무위원으로 보선하니, 기존의 송병조·차리석을 합하여 모두 5인이 되어 비로소 국무회의를 진행할 수 있게 되었다.
>
> — 《백범일지》

상해에서 급하게 항주로 옮겨온 임시정부가 '무정부상태'의 위기에 이

항주 임시정부 활동진열관에 있는 축소 모형. 가흥 시절 선상국무회의 장면이 중앙에 보인다.

른 것이다. 무슨 일이 있었던 걸까. 인용문에 나왔듯이 위기의 원인은 조소앙 등 임시정부의 핵심 인물들이 빠져나간 데 있었다. 김구가 이를 수습하기 위해 가흥 남호의 배 위에서 회의를 열어 국무위원을 추가로 뽑고 나서야 겨우 국무회의를 함께 진행할 성원을 채우게 됐다.

통일동맹 결성과 임시정부

임시정부에서 사람들이 빠져나간 이유는 '5당 통일'이라는 말에서 배경을 대략 짐작할 수 있는데 그 내용은 다음과 같다. 임시정부가 상해를 떠나고 얼마 지나지 않은 11월, 한국대일전선통일동맹(이하 통일동맹)이 결성됐다. 통일동맹은 중국 관내에서 활동하던 독립운동 세력이 힘을 합치되 각 세력은 자신의 조직을 유지하며 동맹은 오직 '협의기관'으로 작용하는 것으로 했다. 다음은 통일동맹의 결성을 발기한 인물이다.

한국독립당 대표 이유필·송병조·김두봉

조선혁명당 대표 최동오

한국혁명당 대표 윤기섭·신익희

조선의열단 대표 한일래·박건웅

한국광복단동지회 대표 김규식*

통일동맹은 상해 시기에 진행하려다 실패한 민족대당, 그러니까 민족유일당운동을 잇는 단체라고 볼 수 있다. 통일동맹이 이전과 다른 점은 두 가지다. 하나는 모두 정당의 이름으로 참여했다는 점이다. 의열단은 정식 정당은 아니지만 정당의 모습을 띠고 활동했다. 다른 하나는 임시정부의 여당與黨이라고 할 수 있는 한국독립당이 참여했다는 점인데 이 부분에서 임시정부의 주력이 빠져나갔다고 할 만하다. 각각의 정당은 이후 독립운동 전개 과정에서 다양한 모습으로 등장한다. 민족유일당운동과 관련하여 간단하게 살펴본 바 있지만 여기서 이들 정당이나 단체가 어떠한 배경을 갖고 있는지 한번 살펴보면 좋을 것 같다.

---

* 김규식은 사실상 개인 자격으로 참여했다.

한국독립당

임시정부의 여당으로 출발한 한국독립당은 1930년 1월 상해에서 결성됐다. 중국국민당과 공산당의 조직을 참고했는데 이사장이 주도하는 집단지도체제를 채택했다. 처음 이동녕이 이사장을 맡았고 윤봉길 의거 이후 김구계가 상해를 빠져나가자 송병조가 이사장을 맡았다. 1933년 이유필 등이 일본 경찰에 체포되면서 한국독립당 역시 1934년 초 항주로 본부를 옮겼다. 조소앙이 기관지 〈진광震光〉의 발행을 담당했다. 한국독립당의 이념 역시 조소앙의 삼균주의를 기초로 했는데 "민중을 우롱하는 자본주의 데모크라시도 아니며, 무산자독재를 표방하는 사회주의 데모크라시도 아닌, 모든 한민족을 지반으로 하고 모든 한국 국민을 단위로 한 전민적 데모크라시"라는 말에서 알 수 있듯이 좌우에 치우치지 않는 민족단결을 목표로 삼았다. 이에 따라 통일동맹이 단일대당을 상정하는 단계에 이르게 되자 한국독립당은 다시 그 거취를 결정해야 했다. 당초에는 신당 불참을 결정했다가 1935년 5월에는 신당 참여를 결정했다. 그러자 송병조 · 조

한국독립당 항주 본부 사흠방 입구.

제국에서 민국으로 가는 길

완구·차리석 등은 임시정부 고수를 결의하며 새로운 길을 모색했다. 이들 임시정부 고수파가 가흥 선상에서 김구와 함께 임시정부의 국무위원이 되어 국무회의를 열었던 것이다. 한국독립당의 이러한 움직임은 김구 세력이 독립운동 전반과 임시정부 안에서 위축되는 결과를 만들어냈다. 김구가 무정부상태에 큰 분노를 느낀 이유 가운데 하나가 여기에 있다.

조선혁명당

1929년 9월 남만주 지역 한인사회를 기반으로 국민부*의 정당과 같은 역할로 성립했다. "일본 제국주의를 박멸하여 한국의 절대 독립을 이룬다."라는 강령을 발표했다. 출범 당시 중앙책임비서 현익철 아래 100여 지부당에 당원 3,500명, 준당원 2천 명을 두었고 또 그 산하에 조선혁명군을 두었다. 그렇지만 1931년 만주사변을 겪으며 1932년 노선 재정립을 위한 논의를 했다. 그때 양기탁·최동오 등은 관내** 지역으로 전략적 후퇴를 주장했고, 양세봉 등 조선혁명군의 소장 세력은 한중연합을 이끌어 무장 투쟁을 계속할 것을 주장했다. 합의가 이루어지지 않자 소장 세력은 중국 관내 지역으로 이동했다. 그러나 중국 정부와 협의가 성과를 거두지 못하자 통일동맹 등 협동전선에 적극 참여했다. 조선혁명당은 일부 세력이 이동했지만 만주의 본부와 연락체계를 유지하기 위해 노력했다.

---

* 1929년 4월 만주에서 조직된 항일독립운동 단체로 만주 지역의 자치 행정을 전담하며 민족의식 고취와 교육 활동을 전개했다.
** 만주 남쪽의 중국 본토를 말한다.

한국혁명당

한국혁명당은 1932년 중국 남경에서 결성됐다. 윤기섭·신익희 등이 중심인물로 이들은 원래 상해 한국독립당 소속이었다. 주요 구성원은 중국 정부기관에 재직하고 있던 중도좌파 성향의 인물이 많았다. 독립운동 단체의 단결을 표방했고 기관지 〈우리 길〉을 발간했다. 그러나 당의 세력이 약해 다른 당과 협력을 모색했고 이 과정에서 만주 한국독립당이 관내로 이동하자 연합이 이루어졌다. 그 결과 1934년 신한독립당이 탄생했다.

조선의열단

앞서 많이 언급됐지만 드디어 의열단을 소개한다. 의열단은 폭력을 통한 민중혁명으로 일제를 타도하는 것에 목표를 둔 단체다. 일제강점기에 일제의 주요 인물과 시설에 대해 타격을 가하는 투쟁을 이 단체의 이름을 따서 '의열투쟁'으로 부른다는 점에서 그 영향력을 짐작할 수 있다. 1919년, 만주에서 조직된 의열단이 펼친 독립운동 활동 중 유명한 사례만 추려도 다음과 같다.

1920년 9월 박재혁 의사, 부산경찰서 폭탄 투척 의거

1920년 12월 최수봉 의사, 밀양경찰서 폭탄 투척 의거

1921년 9월 김익상 의사, 서울 왜성대 조선총독부 폭탄 투척 의거

1922년 3월 오성륜·김익상·이종암 의사, 상해 황포탄 의거

1923년 1월 김상옥 의사, 서울 종로경찰서 투탄 의거

1924년 1월 김지섭 의사, 일본 도쿄 황성 사쿠라다몬 폭탄 투척 의거

제국에서 민국으로 가는 길

의열단은 처음에 김대지·황상규가 고문으로서 지도했다. 단원은 김원봉·윤세주·이성우·곽경·강세우·이종암·한봉근·한봉인·김상윤·신철휴·배동선·서상락·권준 등 13명인데 단장은 김원봉이 맡았다. 최근 국내에서 영화나 드라마를 통해 김원봉에 대한 관심이 높아졌다. 독립운동사와 해방 공간에서 활동한 주요 인물이 이제야 그것도 대중매체의 조명으로 인해 널리 알려지고 있다는 것이 놀랍다.

1920년대 초반, 의열단이 이룬 무력투쟁의 성과는 김구가 한인애국단을 운영하는 데에도 참고가 되었다. 1920년대 중반 의열단은 시야를 넓혀 독립운동의 노선과 세력 확장에 관심을 가졌다. 민족유일당운동에 참여하기도 했고, 김원봉이 국공합작의 결과물인 황포군관학교 출신이라는 점을 활용해 1932년에는 본부를 남경으로 옮겨 한중연합전선을 수립하고 국민당 정부와 교섭해 군사위원회의 승인을 얻는 데 성공했다. 당시 중국군사위원회 위원장이던 장개석은 황포군관학교 출신 모임인 황포동학회와 중국국민당 내 우파가 결성한 삼민주의역행샤*에게 의열단과 협의하도록 했다. 삼민주의역행사는 김원봉과 협의해 군사교육 지원을 결정했고 그 결과 조선혁명군사정치간부학교의 운영이 이뤄졌다. 역량을 강화한 의열단은 자연스럽게 독립운동 세력 통합에 관심을 가졌고 임시정부와 경쟁하면서 통일동맹의 실질적인 중심으로 등장했다.

---

* 남의사藍衣社(Blue Shirts Society)라고도 한다. '남의'라는 이름은 중국국민당의 남색 제복에서 유래했다.

한국광복동지회

김규식이 대표로 활동했다. 김원봉과 더불어 통일동맹 구성에 가장 적극적인 활동을 벌인 김규식은 1933년 미국으로 가서 통일동맹을 위한 자금을 모금해오기도 했다.

이상에서 살펴본 것처럼 임시정부의 한국독립당을 제외하고, 다른 당과 단체는 모두 통일동맹 구성에 적극적이었다. 통일동맹이 각 당과 단체의 모습을 유지할 때는 그나마 한국독립당이 받아들일 여지가 있지만 만일 민족유일당운동처럼 신당 창당으로 간다면 이야기가 달라진다. 그러나 통일동맹이 등장하는 순간 그 목표는 신당, 그러니까 각 당을 해소하고 새롭게 통합하는 쪽으로 갈 가능성이 많았으니 임시정부로서는 다시 세력 축소의 위험을 만난 것이다.

실제로 1932년 11월 구성된 통일동맹은 1934년 3월, 남경에서 2차 대표대회를 열면서 이러한 분위기를 확인했다. '조선혁명 역량을 집중하여 대일전선의 강화'를 이루기 위해서는 지금 같은 혁명단체의 제휴만으로는 불가능하다고 평가했다. 따라서 모든 단체를 해소하고 통일동맹에 귀속시켜야 하며 임시정부도 폐지해야 한다는 의견이 나왔다. 또다시 임시정부 폐지가 독립운동 세력의 화두로 올라온 것이다. 이러한 상황에서 한국독립당 일부 인사가 통일동맹에 참여했다. 임시정부는 운영을 위한 인사가 빠져나가 위기에 처했고, 김구는 무정부상태를 해결하고자 가흥으로 달려갔다.

김구가 한인특별반을
개설한 이유

통일동맹은 독립운동 세력의 연합을 추진한 면도 있지만 임시정부의 역할에 의문을 제기하면서 새로운 통합 신당을 만들고자 타진한 면도 있다. 그런 점에서 볼 때 한국독립당은 임시정부와 통일동맹 모두에게 중요했다. 임시정부에서 한국독립당이 이탈한다면 상당한 위기가 올 수 있고, 통일동맹에서 우파 독립운동 세력을 대표하는 한국독립당이 이탈한다면 대외적으로 통합 성과에 대해 논란이 생길 가능성이 있기 때문이었다. 이와 같은 한국독립당의 위상 때문에 의열단 단장 김원봉이 김구와 만나고, 한국혁명당 대표 윤기섭도 김구를 만나 통합에 동참할 것을 설득했다. 통일동맹의 3차 대회 역시 한국독립당의 상황을 염두에 두고 1935년 2월에서 6월로 연기했다. 그러나 김구는 명확히 반대 의사를 밝혔다. 김구는 임시의정원 의원들을 대상으로 발표한 내용에서 공식적으로 신당 참여를 거부했다. 그 내용을 보자.

아직까지는 우리 독립운동계에 대단체들과 정부라는 명칭을 참칭하여 출세했던 일까지 있었으나, 우리 임정같이 위대한 업적을 거둔 자는 아직 들어보지 못하였다. 정부의 존재를 필요로 하는 이도, 단지 17년의 역사와 적의 정부와 대립만을 내세움은 큰 착오다. 동양에 화근을 몰고 온 우두머리인 일황을 처벌하고 그의 장수와 신하들을 벌하고 처단한 것이 우리 신성한 임시정부다.

김구는 임시정부가 여러 독립운동 단체 가운데 17년을 이어온 역사를 가지고 있으며, 또 이봉창·윤봉길 의거로 대표되는 성과를 통해 다른 단체와 비교할 수 없는 위상을 가진 존재임을 명확히 하고 있다. 그러므로 임시정부를 폐지해 새로운 단체로 통합함은 있을 수 없다는 것을 표현했다. 그리고 통일동맹에서 의열단이 중심이 되는 상황에 대해서도 다음과 같이 우려를 표시했다.

하루는 의열단장 김원봉 군이 특별면회를 청하기로 남경 진회 강가에서 밀회하였다. 김군은 나에게 묻기를, "현재 발동되는 통일운동에 참가 아니할 수 없으니 선생도 동참하는 것이 어떻습니까?"
"통일하자는 대원칙은 같으나, 그 내용이 같은 이불 밑에서 다른 꿈을 꾸는 것으로 간파되니, 군의 소견은 어떻소?"
"제가 통일운동에 참가하는 주요 목적은 중국인들에게 공산당이란 혐의를 면하고자 함이올시다."
"나는 목적이 각기 다른 그런 통일운동에는 참가하길 원하지 않소."라며 거절하였다.

– 《백범일지》

제국에서 민국으로 가는 길

김구와 김원봉의 대화 가운데 공산당이 나왔다. 김원봉이 공산당의 혐의를 벗고자 했다는 점이 흥미롭다. 당시 의열단은 중국국민당과 협력하고 있었다. 하지만 김구는 의열단을 비롯해 주요 독립운동 세력이 사회주의로 경도되는 현상에 대해 '레닌을 국부로 삼는 것'이라며 비판했고 의열단과 거리를 두려 했다. 이와 같이 김구가 반대 의사를 분명히 하면서 한국독립당의 일부 세력은 신당에 참여하고 또 일부는 김구를 중심으로 뭉치며, 한국독립당은 분열의 기로에 놓이게 됐다.

김구의 의지와 상관없이 마침내 1935년 6월 20일, 각 혁명단체 대표회의는 남경의 금릉대학에서 개최되고 7월 5일 민족혁명당 결당식이 거행됐다. 이에 따라 의열단·한국독립당·신한독립당·조선혁명당·대한독립당은 각 당의 사업과 당원 일체를 민족혁명당에 인계했다.

민족혁명당*의 창당은 김원봉이 독립운동 전선에서 부각되는 효과를 낳았다. 김원봉은 조소앙·지청천 등 민족주의 세력과 제휴를 통해 임시정부, 그리고 김구에 버금가는, 어떤 면에서 앞서가는 존재가 됐다.

한편 임시정부는 독립운동의 판도에서 소수파가 됐다. 김구는 이러한 흐름에 대해 의연하게 대처했다. 민족혁명당에 한국독립당의 주요 인사들마저 참여한 상황에서도 그의 태도는 변화가 없었다. 오히려 김구는 한국독립당처럼 임시정부의 여당 역할을 할 정당으로 한국국민당을 1935년 11월 조직했다.

이와 같은 김구의 뚝심 있는 결단에는 어떤 배경이 있었던 걸까. 물론

---

* 1937년 조선민족혁명당으로 당명을 변경했다.

자신마저 포기할 경우 더 이상 임시정부를 유지할 수 없다는 절박함이 있었으리라. 그리고 또 하나, 김구는 자신이 임시정부의 지도자임을 명확히 부각하고 이를 받쳐줄 기반을 이미 만들어놓았기 때문이었다. 바로 한인특별반*, 나아가 한국특무대독립군의 존재다.

한인특별반,
임시정부의 무장투쟁

중국국민당 정부가 임시정부 지원을 결정했을 때 진과부가 중심이 되었다는 것은 박찬익 관련 내용에서 살펴본 바 있다. 이후 국민당에서는 진립부·소쟁·공패성 등이 임시정부 지원을 담당했고 임시정부에서는 박찬익·엄항섭·안공근 등이 그 창구가 됐다. 그러던 중 박찬익과 소쟁은 임시정부에 새로운 전기가 될 김구와 장개석의 영수회담을 준비했다. 마침내 1933년 5월 봄, 김구는 박찬익·엄항섭·안공근과 함께 장개석과 회담을 가졌다. 장소는 남경의 중국중앙육군군관학교. 이 자리에서 김구는 좌우를 물린 뒤 필담筆談으로 장개석과 면담을 이어갔다.

"선생이 백만 원의 돈을 허락하면 2년 이내 일본, 조선, 만주 세 방면에서 대폭동을 일으켜, 대륙 침략을 위한 일본의 교량을 파괴할 터이니, 선

---

* 정식 명칭은 중국중앙육군군관학교 낙양분교 제2총대 제4대대 육군군관훈련반 제17대다.

제국에서 민국으로 가는 길

생의 생각은 어떠하오." (중략) 그랬더니 진과부 씨가 나를 초청하여 자기 별장에서 연회를 배풀고 장 씨를 대신하여, "특무공작으로 천황을 죽이면 천황이 또 있고 대장을 죽이면 대장이 또 있지 않소? 장래 독립하려면 군인을 양성해야 하지 않겠소?" 말하기에 나는, "감히 부탁할 수 없었으나 그것은 진실로 바라는 바요. 문제는 장소와 재력이오."

— 《백범일지》

당시 중국은 만주를 침략한 일본이 본토까지 침략할 낌새를 보이자 한국의 독립운동 세력에게 본격적인 지원을 하고자 했고 김구는 이를 놓치지 않았다. 면담이 끝난 뒤 장개석은 김구에게 매월 5천 원의 경상지원비와 임시사업비를 지원하도록 지시했다. 그리고 한국 청년들을 위한 근대적 군사교육과정 개설에도 합의했다. 바로 한인특별반이다. 한인특별반을 설치한 1차 목표는 일본 제국주의의 속박에서 벗어나기 위한 독립운동 간부를 양성하는 것과 한국 및 남만주 지방의 일본군 군사시설을 파괴하는 것이다. 또 하나 중국군과 연합을 통해 우리나라의 독립을 쟁취하는 것을 목적으로 삼았다는 점에서 독립운동의 진로를 새롭게 만들어냈다고 볼 수 있다.

한인특별반 학생 모집은 북경·천진天津(텐진)·상해에서 이루어졌고 교관은 만주에서 활동 중인 한국독립군 사령관 지청천을 초빙했다. 그러자 한국독립군에서도 일부 청년들이 한인특별반에 지원하면서 분위기는 더욱 무르익었다.

학생들에게는 학과교육과 술과교육이 이루어졌다. 학과교육은 지형학·전술학·병기학·정치학·각국 혁명사 등이었으며 술과교육은 체육·무술·야간연습·사격 등이었다. 군사와 정치 분야를 놓고 중국 쪽과 협상해 손문의 삼민주의 대신 한국의 독립운동과 관련된 내용을 공부할 수 있도록 했다. 입교생에게는 매달 12원의 급여와 군수품이 무상으로 지원됐다. 다만 비밀 유지를 위해 휴가와 외출이 엄격하게 통제됐다. 당시 한인특별반의 운영 담당자 및 교관은 누구였을까.

운영·고문 김구

학생보호계 안공근

생도계 안경근

보호계 노종균

총교도관 지청천

교관 오광선·이범석·조경한·윤경천·한헌

김구와 지청천이 주요한 역할을 나눠 맡는 구조다. 현재 남아 있는 졸업생 자료도 이를 뒷받침하는데 김구계가 35명 내외, 지청천계가 30명 내외, 김원봉계가 15명 내외다. 김원봉이 조선혁명군사정치간부학교의 일부 학생을 옮겨서 한인특별반에 참여시켰지만 다수 학생의 수를 보면 김구와 지청천이 주도권을 놓고 신경전을 벌였음을 짐작할 수 있다. 한인특별반은 중국 정부의 자금이 김구에게 지원됐기 때문에 김구가 총체적인 운영을 맡고 지청천이 교육 훈련을 맡는 이원적 체제였다. 김구는 지청천과 갈등이 일어나자 1934년 8월 자기 세력의 학생 25명을 남경으로

안중근의 5촌 조카인 안춘생의 중국 중앙육군군관학교 졸업증명서다. 안춘생은 일제의 감시를 피해 중국인으로 이름을 바꿔 학교에 다녔다. 독립기념관 제공.

철수시켰다. 그러자 지청천 등 교관들도 사직하면서 남은 학생들은 중국 학생들 사이에 분산 수용해 졸업하도록 했다.

김구와 지청천의 갈등은 한인특별반 운영과 관련이 있지만 한편으로는 당시 통일동맹에서 지청천이 속한 만주 한국독립당이 김원봉과 손을 잡고 있던 것과도 관련이 있다. 이러한 가운데 일본이 한인특별반의 존재를 알아내고 중국 정부에 협박을 가해왔다. 한인특별반을 없애지 않으면 도전 행위로 간주하겠다는 것이었다. 이에 따라 중국 정부는 1935년 4월 한인특별반을 폐쇄했다.

그럼 한인특별반의 졸업생들은 어떻게 되었을까. 지청천계의 졸업생은 신한독립당 산하 청년군사간부특훈반이 되었고, 김원봉계의 졸업생은 민족혁명당 조직으로 흡수됐다. 또 김구계 졸업생은 한국특무대독립군이 되어 한국국민당의 요원이 되었으며 일부는 광복군의 핵심 인력이 됐다.

이처럼 김구는 가흥과 항주를 오가면서 때로는 남경의 중국국민당 정부와 교섭을 벌이고 한인특별반과 한국특무대독립군을 운영하며 실력을 길렀다. 국민당과 교섭할 때는 임시정부의 직함이 아닌 한인애국단 단장으로서 교섭을 벌였다. 이동 시기에 김구는 국민당 정부와 협상하며 임시정부 안에서 지도적 위치를 확보했다. 이를 통해 김원봉을 중심으로 한 통일동맹, 민족혁명당과 어느 정도 맞설 수 있었다.

제국에서 민국으로 가는 길

수려한 호수와 화려한 호텔 옆,
임시정부 청사

항주 대한민국 임시정부 청사
절강성 항주시 상성구 장생로 55호

임시정부가 항주에 머물던 시기는 1932년 5월부터 1935년 11월까지 3년
반 정도다. 처음 청사로 쓰던 곳은 군무장 김철의 숙소였던 청태 제2여사
32호실이었다. 5월 10일, 상해를 먼저 떠나 항주에 도착한 김철이 얻은
여관방에서 임시정부 요인들이 모여 국무회의를 열고 활동 계획과 각 부
서의 직무를 조정했다.

청태 제2여사는 1967년 '군영반점'이란 명칭의 숙박업소 겸 음식점으
로 썼다가 지금은 '한정쾌첩'이란 이름으로 바뀌었다. 당시 여관이라 많
은 사람들이 드나들어서 기밀 유지에 문제가 있었고, 이에 따라 옮긴 곳
이 장생로 호변촌 23호다. 이곳은 많은 세대가 붙어 있는 주택가라서 외
부의 눈을 피하기에 용이했다. 청사는 옮겼지만 당시 국무회의나 임시의
정원 회의는 앞서 살펴본 것처럼 상황에 따라 가흥이나 남경 등에서 열었
다. 그러다가 1934년 11월, 국무회의를 개최하여 오복리 2가 2호로 다시

대한민국 임시정부 항주 구지 기념관 외경. 호변촌 23호.

청사를 옮기기로 결정했다. 지금 그 건물은 재개발로 흔적을 찾아보기가
어렵다.

한편 청사 이전과 별개로 요인 중 일부*는 항주 시내 다른 곳에 머물렀
고 아예 다른 지역에서 오가는 이도 있었다. 일본 밀정의 눈을 피하기 위
해서였다. 그 외 기성리**에는 신규식의 사위였던 민필호 일가가 살았고,
사흠방에는 한국독립당 본부가 있었다.

항주 임시정부 유적 가운데 옛 모습이 잘 남아 있고 또 비교적 오래 머
물렀던 곳이 호변촌 23호다. 중국 항주 정부는 임시정부가 머물렀던 내력

---

* 조소앙은 학사로에 임시사무소를 설치하기도 했다. 여기서 〈진광〉을 발행했다.
** 지금은 제심리로 이름이 바뀌었다.

제국에서 민국으로 가는 길

을 바탕으로 2002년부터 건물을 보수·정리해 '대한민국 임시정부 항주 구지 기념관'으로 2007년 11월에 정식 개관했다. 이후 2012년에 기념관 전시 전반을 다시 정비했는데 이때 우리나라의 독립기념관이 많은 도움을 주었다고 한다.

기념관을 찾아가는 길은 마치 잘 관리된 관광지로 들어가는 기분이 든다. 유명 관광지인 서호가 바로 옆이라 세계적인 유명호텔 체인이 들어서 있는 까닭이리라. 그러나 대체로 이곳은 옛 모습을 고스란히 유지하고 있는 편이다.

기념관 앞에는 상해 임시정부 청사와 마찬가지로 입구에 흰색 간판으로 '대한민국 임시정부 항주 구지 기념관'이라고 적혀 있다. 제법 긴 건물 사이로 난 작은 문으로 들어가 왼쪽으로 틀면 기념관이 나온다. 지금은 원래 있던 유적지 옆 건물까지 확장해 기념관으로 만들었으니 당시 청사보다 넓다.

1층에서 동영상을 보고 나면 1층의 전시관부터 2층의 전시관까지 통로를 따라 관람할 수 있다. 최근 몇 번의 답사를 통해 기념관에서 상영하는 동영상이 해마다 조금씩 수준이 높아지고 있음을 알 수 있었다. 전시 내용도 나아지고 있는데, 특히 항주 구지 기념관은 일반적인 내용과 함께 항주의 역사를 알려주는 좋은 자료가 많은 편이다. 게다가 현지 안내인의 수준도 비교적 높은 편이어서 항주 임시정부 청사를 찾는 보람이 더 크다. 2018년을 기준으로 기념관의 관람 동선에 따른 전시 제목은 다음과 같다.

대한민국 임시정부 항주 구지 기념관 내경.

항주 시기 임시정부 요인들이 활동하던 사무실과 침실을 복원한 기념관 내부 모습.

제국에서 민국으로 가는 길

전시 내용은 이 책의 내용과 연결해보면 짐작할 수 있다. 기념관의 전시실만 사진으로 찍어 보여준다면 사전 지식이 없는 사람은 우리나라의 어느 기념관이라고 말할 정도로 전시가 충실하게 꾸며져 있다. 차근차근 살펴보며 그 시기 임시정부가 당면한 어려움, 그리고 그 어려움을 극복하기 위해 버텨야 했던 노력을 생각해보자. 전시관을 둘러보면 익숙한 독립운동가의 사진이 있을 것이다. 한 명 두 명 그 이름을 입으로 불러보며 기억해보자. 답사가 끝날 때쯤, 조금 더 많은 독립운동가가 내 곁에 와 있을 것이다.

아름다운 경치 속 위기의 임시정부가 머물던 곳
서호

항주 서호 전경.

항주 임시정부 유적지 주소지인 호변촌이란 이름에서 짐작할 수 있듯 가까운 곳에 호수가 있다. 이 호수가 그 유명한 서호西湖(시호)다. 서호는 항주뿐만 아니라 중국 전체에서도 손꼽히는 유명한 곳으로, 호수의 아름다움을 서시西施*의 미모에 비겨 시자호西子湖라고도 부른다. 서

---

* 중국 역사 속 4대 미인으로 서시 · 양귀비 · 왕소군 · 우희가 있다. 서시의 또 다른 이름이 서자西子다.

시는 항주에서 가까운 소흥 출신으로, 월왕 구천이 오왕 부차에게 복수하기 위해 섶나무 위에서 쓸개를 맛보던 시절* 구천의 신하였던 범려가 미인계를 쓰기로 작정했을 때 찾아낸 미인이다. 이후 미인계가 성공하며 오왕 부차는 구천의 공격을 받아 자결했고 서시는 경국지색傾國之色, 곧 나라를 망하게 할 정도의 아름다운 미인으로 손꼽히게 됐다. 그 서시를 닮은 호수라고 이야기하니 서호에 대한 최대치의 예찬임은 분명하다.

지금 서호는 면적이 5.6제곱킬로미터인데 삼면이 제법 높거나 또는 아담한 산이 둘러싸고 있다. 백거이가 쌓았다고 하는 방죽인 백제와 소동파가 쌓았다고 하는 방죽인 소제가 있어 산책하기도 좋고 이야깃거리도 풍부하다. 무엇보다 소영주·호심정·왕공돈의 서호삼도가 떠 있어서 장관을 이룬다. 이러한 서호의 아름다움을 정리한 말이 10가지 있다.

단교잔설斷橋殘雪: 백제 단교에 쌓인 눈이 녹아 다리가 끊긴 것처럼 보이는 것
평호추월平湖秋月: 백제 서쪽 고산에서 호수와 달을 구경하는 것
곡원풍하曲院風荷: 술 빚는 곳 옆에 활짝 핀 연꽃
소제춘효蘇堤春曉: 소제에서 만나는 물안개가 피어오르는 봄날의 새벽
화항관어花港觀漁: 호수 주변의 모란과 떼를 지어 노는 잉어 구경
남병만종南屏晚鐘: 남병산 아래 정자사에서 울리는 저녁 종소리
뇌봉석조雷峰夕照: 영봉산 뇌봉탑 너머로 지는 저녁노을
유량문앵柳浪聞鶯: 버드나무 가지에서 우는 꾀꼬리 울음소리

---

* 와신상담臥薪嘗膽의 고사가 여기에서 비롯되었다.

쌍봉삽운雙峰揷雲: 서호 서남쪽 북고봉과 남고봉 사이에 있는 운무

삼담인월三潭印月: 소영주 남쪽 세 개의 석등에서 달을 바라보면 세 개의 달로
보이는 것

　　서호 10경은 한 번에 즐길 수 없다. 눈과 연꽃은 함께할 수 없으며 새벽과 밤 역시 마찬가지다. 무엇보다 독립운동을 위해 생존마저 담보할 수 없는 이역만리에서 활동하던 지사志士를 생각하면, 이런 풍광을 읊는 멋을 이야기하기가 죄송스럽다. 그럼에도 불구하고 임시정부 청사에서 걸어서 채 몇 분 거리에 있으니 한번 들러 서호의 아름다움을 즐겨보길 바란다. 혹시 독립운동가들도 임시정부의 업무를 보다가 잠시 머리라도 식힐 요량으로 서호를 거닐지 않았을까. 비싸지 않은 술 한 잔을 들고 잠시 호수와 달을 보며, 고국의 해주며 안동이며 밀양이며 나주며 수원과 같은 고향 생각을 했을 수도 있겠다. 높은 수준의 지식인이었던 임시정부 요인들에게 서시나 서호 10경은 상식이었을 테니 아주 짧은 순간이나마 감상에 젖어들기도 했을 것 같다. 그런 시간이 독립운동 전선에 힘이 되었길 바라며 어쩌면 그들이 걸었을 서호를 둘러보는 사치를 즐겨보자.

답사 가는 길
강을 거슬러 빼앗긴 역사를 되돌리려 하다

1935년 11월, 임시정부는 항주를 떠나 진강으로 옮겼다. 중국국민당 정부가 남경에 있으니 더욱 교섭을 활발히 하려는 목적에서였다. 임시정부 말고도 여러 독립운동 세력이 남경에 자리를 잡았고 어떤 면에서는 진강보다 남경에 임시정부 관련 흔적이 더 많다고 할 수 있다. 진강 시기는 앞서 항주와 가흥을 묶어서 항주 시기로 본 것처럼 진강과 남경, 두 지역을 묶어서 생각하는 것이 좋겠다.

임시정부가 진강·남경에 머문 시기는 1935년 11월부터 1937년 11월까지 2년 정도다. 남경이야 유명하지만 진강은 한국 사람들에게 조금 생소한 도시인데 임시정부는 왜 진강으로 옮길 생각을 했을까.

지금 진강과 남경 모두 강소성江蘇省(장시성)에 속한다. 당시 강소성의 성도는 남경이었다. 그런데 1927년 남경이 국민당 정부의 수도가 되면서 강소성 정부는 부득이 다른 곳으로 옮겨가야 했다. 강소성의 새로운 성도가 된 곳이 바로 진강이었다. 임시정부는 국민당 정부에게서 지원을 받았지만 실질적인 도움은 현지 성 정부에게 크게 의지했다. 그래서 임시정부는 국민당 정부가 있는 남경을 주요 활동 무대로 삼고 강소성 정부의 도움을 받을 수 있는 진강을 주요 거점으로 삼아 이원화된 공간 운영을 했다.

당시 강소성 정부 주석은 진과부였다. 이제 익숙한 이름이 된 진과부는 임시정부가 상해에서 항주로 옮길 때 도와준 인물이다. 진과부는 진강 시기 임시정부 요인들의 안전을 적극적으로 챙겼다고 한다. 중국 쪽 기록을 보면 국민혁명군 19로군의 사복 군인 수십 명이 임시정부가 항주에서 진강으로 옮겨갈 때 호송했고, 진강의 임시정부 거점 근처에는 강소성 정부에서 파견한 사복 경찰 여섯 명이 경비를 서도록 했다. 임시정부 요인들이 머무는 곳까지 일본의 첩자들이 왔다는 기록이 있으니 강소성 정부의 비호는 임시정부에게 큰 도움이 됐을 것이다.

여기에 더해 진강은 지정학적으로 중요한 위치에 있었다. 장강이 진강을 지나갔으니 진강은 육로뿐만 아니라 수로에서도 교통의 요충지였다. 북경과 항주를 잇는 대운하도 진강을 지나니 '십자十字 황금수로'의 중심지다. 실제로 이 수로는 나중에 탈출로로 요긴하게 쓰였다. 이후 임시정부는 이동을 할 때 장강 또는 그 지류를 타고 옮겨다녔다. 첫 시작을 상해에서 했던 임시정부의 종착점은 중경이었는데, 상해부터 중경까지 가는 길은 장강을 거슬러 올라가는 길이기도 하다. 역사를 도도하게 흐르는 강물에 비유하는 경우가 종종 있다. 그렇다면 거꾸로 강을 거슬러 올라가는 임시정부의 여정은 어떻게 표현할 수 있을까. '빼앗긴 역사를 되돌리는 발길' 정도일까. 그러나 상류에 도착했을 때 그 물은 이미 다른 물이니 새로운 시작을 찾는 길이었을 것이다.

임시정부는 진강 시기에 어떤 일을 하고자 했을까. 그들이 남긴 유적의 이름과 내용을 한번 살펴보는 것으로도 대략 짐작할 수 있다. 다음은 지금까지 알려진 진강과 남경의 임시정부 유직 중 일부다.

/진강/

수륙사항 공익리: 임시정부가 있던 곳

수륙사항 강소여사(현 수륙사항 3호): 김구가 투숙하던 숙소

대파파항 1호: 임시정부 요인이 머물렀다고만 알려진 곳

마가항 15호: 강창제가 머물던 곳

천세병원: 강창제·이옥환이 의사로 변장해 정보를 주고받던 곳

목원소학교: 김구가 대중 강연을 한 곳(현재 임시정부 기념관 있음)

/남경/

금릉대학(현 남경대학 대강당): 1935년 7월 민족혁명당 창당식이 열린 곳

황룡산 천녕사: 조선혁명군사정치간부학교 3기생 훈련 장소

목장영 고안리 1호: 한국특무대독립군 본부

회청교 근처: 김구가 머물던 곳

교부항 25호: 김원봉의 집

중앙육군군관학교(현 남경군구사령부): 1933년 김구와 장개석 회담 장소

백하구 마로가 부흥신촌 5호(현 부성신촌 8호): 1946년 임시정부 주화대표단 공관

무정교: 신한독립당 사무소

마도가: 곽낙원이 손자들을 데리고 살던 곳

남기가: 임시정부 요인들의 가족이 살던 곳

두 도시에 남아 있는 임시정부 관련 유적의 특징은 약간 다르다. 먼저 진강의 임시정부 유적지는 거의 흔적을 찾기 어렵다. 여러 이유가 있겠지만 아무래도 임시정부의 소재 자체를 비밀리에 두고자 했기 때문인 듯하다. 예를 들어 대파파항 1호로 심부름을 갔던 중국인에게 현지 경비를 서는 사람들이 비밀을 신신당부했다는 증언이 이와 같은 짐작의 근거다. 이에 반해 남경 일대의 유적지는 규모도 크고 대체로 그 내용이 정확하게 알려져 있다. 국민당 정부가 있던 도시라 비교적 활동이 자유로워 임시정부 외 다른 독립운동 세력의 유적도 보인다.

진강에는 임시정부의 유적지를 찾기 어려운 것만큼이나 활동도 눈에 띄지 않는다. 이 당시 활동 내용은 대부분 임시정부 문서(임시의정원 회의록 등)를 통해 짐작할 수 있을 뿐이다. 활동이 미진했던 이유는 미주 지역 동포로부터 받은 인구세와 애국금 외에 별다른 수입이 없었던 것과도 관련이 있다. 다만 한국국민당 창당을 계기로 김구의 활동이 두드러졌다. 그 흔적을 찾아 진강, 그리고 남경으로 간다.

장강

★ 중산릉(손문 묘역)

★ 명효릉(주원장 묘역)

⑧ 목원소학교 구지

★ 이제항 위안소 구지 진열관

⑪ 대한민국 임시정부
주화대표단 본부

⑩ 회청교

★ 남경대도살 기념관

① 조선혁명군사정치간부학교 훈련지

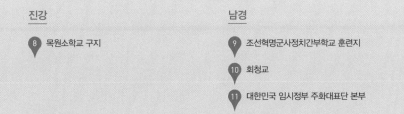

진강

⑧ 목원소학교 구지

남경

⑨ 조선혁명군사정치간부학교 훈련지

⑩ 회청교

⑪ 대한민국 임시정부 주화대표단 본부

중국의 국공합작에서 찾은
독립운동의 활로

다시 임시정부 이야기로 돌아가자. 진강 시기 임시정부는 임시정부로서의 활동도 중요하지만 한국국민당의 활동이 더 두드러졌다. 남경으로 옮겨온 한국국민당은 차리석을 상해로, 김붕준을 광동으로 파견했다. 당시 한국국민당의 가장 큰 과제는 임시정부 수호였다. 이를 위해 김구의 항일 특무조직이 적극 활용됐고 그들은 한국국민당 당원으로 참가했다.

그런데 흥미로운 부분이 있다. 한국국민당 당강에 '민족혁명 역량 집중'이나 '광복운동을 원조하는 국가민족과 긴밀한' 관계를 유지하는 것은 물론 '토지와 대생산기관을 국유화하여'와 같은 사회주의 요소가 포함되어 있다는 점이다. '독립운동에 대한 사이비 불순한 이론과 행동을 배격'한다고 하여 좌파에 대해 경계하고 협동전선을 차단했으면서도 이러한 내용을 당강에 넣은 것은 민족혁명당에 대응하려는 전략에서 마련됐다고 볼 수 있다.

민족혁명당은 임시정부가 진강·남경으로 옮겨오기 전인 1935년 7월에 성립됐다. 같은 해 11월에 창당한 한국국민당에 앞섰으니 중국 정부에 대해 훨씬 유리한 위치에 있었다. 당 구성원만 보더라도 김원봉·윤세

제국에서 민국으로 가는 길

주·김두봉·김학규·최동오·신익희·지청천·김규식·윤기섭 등 중국 관내 독립운동 세력의 중심인물이 망라되어 있었다. 이를 배경으로 남경과 만주, 국내를 잇는 군사상의 거점을 마련하고, 만주의 군대를 '민족혁명군'으로 개편했으며, 특무부대를 양성해 중국 관내 및 만주, 조선에 배치하여 암살 및 파괴 공작을 펼치며 대중에 대한 선전·선동 작업을 강화하고자 했다. 당시 민족혁명당은 일본이 파악한 '가장 위험한' 단체였다.

한국국민당과 민족혁명당은 적극적으로 활동 공간을 넓히고자 했다. 동시에 중국국민당의 협조 가능성이 어느 때보다 높아졌다고 봤기 때문이었다. 그 배경에는 세계의 변화한 분위기가 있다. 당시 독립운동가는 세계정세를 어떻게 보고 있었을까. 그 내용을 살펴보자.

파시즘 VS 반파시즘의 세계정세

1936년을 지나며 세계정세는 다시 한 번 큰 변화를 예고했다. 일본이 1936년 1월에 런던군축회의를 탈퇴하고 새로운 국방 정책을 결정한 것이다. 일본은 육군은 소련, 해군은 미국에 대항하여 군비 강화를 시작했다. 일본의 군비 강화는 만주사변 이후 강화된 미국과 영국의 압박에 반발하는 측면도 있지만 대공황 이후 자본주의체제의 불안정과 사회주의 확산에 대한 불안감이 커졌던 측면도 있다. 이러한 상황에서 파시즘이 발동하여 일본은 자유로운 자본주의와 사회주의를 모두 적대시하기 시작했다.

파시즘은 기본적으로 인종주의나 국수적 민족주의에 기반하고 제국주의와 불평등, 폭력과 독재의 형식을 띠는 경우가 많다. 그리고 공통적으로 열광적인 지도자 숭배가 뒤따른다. 이를 바탕으로 소수의 엘리트가 중심이 되어 민주주의의 주요 가치인 자유를 짓밟고 폭력을 무제한으로 행사하며, 외부로 영향력을 넓히는 것을 목표로 삼는다. 이 과정에서 폭력적 상황의 책임을 다른 민족, 다른 국가에게 전가하며 침략을 정당화한다.

파시즘이 정치권력 전면에 나서는 길은 두 가지가 있다. 하나는 파시스트 정당이 권력을 잡는 경우로 독일과 이탈리아가 여기에 해당한다. 다른하나는 기존 지배층에서 파시즘화가 진행되는 경우로 일본이 여기에 해당한다. 세계정세가 변하자 1935년 코민테른은 반파시즘투쟁을 위해 모든 민주주의 세력이 결집하는 통일전선을 강조했다. 소비에트혁명 노선을 민족혁명 노선으로 바꾼 것이다. 당시 민족혁명당의 주요 인물들은 이러한 정세 속에서 독립운동 세력이 좌와 우를 가리지 않고 통합해야 한다고 판단했다. 이때 중국에서 큰 사건이 일어났다.

2차 국공합작과 독립운동의 새로운 가능성

1936년 12월 12일, 서안西安(시안)에서 장개석이 지역 군벌이며 홍군 토벌 사령관인 장학량張學良(장쉐량)과 양호성楊虎城(양후청)에게 갇히는 사건이 일어났다. 즉 상관이 부하에게 잡히

서안 화청지 내 오간청. 장학량에 의
해 구금된 장개석이 머물던 방 내부
모습이다.

는 '서안사변'이 일어난 것이다. 왜 이런 일이 벌어졌을까. 장학량과 양호
성은 장개석이 주창한 '선안내후양외先安內後攘外', 그러니까 먼저 안에
있는 공산당을 물리치고 그다음에 외적인 일본을 물리친다는 정책에 반
대하며 홍군과 휴전 중이었다. 홍군 역시 국민당과 내전을 멈추고 다 같
이 항일에 나설 것을 주장하고 있었다. 이 와중에 장개석이 홍군 토벌을
독려하기 위해 서안에 왔다. 장학량과 양호성은 장개석에게 항일을 권했
지만 받아들여지지 않자 이와 같은 일을 벌였고, 이 사건은 중국 현대사
의 흐름을 바꿨다.

　　장학량과 양호성은 장개석을 구금하고 공산당과 손을 잡고 일본에 대

장학량이 장개석과 남경으로 갔다가 국민당 군사위원회에 상관을 구금한 죄로 처벌받고 나서 연금된 가택 근처(절강성 설두산 초대소 옆)에 세워진 장학량의 동상이다.

항할 것을 공식적으로 요구했다. 사건은 빠르게 진행되어 공산당에서는 주은래周恩來(저우언라이)가, 국민당에서는 장개석의 부인인 송미령과 그의 오빠 송자문宋子文(쑹쯔원)이 참여하여 회담이 전개됐다. 12월 24일, 장개석은 주은래에게 공동항일전선을 약속했고 그다음 날 장학량과 남경으로 돌아왔다. 이로써 제2차 국공합작의 계기가 만들어졌다.

이 사건은 엄청난 변화를 가져왔다. 장개석은 파시즘과 연대를 계획하여 국민당의 중앙군 편제와 무장을 독일식으로 개혁했고, 독일을 사이에 두고 중일방공협정을 맺으려던 중이었다. 이때 서안사변이 일어났고, 이를 기점으로 국민당은 친파시즘에서 반파시즘으로 돌아섰다. 사실 항일과 친파시즘은 양립하기 어려운 것이니 제자리를 찾았다고나 할까.

중국의 정세 변화는 우리나라 독립운동 세력에게 새로운 가능성을 주었다. 중국국민당이나 공산당이 모두 항일전선에 매진한다는 것은 공동으로 연합전선을 꾸리기에 유리한 국면이 분명했다. 다만 한 가지, 중국이 일본과 전쟁에서 어느 정도 실력을 발휘할 수 있느냐에 따라 기회가 될 수도, 위기가 될 수도 있었다.

낡고 어지러운 길 위,
김구가 강연한 곳

목원소학교 구지
강소성 진강시 양가문 23호

장개석이 남경으로 가서 국공합작을 위한 협상을 시작했던 1937년 봄, 진강에서는 독특한 강연이 열렸다. 진강의 항일선전구국연출대가 마련한 강연은 양궁애·유지기 등 구국연출대 임원과 단원, 이 지역 교사와 진보 인사들 400여 명이 참여했다. 강연이 열렸던 학교의 교사였던 사명록 등의 증언에 따르면 처음에는 강연자가 누구인지 몰랐다. 그 강연자는 바로 김구였다. 김구는 서툰 중국어로 강연을 했는데 주제는 '조선 망국의 참상'이었으며 일제의 한국 침략 과정에서 벌인 잔혹함을 설명했다. 이후 자신의 소원이 조국의 독립이며, 고대 일본으로 간 신라 박제상의 충절에 대해서도 이야기했다. 한 시간 남짓 진행된 강연은 항일 구호로 마감됐다. 이 강연이 펼쳐진 곳이 목원소학교다.

목원소학교가 있는 진강은 최근에 발전을 보이는 도시다. 외곽에서 들어가보면 도시는 깔끔하게 정리가 잘 되어 있다. 큰 도로를 지나면 새롭

제국에서 민국으로 가는 길

강소성 진강시. 진강은 강소성의 상업도시 및 역사문화 도시로 장강과 대운하가 교차하는 곳이다. 임시정부 요인들이 활동하던 공간이 남아 있으며 김구는 진강에서 강연을 하기도 했다.

게 꾸민 상가도 제법 번화하다. 검정 벽돌을 써서 만든 고풍스런 건물도 있고 새로 지은 것으로 보이는 건물들도 곳곳에 있다. 큰 도로를 지나 도심으로 들어가면 옛 거리가 나온다. 플라타너스 나무가 거창한 자태를 뽐내는 곳으로 천장이 높은 버스가 다니는 것이 위험스러운 곳이기도 하다. 목원소학교로 가려면 진강의 거리에 내려 작은 골목으로 들어가야 한다. 이 골목을 둘러싸고 있는 마을은 무슬림들이 산다. 복잡하게 꺾인 거리를 몇 번인가 돌아서 허술한 안내판에 의지해 걸어가야 한다. 좁은 골목과 빽빽하게 들어선 집들만 있어서 도무지 임시정부를 기념할 만한 공간이 있을까 싶은 마음이 들 때쯤 갑자기 의외로 큰 학교 건물이 보인다.

진강 대한민국 임시
정부 사료진열관으
로 가는 골목.

목원소학교 전경.
항일선전구국연출
대의 초청으로 김구
가 강연했던 장소
(오른쪽)는 현재 진
강 대한민국 임시정
부 사료진열관이다.

진강 대한민국 임시
정부 활동기지 유적
전경.

제국에서 민국으로 가는 길

이 학교는 지금 윤주문화관潤州文化館*이라는 이름으로 지역 평생교육원과 같은 역할을 하고 있다. 윤주문화관 공간 안에 옛 건물이 하나 있는데 바로 '진강 대한민국 임시정부 사료진열관'이다. 사료진열관에는 임시정부 이전 역사 속 진강과 한국의 교류 흔적을 찾아보는 공간, 그리고 진강에 머물던 시절 임시정부의 활동을 살펴보는 공간, 현재 진강과 한국의 교류를 보여주는 공간이 있다. 사료진열관 앞에는 '대한민국 임시정부 활동유적지'와 '진강 시기 대한민국 임시정부 활동기지 유적'을 새긴 두 개의 비석이 서 있다.

단층의 소박한 사료진열관이지만 다른 유적을 거의 살펴볼 수 없는 진강에서 임시정부를 생각할 수 있는 고마운 곳이다. 무엇보다 임시정부 활동기의 옛 모습이 많이 남아 있는 사료진열관 주변을 보며 당시 모습을 상상할 수 있다. 낡고 어지러운 길을 지나야 찾을 수 있는 목원소학교. 진강 시기 임시정부 요인들도 독립을 향해 이렇게 나아가고 있지 않았을까.

---

* 윤주는 진강의 옛 이름이다.

뜨거운 청춘이 한데 모여
훈련을 받다

조선혁명군사정치간부학교 훈련지
강소성 남경시 강령구 상방진 장산림구 천녕사

남경 도심으로 가기 전 외곽에 찾아갈 곳이 있다. 바로 황룡산의 천녕사天
寧寺다. 처음 남경에 갔을 때는 천녕사가 독립운동 유적지라는 이야기를

천녕사로 가는 길을 막아놓은 나무판을 살짝 치웠다.

들었지만 대중교통으로 접근할 엄두가 나지 않아 포기했다. 그러다 버스를 빌려서야 천녕사를 일정에 포함시켜 처음 갈 수 있었다. 천녕사는 안내자가 없으면 가기 힘들다. 길이 힘들다기보다는 근처까지 다 와놓고 들어가는 길을 찾지 못해 돌아가기 십상이기 때문이다. 답사 갔던 날도 산으로 올라가는 입구 앞에 커다란 나무

제국에서 민국으로 가는 길

판을 치운 뒤에야 들어가는 길을 찾을 수 있었다. 어렵사리 길을 찾았다 해도 작은 오솔길이 있을 뿐 천녕사가 있는 곳을 알려주는 이정표는 없다. 다만 먼저 다녀온 일행이 멀리 몇 그루의 나무가 높게 자란 곳으로 가면 된다고 해서 따라갔다.

한 5분쯤 올라갔을까. 중국어로 천녕사라고 적힌 낡은 판자가 나무에 걸려 있다. 거기서 다시 1분 남짓 걸어가면, 쓰시 않아 버려신 우물이며 주춧돌이 널린 터 가운데 자그마한 건물 세 채가 보인다. 가운데 건물에 걸린 현판에 희미하게 천녕사라는 글씨가 남아 있다. 건물의 좁게 열린 문 틈으로 보면 아직도 동네 사람들이 간간이 찾은 듯한 흔적이 있다. 낡고, 어떤 면에서 으스스한 천녕사. 여기와 우리 역사는 어떤 관련이 있을까.

김원봉과 함께했던 사람들이 바로 이곳에 머물렀다. 임시정부가 항주에 머물던 시기 김원봉은 의열단 본부를 남경으로 이동하고 황포군관학교 출신이라는 배경을 바탕으로 국민당 정부의 장개석과 협상을 벌여 군사훈련을 할 수 있도록 지원을 받았다. 이렇게 만든 기관이 바로 조선혁명군사정치간부학교(이하 간부학교)다. 1기 26명, 2기 55명, 3기 44명 등 125명의 독립운동가를 길러냈다. 이 가운데 3기가 이곳 천녕사에서 훈련을 받았다.

1935년 4월 1일 천녕사에서 3기 입교식이 진행됐다. 교장 김원봉과 교관 8명, 입교생 28명*, 그리고 중국 정부 관계자 1명이 참여했다. 이 깊은 산속에서 독립에 대한 열망으로 두 눈이 이글거리는 청년들에게 교장 김

---

* 이후 5월 중순까지 개별로 입교해 3기 정원은 44명이 됐다.

마을에서 500여 미터의 산길을 오르면 천녕사가 나온다.

천녕사 터. 김원봉의 조선혁명군사정치간부학교 훈련소다.

제국에서 민국으로 가는 길

원봉은 무슨 말을 했을까 궁금해진다.

입교식 다음 날부터 이어진 훈련은 만만치 않았다. 새벽 4시 반이나 5시에 기상해서 밤 9시에 잠들 때까지 정치·역사·경제·철학·군사 이론을 배우고, 파괴·기습·유격전 등 특무공작에 필요한 훈련과 실습을 했다. 교육은 6개월 동안 이어졌고 그해 9월 30일에 교육과 훈련이 끝났다.

짐깐 간부학교의 교관들을 살펴보자. 교장 김원봉이 조선 혁명에 관한 훈화를 했고, 죽마고우인 윤세주가 세계경제지리·칸트철학을 가르쳤으며, 이춘암이 정보학·중국혁명사를, 양진곤이 정치학·당조직과 선전을, 김종이 전술학·도상전술을, 이상지가 지형학·축성학·기관총학 등을 가르쳤다. 한글과 한국사를 가르친 교관은 김두봉, 만주 지리와 각국혁명사를 가르치는 교관은 나중에 반민특위원장이 되는 김상덕이었다. 좋은 스승 아래 좋은 제자, 더 나아가 한국 독립이란 큰 뜻을 품고 모였을 장년의 독립운동가와 청년들이 열띤 토론을 벌이는 모습을 상상하는 것만으로도 감격스럽다.

지금은 나무가 우거져서 수십 명의 학생들이 훈련을 받았을 만한 곳이 보이지 않는다. 그래도 잘 살펴보면 우물이며 제법 너른 평지가 절 아래 있다. 몇 그루의 나무를 시야에서 지워보면 천녕사와 그 앞은 괜찮은 훈련장이다. 아침저녁으로 토론을 통해 독립의 당위성을 찾아가고, 낮에는 군사훈련으로 굵은 땀방울을 흘렸을 간부학교 학생들을 생각하니 이곳이 다른 나라가 아닌 것 같다. 어쩌면 답사 때 걸터앉았던 그 계단에 김원봉과 윤세주와 김두봉이 앉아서 청년들과 열띤 토론을 하지 않았을까. 천녕사 앞의 나무에는 그들이 훈련하다 마실 물을 담은 수통을 걸어놓지 않았을까. 잠시 조용하게 1935년의 여름을 상상해본다.

간부학교 운영과 관련해 흥미로운 것은 1기생 가운데 일부는 김구가 운영하던 한인특별반에 입학했다는 점이다. 독립운동 노선을 놓고 김구와 김원봉은 경쟁하는 사이였지만 필요할 경우 협력했다. 이후 김원봉은 통일동맹과 조선민족혁명당 수립으로 큰 세력을 갖게 되고 김구는 겨우 한국국민당을 꾸리면서 둘 사이는 크게 벌어지지만 여전히 협력의 가능성은 남아 있었다.

천녕사를 내려오는 길은 아섭다. 낡은, 그리고 거의 사람들이 찾지 않는 이곳을 그대로 두고 내려오는 것이 영 서운하기 때문이다. 모래와 흙이 섞여 있는 경사진 길에 미끄러지기도 한다. 한국의 독립을 위해 머나먼 이역만리에서 6개월간 뜨거운 가슴과 차가운 이성을 가진 청년들이 훈련했던 이 숲과 천녕사를 더 알릴 수 있는 방법을 고민하게 된다. 산이 끝나고 인가가 시작되는 곳으로 돌아온 뒤 천녕사를 찾아가느라 비껴놓았던 나무판으로 다시 길을 막아놓았다. 혹시나 잘 모르는 사람이 그나마 남아 있는 천녕사를 훼손할까 걱정됐기 때문이다. 여기가 한국 독립운동의 유적이라는 것을 알게 되는 사람이라면 저 정도 나무판은 치우고 들어갈 수 있으리라.

김구, 고물상으로
위장하다

회청교
강소성 남경시 진회구 건강로

이제 남경으로 들어가자. 남경은 중국에서도 유명한 고도古都이며 강소성을 대표하는 도시다. 신해혁명으로 중국 최초의 공화국이 남경에 수립되자 국민당 정부는 역사적인 의미를 염두에 두고 이곳을 수도로 정했다. 그런 점에서 남경은 임시정부가 아니더라도 한 번쯤 찾아갈 만한 곳이다.

1935년 11월, 임시정부가 진강과 남경으로 옮겨오기 이전부터 독립운동가들은 국민당 정부와 협의를 위해 남경에서 활동했다. 그러한 까닭에 남경 곳곳에는 한국 독립운동의 흔적이 남아 있다. 이 가운데 우리가 임시정부와 관련해 살펴볼 곳은 바로 회청교다. 회청교는 남경의 번화가인 부자묘夫子廟* 인근에 있다. 남경에는 작은 운하가 도로처럼 펼쳐져 있는데 그 운하를 가로지르는 다리가 바로 회청교다. 김구는 이 회청교 근처

---

* 공자의 사당. 공자를 높여 공부자로도 부른다.

부자묘 광장. 남경 시민들이 즐겨 찾는 명소다.

에 방을 얻어서 생활했다. 이때 김구는 신변의 안전을 위해 가흥에서 인연을 맺었던 주애보를 불러서 같이 지냈다. 김구는 광동성 남쪽의 큰 섬인 해남도海南道(하이난섬) 출신의 고물상으로 위장하고 혹시 경찰이 호구 조사라도 나오면 주애보가 답변을 하도록 했다. 실제로 일본의 암살대가 근처를 배회한 적도 있었으니 김구의 피신 생활은 긴장의 연속이었을 것이다.

김구는 남경에서 2년여를 머무르다 장사로 이동했다. 1937년 7월 발발한 중일전쟁의 불길이 남경까지 다다랐기 때문이다.

상해전쟁은 점점 중국 측이 불리하게 되어 왜倭 비행기의 남경 폭격이 날로 심해졌다. 회청교 집에서 나는 초저녁에 적기로 인해서 곤란을 받

제국에서 민국으로 가는 길

남경에서 활동하던 김구는 주애보와 부부로 위장해 회청교 일대에 방을 얻어 은신하며 일제의 감시를 피했다.

다가 경보 해제 후 잠이 깊이 들었는데, 갑자기 잠결에 공중에서 기관포 소리가 들렸다. 놀라 자리에서 벌떡 일어나 방문 밖에 나서자, 벽력이 진동하며 내가 누웠던 천장이 무너져 내렸다.

김구가 머물던 회청교 부근에도 폭격이 가해졌다. 날이 밝자 김구는 마로가의 어머니와 지청천, 남기가의 청년들의 안부를 묻고 다녔다. 모두 폭격의 영향을 받았지만 천만다행으로 다친 사람이 없었다. 그렇지만 더 버티기는 어려운 상황이었다. 김구는 남경을 떠나며 가흥에서부터 자신을 도와준 주애보와 이별했는데 이때 여비 100원 외에 넉넉한 보답을 하지 못한 것을 안타깝게 여겼다.

남경을 탈출하다

임시정부가 진강에 머물던 시기에 일본은 중국 침략을 본격화했다. 중일 전쟁을 일으킨 것이다. 시작은 '노구교 사건'이었다. 1937년 7월 7일, 북경 교외의 노구교 인근에서 훈련 중인 일본군에 포탄이 하나 날아왔다. 일본은 이를 중국의 공격이라 주장하며 대규모 반격을 시작했다. 이 사건을 계기로 상해를 침략한 일본은 8월 15일 "지나*군의 폭력을 응징하여 남경 정부의 반성을 촉구하기 위해 지금 단호한 조치를 취할 때에 이르렀다." 라며 선전포고를 했다.

일본의 중국 침략에 독립운동 세력은 발 빠르게 움직이기 시작했다. 사실 중국과 일본의 전면전은 임시정부에게 새로운 전기가 되었다. 중국이 일본을 침략 세력으로 규정하고 임시정부와 연대의 수준을 높일 수 있으며, 만약 중국이 승리한다면 그 분위기 속에서 독립을 쟁취할 수도 있기 때문이었다. 중국과 본격적으로 연대할 길을 만들기 위해 먼저 우파의 정당이 연합전선을 이루었다. 1937년 8월, 한국국민당을 중심으로 조선혁

---

* 일본은 중국을 가리켜 차이나를 지나라고 폄하하여 불렀다.

　　　　　　　　　　　제국에서 민국으로 가는 길

북경 영정하의 노구교. 원대에 중국을 경험했던 마르코 폴로는 노구교를 '세상에서 가장 아름다운 다리'로 묘사했다. 노구교 사건은 중일전쟁의 발단이 됐다.

명당, (작은)한국독립당, 그리고 미주의 각 단체를 망라하여 한국광복운동단체연합회(광복진선)를 결성했다. 이에 좌파도 통합을 도모했다. 이미 큰 세력이었던 조선민족혁명당을 중심으로 조선민족해방동맹*과 조선혁명자연맹**이 1937년 11월 2일 조선민족전선연맹을 결성하고 다시 상황을 지켜보기로 했다.

일본군은 북경과 천진을 점령하고 항주만에 상륙하여 당시 중국의 수도였던 남경을 위협했다. 중국군은 상해에서 두 달 동안 응전했지만 방어선이 무너졌고 상황은 걷잡을 수 없이 악화됐다. 또 남경뿐만 아니라 진

---

* 1936년 3월 김성숙·박건웅 등이 주축이 되어 상해에서 조직된 사회주의계열의 독립운동 단체.
** 정화암·유자명 등이 주축을 이룬 아나키스트 단체.

강에도 일본군의 폭격이 이어졌다. 전쟁 상황이 위태롭게 전개되자 장개석은 11월 20일 천도를 발표했다. 이후 국민당 정부는 한구汉沽(한커우)를 거쳐 중경을 임시수도로 삼았다. 이에 따라 임시정부도 11월 말 호남성의 장사로 옮겨갈 것을 결정했다.

임시정부는 남경·진강뿐만 아니라 각 지역에 흩어져 있는 요인들에게도 소식을 넣어 장사로 오도록 했다. 이때 김구는 목선 한 척을 빌려 임시정부 식구 100여 명을 태운 뒤 장강을 거슬러 올라가 한구를 거쳐 장사로 갔다. 임시정부는 다시 강 위에 뜬 정부가 됐다.

제국에서 민국으로 가는 길

일본이 남경에서 일으킨 대학살의 참상

남경대도살 기념관

남경대도살 기념관 전경. 일본군에 의해 자행된 남경대학살의 참상을 잊지 않으려는 관람객들의
발길이 이어지고 있다.

상해전선마저 무너뜨린 일본군은 1937년 12월 13일, 남경을 함락했
다. 여기까지는 일반적인 전쟁의 상황이라고 할 것이다. 그런데 남경을
점령한 5만여 일본군은 6주 동안 세계사에서도 보기 드문 민간인 학살
과 성폭력을 자행했다. 일본군은 남경을 함락한 뒤에 항복한 중국군 포
로는 물론 민간인까지 학살했는데 이는 남경을 떠나려던 민간인도 예
외가 아니었다. 처음 일본군이 점령할 당시 60만 명이었던 인구는 6주
뒤 30만 명으로 줄어들었다. 무려 30만 명, 12초마다 한 명을 학살한

남경대도살 기념관 내부에는 당시 유해들의 발굴 모습이 전시되어 있다.

셈이었다.

지금 살펴볼 곳이 바로 일본이 자행한 남경대학살의 역사를 살펴볼 수 있는 곳이다. 중국에서 지은 이름은 남경대도살 기념관. 인종·종교 등의 이유로 대규모로 살해하는 행위를 일컫는 제노사이드genocide, 우리식 표현으로 '학살'이 되겠지만 여기서는 더 끔찍한 '도살屠殺'이란 단어를 썼다. 그러나 이 낱말로도 당시 일어난 일을 설명하기에는 부족하다. 이때 살아남은 한 여인은 "오히려 죽은 사람이 다행이었다."라고 증언했다고 한다. 왜 그럴까. 당시 남경의 상황을 어느 외국인이 묘사한 글이다.

대부분 여성과 어린이로 적어도 10세에서 70세까지의 여자면 모두 강간당했다. 피난민은 만취한 병사에 의해 총검으로 살해됐다. 대낮의 성행위도 낯선 일이 아니었다. 약 5만 명이 넘는 이 도시의 군대는 1개월 이상 근세에 전례 없는 강간·학살·약탈이란 모든 음란을 즐겼다.

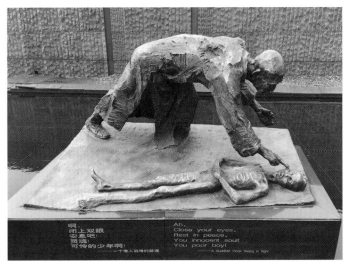

啊,
闭上双眼
安息吧,
冤魂!
可怜的少年啊!
　　——一个佛人追悼的路遇

Ah,
Close your eyes,
Rest in peace,
You innocent soul!
You poor boy!
　　——A Buddist monk Yaoq in flight

남경대학살의 참상을 보여주는 조각상.

　　결국 산 자도 살았다고 말하기 어려웠으리라. 남경의 일본군은 말 그대로 짐승이며 악마였다. 전쟁은 그 자체가 폭력이니 전쟁터는 끔찍한 희생이 난무한다. 그럼에도 불구하고 작전을 위해 군인을 상대하는 것과 민간인을 대하는 태도는 분명 달라야 하며, 전쟁 현장의 기본적인 방침이 있어야 한다. 도대체 왜 일본군은 이토록 무자비한 학살을 저질렀을까. 인종 청소라는 나치의 유대인학살과 같은 저급한 명분조차도 없다. 혹시, 단지 전쟁의 승리를 즐긴 걸까. 기념관에 전시된 사진 중 아직도 기억나는 것이 하나 있다. 일본군 두 명이 총은 놔두고 칼로 민간인의 목을 서로 베는 경쟁을 했다는 기사와 함께 일본 신문에 실린 사진이다. 그 두 사람은 웃고 있었다!

　　지금 기념관에 가면 입구에 일본군을 피해 달아나는 중국 사람들을 조각해놓은 상이 있다. 지옥의 괴물을 피해 도망가는 절박함이 표현되어 있고 제목도 그렇게 달려 있다. 이미 죽은 아이 앞에서 슬퍼하는 조각상도 있다. 기념관 입구에 있는 탑에는 '1937.12.13.~1938.1'이라는 숫자가 적혀 있는데 바로 남경대학살이 벌어진 시기를 알려준다. 탑의 높이도 12.13미터다. 박물관 마당에는 수십만 개의 조약돌이 깔려 있는데 그때 죽은 사람들의 수를 표현했다. 또 전시실 중 한 곳은 학살당한 사람들의 유해를 발굴하던 모습을 그대로 보여준다.

당시 남경에 머물던 외국인들의 증언과 활동 역시 눈에 띈다. 전시물, 사진, 유물 하나하나가 잔인해 어디 눈을 둘 곳이 없을 만큼 처참하다. 마음이 약한 사람은 전시를 끝까지 보기 힘들 수도 있다. 최근에는 잔인한 사진을 덜 걸고 당시 역사 배경과 증언을 중심으로 전시가 바뀌고 있으니 용기를 한번 내보자.

아직도 남경대학살은 없었다고 하는 이들이 바다 건너에 살고 있다. 그런 사람들은 혹시 글자를 읽을 능력이 없는 게 아닐까 싶다.

제국에서 민국으로 가는 길

임시정부가
환국한 자리를 채우다

대한민국 임시정부 주화대표단 본부
강소성 남경시 백하구 마로가 부성신촌 8호

천녕사와 조금 다른 의미로 역시 중요한 곳이 남경에 있다. 찾아갈 주소는 마로가 부흥신촌 8호인데, 주소만 갖고 찾으려니 보통 어려운 일이 아니었다. 동네 사람들에게 몇 번이나 주소를 대며 물어보고서야 찾아갈 수 있었다. 그런데 담벽에 붙어 있는 안내판에 '남경 중요근현대건축물 김구 피난처'라고 써 있다. 드디어 김구가 머물던 곳을 찾아온 것인가.

사실 이곳은 주화대표단駐華代表團이 본부 사무소로 썼던 곳이다. 안내판이 잘못 소개하고 있는 것이다. 그런데 낯선 낱말, 주화대표단은 무엇일까. 한자를 보면 대략 그 의미를 짐작할 수 있다. 우리나라 외교관이 미국이나 영국에 있을 경우 주미대사관駐美大使館, 주영영사관駐英領事館이라고 부르는 것처럼 중국[華]에 있는 외교관이라는 의미다. 그럼 주화대표단을 세운 주체는 누구일까. 짐작하겠지만 바로 대한민국 임시정부다.

1945년 일본이 패망하자 임시정부는 환국을 준비했다. 임시정부가 한

주화대표단 본부 사무소의 대문.

안내판은 김구 거처지라고 되어 있으나 주화대표단 본부다. 현재 민간인이 거주하고 있으며, 당시 김구와 주화
대표단 요원들이 머물렀던 건물이 그대로 남아 있다.

제국에서 민국으로 가는 길

국으로 돌아가면 그 사후 처리도 필요하거니와 중국에 머물고 있는 400만 명에 가까운 한국 교포들의 관리도 문제였다. 중국 각 지역에 흩어져 있는 한국인들의 현황을 파악해야 했으며 혹시 모를 불이익, 예를 들면 일본인으로 몰려 생명이나 재산을 지키기 어려워지는 경우도 대비해야 했다. 또한 한국으로 귀국하지 않고 중국에 머물고자 하더라도 신원 보증이 필요했다. 이러한 업무를 처리하기 위해 일본의 패망이 짙어진 1945년 8월 10일경부터 임시정부는 국민당 정부와 협상을 벌여 주화대표단 설치를 협의했다. 1945년 11월 1일 설치된 주화대표단은 처음 중경에 있다가 이듬해 봄 남경으로 옮겨왔다. 국민당 정부가 중경에서 남경으로 옮기면서 같이 움직였기 때문이다.

주화대표단은 임시정부가 정부로서 의미가 있는가, 대표성이 있는가 등을 평가할 때 중요한 단서가 된다. 주화대표단은 널리 알려지지는 않았지만 1948년 8월 10일 해체될 때까지 중요한 업무를 처리하며 주중대사관으로서 역할을 수행했다. 중국군에 포로로 잡힌 일본군 중 우리나라 국적 청년들 33명*을 구해낸 것이 대표적인 성과다. 주화대표단은 공식·비공식을 아우른다면 대한민국이 처음으로 외국에 설치한 외교공관이다. 주화대표단의 단장은 중국 정부와 두터운 관계를 맺고 있던 박찬익이며 그 옆에서 민필호·지청천이 대표를 맡았고 그 아래 비서처·총무처·군무처·교무처를 두었다.

주화대표단이 사용했던 집은 현재 남경시가 보호하고 있다. 안내문에

---

* 이 중 3명은 이미 사형을 당해 돌아오지 못했다.

1946년 4월 대한민국 임시정부 주화대표단의 모습. 김은충·신건식·박찬익 민필호 민영구 등. 독립기념관 제공.

제국에서 민국으로 가는 길

서 짐작할 수 있듯이 1930년대에 꽤 잘 지은 2층 양옥집이며 골목 전체가 옛 모습을 유지하고 있다. 주화대표단은 당시 기준으로도 괜찮은 공간을 썼던 것이다. 몇 번인가 찾았을 때 애석하게 밖에서만 보고 왔는데, 어떤 블로그에서 안에 들어가서 찍은 사진을 보았다. 그 블로그에 따르면 이 집의 주인 노부부는 1950년대 이후 이사 왔으며 선대에 이어 지금까지 살고 있다고 한다. 질 가꾼 덕도 있지만 품위가 있는 집임을 알 수 있다. 노부부가 오래도록 이 집을 잘 보존해주길 바라며 김구 피난처로 된 안내판도 '주화대표단 본부'로 세워지길 바란다. 아니, 우리가 제대로 세워야 하는 게 아닌지 고민을 안고 떠난다.

중국 근대사의 시작을 연 주원장과 손문
명효릉과 중산릉

임시정부가 거쳐간 대부분의 도시가 그렇지만 남경은 더욱이 쉽게 갈 수 있는 곳이 아니니 답사를 간 김에 남경의 명소도 찾아가보자. 임시 정부와 관련이 있거나 그 정도는 아니더라도 우리 역사와 관련이 있는 곳이라면 더욱 좋지 않을까.

일단 남경이라는 도시는 비교적 가까운 역사에서 빛이 났다. 삼국시 대 오나라의 도읍, 이어진 남북조시대에 남쪽의 한족이 세운 나라, 곧 남조라고 일컫는 송·제·양·진의 도읍이긴 했지만 수나라가 남북조 를 통일한 이후 아무래도 서안이나 북경보다 비중이 떨어졌다. 그러다 가 한 번 명나라가 1356년부터 1421년까지 여기를 도읍으로 삼아 건 국하며 반짝했지만 역시 도읍을 북경으로 옮기며 옛 도읍지로 남았다.

그러나 남경은 근대가 시작되며 위상을 높이게 된다. 1842년 아편전 쟁에 진 중국이 영국과 남경조약을 맺은 곳이 여기 정해사靜海寺다. 그 리고 이어진 천진조약으로 남경이 개항되는데 이는 장강과 연결된 지 리 때문이다. 1853년 태평천국의 난을 일으킨 홍수전은 남경을 '천경天 京'이라고 부르며 도유지로 삼았고, 신해혁명으로 성립한 중화민국의 임시정부가 1912년 남경에서 수립됐으며, 장개석이 무한의 좌파 국민 당 정부에 맞서 우파 국민당 정부의 수도로 하면서 특별시가 됐다. 중 일전쟁에서 남경이 함락되어 수도를 중경으로 옮긴 국민당 정부는 제

2차 세계대전이 끝나고 다시 남경으로 돌아왔다. 그러나 국공내전에서 국민당이 공산당에 지면서 수도는 남경이 아닌 북경으로 정해졌다. 100년 남짓한 시기에, 그것도 수도 역할을 하던 대도시의 운명이라고 믿기 어려울 정도로 위상이 급변하니 마치 롤러코스터의 흐름을 보는 것처럼 어지럽다. 이런 역사를 생각해볼 만한 두 곳으로 가보자.

남경에 홀로 남은 주원장의 명효릉

먼저 남경을 근대 중심지가 될 수 있도록 역사 속 지위를 부여한 명나라 태조 홍무제 주원장의 무덤이다. 주원장이 누구인가. 고려를, 그리고 새로 건국한 조선을 끊임없는 의심의 눈으로 보며 괴롭혔던 인물이다. 그러니 우리는 그를 곱게 보기 어렵다. 중국 역사에서도 못생기기로 유명한 황제이며 또 성격도 괴팍하여 신하들을 함부로 죽인 것으로 유명하다.* 어찌되었든 그는 셀 수 없는 나라가 생기고 사라진 중국 역사 속에서 농민 출신으로 결국 황제의 자리에 오른 극히 드문 인물 중의 한 사람이다. 그가 죽고 손자인 주윤문이 2대 황제 건문제가 되었지만 넷째 아들인 연왕 주체가 반란을 일으켜 남경을 함락하고 황제 영락제가 되며 상황이 급변했다. 이때 죽었을 것으로 짐작되는 건문제의 시신은 찾지 못했다. 영락제는 자신의 근거지인 북경으로 도읍을 옮겼다. 이런 역사의 묘한 변주 속에 결국 주원장의 무덤만 남경에 홀로 남게 됐다. 그 무덤이 바로 '명효릉明孝陵(밍샤오링)'이다.

32년이 걸린 대공사 끝에 완성한 명효릉은 그 규모가 어마어마하다.

---

* 승상 호유용의 역모 사건으로 3만여 명의 신하를 죽였다.

명효릉 묘당 원경.

지금은 남아 있지 않지만 명효릉 영역을 둘러싸는 담장의 길이는 22.5 킬로미터에 이르렀다고 한다. 명효릉의 매표소가 있는 어하교御河橋를 원래 명효릉 영역의 가운데쯤이라고 생각하면 그 규모를 짐작할 수 있을 것이다. 어하교 이후 문무방문文武方門 – 향전享殿 – 보성寶城을 지나면 산처럼 보이는 명효릉이 나온다. 제국을 세운 한 인물의 인생, 그리고 한 나라의 시작을 생각하기 좋은 곳이다. 마침 답사를 갔을 때가 봄이어서 사방에 매화가 흐드러지게 핀 것을 기념하는 작은 축제가 열리고 있었다. 세상을 모두 가진 것처럼 행동했던 황제의 능묘보다 꽃에서 의미를 찾는 관광객들을 보니 여러 가지 생각이 들었다. 일정이 빠듯해 다음 장소로 이동하느라 남쪽으로 펼쳐진 명효릉 전체를 살펴보지 못한 것이 아쉽다.

중국의 국부가 잠든 곳, 중산릉

중산릉의 '중산'은 손문의 호다. 손문은 우리 임시정부를 지원해 1968
년 국가보훈처로부터 건국훈장 대한민국장을 받기도 했다. 중산릉으
로 가면 한 가지 의문이 생긴다. 조선왕릉을 기준으로 하면 '릉'은 왕과
왕비의 무덤만을 이르는 말이다. 왕의 선친이나 세자라고 해도 '원'이
라 해 그 격을 낮춰 부르며, 대군 이하 보통 사람들의 무덤은 '묘'라 한
다. 신해혁명으로 대총통에 올라 국부로 지칭되지만 엄연한 공화국이
아닌가. 중산릉은 따로 설명이 없다면 어느 황제의 무덤이라고 해도 믿
을 만한 큰 규모다. 좋게 생각하면 거창한 무덤을 만들어 근대 중국의
'국부國父'를 기념해 과거 황제가 군림하던 역사와 단절을 선언했다고
할 것이지만, 다르게 생각하면 여전히 중국에는 '황제'가 필요한 것인
지도 모르겠다. 외국인인 우리로서는 짐작하기 어려운 속내다.

손문은 1925년 군벌을 토벌하는 전쟁인 북벌을 하던 중 북경에서 죽
음을 맞았다. 그렇다면 왜 그의 무덤이 여기 남경에 있을까.

남경에서 임시대총통에 오른 손문은 이 근처 숲에서 사냥을 하다가
아름다운 풍경에 반했다고 한다. 평소 '한 줌의 흙을 빌려' 묻어달라고
하던 그는 죽기 직전 남경의 이곳에 묻어달라고 했다. 그러자 국민당은
손문의 장례를 치르기 위한 준비에 들어갔다. 일단 손문의 유해를 남경
의 벽운사로 옮기고 장례를 치르기 위한 기관을 설립했다. 또 국내외에
서 무덤에 대한 설계 공모도 했다. 이에 따라 40여 개 출품작 가운데서
31세의 젊은 건축가 여언직呂彦直의 설계도안이 당선됐고 1926년부터
국내외에서 은 460만 냥을 모금하여 3년 만에 공사를 끝냈다. 전체 묘
역은 8만 제곱미터이며 묘실이 있는 곳은 해발 158미터의 봉우리에 마
련됐다. 입구에서부터 패방 - 신도 - 능문 - 비정 - 제당 - 묘실이 일직

중산릉 입구의 패방.

선상으로 웅장한 규모로 자리를 잡고 있다.

중산릉 답사 때 버스 주차장에서부터 걸어가려니 시간도 부족하고 걸어갈 엄두도 나지 않아 전기차를 이용했다. 전기차를 타고 가는 길은 숲이 깊어 여름이나 겨울이나 상쾌하다. 겨울은 제법 추우니 따뜻하게 입어야 한다. 전기차는 중산릉의 입구인 패방 앞에 사람들을 내려준다.

중산릉은 기본적으로 흰색 돌과 푸른 유리기와가 조화를 이뤄 산뜻하다. 전반적인 분위기가 북경의 '천단공원'을 약간 축소한 것 같다. 패방은 화강암 기둥 네 개에 푸른 유리기와를 얹었는데 높이가 12미터에 이른다. 가운데 문에는 손문이 썼다는 '박애博愛'라는 글자가 걸려있다.

패방을 지나면 길이 375미터의 야트막한 진입 공간이 나온다. 신도라고 하는데 좌우에는 히말라야 소나무를 심어놓았다. 신도 앞쪽으로 멀리 능문과 비정 등의 건물이 모습을 드러내기 시작한다. 세 개의 무

제국에서 민국으로 가는 길

중산릉 묘당 원경.

지개 문으로 되어 있는 능문은 무덤 영역이 본격적으로 시작됐음을 알려주는 것으로 역시 가운데 문 위에 '천하위공天下爲公', 곧 세상은 모든 사람의 것이라는 글이 적혀 있다. 비정 안에는 높이 6미터의 비석에 「중국국민당장 총리손선생 어차 중화민국 18년 6월 1일中國國民黨葬總理孫先生於此中華民國十八年六月一日」이라는 비문이 적혀 있다.

비정을 지나면 가파른 계단이 방문객에게 한껏 위엄을 부린다. 계단의 숫자는 무려 392개. 당시 중국의 인구가 3억 9,200만 명이었던 것을 상징한다. 약간 겁이 나지만 막상 계단을 오르면 생각보다 쉽게 제당 앞에 도착한다. 계단을 오르는 중간중간 뒤를 돌아보며 지나온 경치를 감상하느라 그랬던 것 같기도 하다.

제당은 중산릉의 중심 공간으로 역시 입구 위로 손문이 제창한 삼민주의의 내용, 곧 민족民族·민권民權·민생民生이 적혀 있다. 제당 내부의 분위기는 우리나라에서는 쉽게 볼 수 없는 낯선 것으로 미국의 위

중산릉 중산당의 내부 모습. 손문 동
상 위 천장에 중화민국 국기인 청천
백일기가 새겨져 있다.

싱턴D.C의 링컨기념관과 제퍼슨기념관, 또는 대만의 중정기념관과 비
슷하다. 제당은 4.6미터나 되는 손문의 흰 대리석 조각상을 중심으로
한 바퀴 둘러보도록 되어 있다. 조각상 좌대에는 손문의 일생을 부조로
묘사해놓았다.

제당 뒤로 가면 묘실이 있다. 손문의 전신상을 새긴 조각 아래 그의
유해가 있다. 여기를 보려면 살짝 고개를 숙여야 하니, 관람객 또는 참
배객은 자연스레 예의를 갖추게 된다.

현대 중국에서 손문은 중요한 인물로 평가받는다. 혁명으로 새로운 중국의 시작을 알렸으며, 그가 주창한 삼민주의는 중국을 하나로 모으는 구심점이 되었다. 그러나 신해혁명 이후 원세개袁世凱(위안스카이), 또 군벌과 벌인 전쟁은 큰 성과를 거두지 못했고, 서구의 지지를 받지 못해 소련과 손을 잡았으며, 삼민주의의 한계도 뚜렷하다는 평가가 있다. 비판의 지점이 있기는 하나 그의 품에서 국민당이 나왔고 국공합작도 이뤄졌다. 혁명의 끝에서 이념의 영향으로 중국과 대만으로 나뉘었지만 손문은 두 나라 모두에서 추앙받는 인물이 되었다.

우리나라에는 국부가 없는데 미국이나 중국에는 그런 존재가 있다는 것이 한때 부럽기도 했다. 그런데 생각해보면 혁명을 하면서 지도자가 부각되는 경우도 있지만 이른바 국부가 없는 나라도 많다. 더구나 한 사람에게서 그 나라의 바탕이 나와야 한다는 발상 자체가 무척이나 아슬아슬하게 느껴진다. '광야에서 백마 타고 오는 초인'을 기다리는 것은 그 초인이 단 한 명이 아니기 때문일 것이다. 중산릉 답사는 한 시대를 연 인물들에 대해 어떻게 평가하면 좋을지 고민을 던져준다.

끌려간 여인들의 눈물이 흐르는 곳

이제항 위안소 구지 진열관

이제항 위안소 구지 전경. 옛 위안소 자리에 당시의 모습을 재현하고 자료를 진열하고 있다.

가기도 전에 가슴이 저려온다. 한 시대의 비극이면서 인간이 인간에 대한 예의를 잃을 때 어떤 상황에 다다르는지 두려움을 느끼게 하는 곳이 이제항利濟巷(리지샹) 위안소 구지 진열관이다.

남경 답사 중 만난 이제항 위안소 구지 진열관은 충격이었다. 우리나라는 위안부 문제기 많이 디뤄졌지만 살펴볼 공간이 거의 없는 편이다. 그런데 중국 남경에는 당시 비참했던 상황을 큰 규모로 살펴볼 수 있는 곳이 있었다.

무엇보다 놀라운 것은 이 건물들이 그저 새롭게 만든 진열관이 아니

만삭으로 슬픈 표정을 짓고 있는 박영심 할머니의 모습을 형상화한 조각상이다. 뒤에는 당시 할머니들의 얼굴 사진이 벽을 빼곡히 채우고 있다.

라 실제로 '위안소'로 쓰였다는 점, 그리고 그 당시 여기에 끌려온 여성을 우리도 알고 있다는 사실이다.

이제항 위안소 구지 진열관을 찾아가는 길은 복잡하다. 다른 곳도 비슷하지만 이 주변도 새롭게 건물을 세우느라 늘 공사 중이다. 위안소 구지로 들어가기 위해서는 박물관과 마찬가지로 짐을 검사받아야 한다.

짐 검사를 마친 뒤 작은 마당이 있는 공간에 오면 비로소 비극의 현장에 와 있음을 깨닫게 된다. 한쪽 벽을 가득히 채운 슬픈 할머니들의 사진, 그리고 다른 방향에는 만삭의 여성이 슬픈 눈으로 고개를 떨군 모습의 조각상이 있다. 이 〈만삭의 위안부〉 동상의 인물을 어느 사진에서 본 적이 있을 것이다. 바로 우리나라의 박영심 할머니다. 먼저 박영심 할머니의 이야기를 잠시 살펴보자. 박영심 할머니는 1921년 평안남도 남포시에서 태어났다. 17세가 되던 1938년, 중국 남경의 위안소로 끌려온 뒤 약 3년 동안 하루에 30명의 일본군을 상대하는 성노예 생활

이제항 위안소의 내부 모습을 재현한 공간.

을 했다. 그리고 다시 싱가포르에서 1년, 미얀마에서 2년 동안 지옥 같은 생활을 하다 전쟁이 끝나며 겨우 고향으로 돌아왔다. 이후 남북이 나뉘며 남쪽에서 일본군 성노예에 대한 논의가 시작된 뒤 중국에서도 관심을 갖게 되자 2003년 남경에서 겪었던 일을 확인하기 위해 이곳에 왔고, 여기에 있는 2호 위안소 2층 19번방을 기억해냈다.

"일본군은 하루에 30명 정도가 왔다. 저항을 하면 다락방으로 끌려가서 발가벗겨진 채 매를 맞아야 했다."

당시 여덟 개의 건물 가운데 두 곳은 한국 여성이, 세 곳은 중국 여성이, 그리고 두 곳에서는 일본 여성이 끊임없이 밀려드는 일본 군인들에게 능욕을 당했다고 한다. 이 역사를 증언한 박영심 할머니는 지난 2006년 작고했다.

박영심 할머니의 증언을 바탕으로 일본군의 여성에 대한 전쟁범죄,

제국에서 민국으로 가는 길

위안소 내 매표처를 복원한 모습.

더 나아가 반인권의 현장을 역사적으로 살펴볼 장소로 진열관으로 만들면서 지난 2015년 12월 문을 열었다. 진열관은 2층 규모의 건물이 모두 여덟 동인데, 이 가운데 여섯 동을 전시관으로 쓰고 있다. 각각의 건물은 모두 주제가 정해져 있고 그중 하나가 한국에서 끌려온 여성들에 대한 역사다.

지금 진열관 안에는 1,600여 점의 게시물, 700여 장의 사진과 위안소를 유지할 때 필요한 물건, 검사용 의료기기나 일본군 관련 자료, 또 위안소에서 쓰던 물건들이 전시되어 있다. 당시 모습도 재현해 2호 건물 1층에는 일본식 이름이 적힌 나무 명패가 10여 개 걸려 있다. 여기에 온 일본 군인이 이 명패 중 하나를 고르면 그 이름에 해당하는 여성이 있는 방으로 갔다는데, 그런 설명을 쓰자니 참혹하다.

일본은 남경에 40여 곳의 위안소를 운영했다. 중일전쟁을 일으킨 일본군은 그해 겨울 남경을 함락하는데 이때 많은 군대가 여기에 들어 왔다. 남경 함락 이후 민간인에 대한 학살과 성폭행을 자행했으면서 일

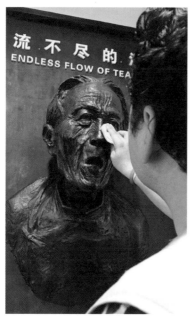

눈물 흘리는 할머니 흉상의 눈물을 닦아
주는 관람객.

본군은 왜 또 위안소를 만들었을까. 전쟁 동안 일본 군인이 성병에 걸려 전력에 차질이 생겼기 때문이었다. 보통 사람으로서는 상상하기 어려운, 그러니까 인권에 대한 일말의 기대조차 저버리게 하는 낯뜨거운 이유다. 전투력 상실을 여성의 인권, 사람의 생명보다 중요하게 생각한 전쟁. 역시 전쟁이란 미친 짓이다. 그런데 왜 이성이 돌아온 평상시의 지금도 그들, 그러니까 일본 정부는 그런 반이성의 행동에 대해 반성의 말을 하는 것을 거부하고 있을까. 혹시 그들은 전쟁이 이성적으로 진행됐다고 강변하는 것인가. 그렇다면 그들은 아직도 여전히 이성을 가졌다고 보기 어렵다.

위안소 구지에 처음 도착했을 때 우리 일행 말고 다른 중국 여성 몇 분이 진열관 앞에서 머뭇거리고 있었다. 두세 명만 들어가기 무서웠던

제국에서 민국으로 가는 길

그녀들은 우리 일행과 함께하면서 비로소 진열관 안으로 발을 들였다. 그만큼 무섭고 끔찍하고 고통스러운 위안소 구지인 이곳 진열관을 관통하는 메시지는 '눈물'이다. 건물 외벽에도, 바닥에도 눈물을 형상화해놓았다. 미처 못 보고 들어갔다면 나오는 길에 꼭 한 번 찾아서 보면 좋겠다. 그리고 전시 공간이 끝나는 곳에 할머니 흉상이 있는데 계속 눈물을 흘리고 있다. 여기에 온 사람들은 그 옆에 준비해놓은 손수건으로 흐르는 눈물을 닦아줄 수 있다.

비극적 역사에서 사람들이 원하는 것은 위로다. 이를 위해 먼저 비극이 시작된 사실을 파악하고 가해자가 인정하며 잘못한 사실에 대해 용서를 빌 때 고통을 겪은 분들이 위로를 받을 수 있다. 언젠가 이 흉상에 흐르는 눈물이 멈추는 날이 오기를 바란다.

답사 가는 길
장사로 옮겨온 임시정부, 그리고 광복진선

장사에는 조성환·조완구 등이 진강에서 임시정부의 문서와 장부를 가지고 먼저 출발해 도착했다. 며칠 뒤 중국 정부의 도움으로 목선에 몸을 실은 임시정부 요인과 가족들은 이틀에 걸쳐 장강을 거슬러 올라가 무한으로 갔다. 그리고 다시 무한에서 장강을 거슬러 올라 동정호를 지나고 상강을 거슬러 장사에 도착했다. 풍랑까지 이는 와중에 별 탈 없이 도착한 것에 감사하고 장사 일대에 머물 곳을 수소문했다. 갑작스럽게 옮겨오느라 단체가 머물 건물을 찾지 못해 각자 방을 얻어야 했다. 따뜻한 지방이었지만 한겨울에 도착한 터라 고생이 만만치 않았다.

임시정부는 장사에서 1937년 11월부터 1938년 7월까지 대략 8개월 정도 머물렀다. 같은 이동 시기이지만 약 3년 반을 머물렀던 항주나 약 2년을 머물렀던 진강 시기에 비하면 머무는 기간이 짧았다. 그만큼 중국 내 상황이 불안정해졌던 것이다. 중일전쟁의 불길을 피해 남경을 떠난 임시정부가 여러 도시 가운데 장사로 옮겨온 이유는 무엇일까. 호남성의 성도라는 점, 그리고 상강의 물길을 이용할 수 있다는 점에서 장사로 온 이유를 대략 짐작할 수 있다. 그 외 다른 이유가 더 있을까.

> 100여 명의 남녀노유와 청년을 이끌고 땅이 생소한 호남성 장사에 간 이유는 단지 다수 식구를 가진 처지에 이곳이 곡식 값이 극히 싼 곳인데다, 장래 홍콩을 통하여 해외와 통신을 계속할 계획 때문이다. 장사에 선발대를 보내놓고 안심하지 못하였으나, 뒤이어 장사에 도착하자 천우신조로 이전부터 친한 장치중張治中 장군이 호남성 주석으로 취임하여, 만사가 순탄하였고 신변도 잘 보호받았다.
>
> – 《백범일지》

장사로 이동한 이유는 여러 가지였다. 물가도 싸거니와 호남성 주석의 도움도 받을 수 있으며 동시에 홍콩을 통해 국외로 연결할 통로를 확보할 수 있기 때문이었다. 임시정부가 장사에 머무는 동안 김구는 대체로 만족감을 표시했다.

> 우리의 선전 등 공작도 유력하게 진전되었고, 경제 방면으로는 이미 남경에서부터 중국 중앙에서 주는 매월 다소의 보조와, 그 외 미국 한인 교포의 원조도 있었다. 또한 물가가 싼 탓으로 다수 식구의 생활이 고등난민高等難民의 자격을 보유했다.

임시정부 요인의 생활은 '고등'이었으나 '난민'의 처지였다. 미국 교포의 도움도 있었지만 중국 정부의 도움이 거의 절대적이었다. 만약에 국민당 정부가 임시정부를 외면했다면 어떻게 되었을까. 생각만 해도 아찔하다.

그런데 임시정부의 식구가 무려 100여 명이라니, 진강과 남경에서 갑자기 임시정부 식구가 늘어난 것일까. 사실은 광복진선, 그러니까 한국광복운동단체연합회에 소속된 임시정부의 한국국민당 외 다른 두 당 식구까지 합친 수다. 그렇다면 당시 세 당의 구성원은 어떻게 될까. 향후 임시정부의 주축이 될 인물들이 포함되어 있으니 한번 살펴보고 나서 본격적인 답사를 해보자.

한국국민당: 이동녕 · 이시영 · 조완구 · 차리석 · 송병조 · 김붕준 · 엄항섭 · 안공근 · 양묵 · 민병길 · 손일민 · 조성환

조선혁명당: 지청천 · 유동열 · 최동오 · 김학규 · 황학수 · 이복원 · 안일청 · 현익철

(작은)한국독립당: 조소앙 · 홍진 · 조시원

독립운동의 통합을 위한
연회에 날아든 총알

조선혁명당 구지
호남성 장사시 개복구 연승가 남목청 6호

기록에 따르면 장사에 도착한 임시정부 요인들은 시내의 서원북리 일대 목조 건축물 하나를 구해 청사로 썼다. 그리고 인근에 가족별로 또는 청년 당원들이 합숙할 곳을 찾아 머물렀다. 장사 역시 중국의 여느 대도시처럼 재개발이 이루어지며 지금은 그 흔적을 찾아보기 어려워졌다. 그런데 장가계를 가기 위해 잠시 장사에 온 한국 관광객들이 임시정부 청사 또는 임시정부 유적지라고 찾는 곳이 있다. 중국에서 내건 유적지의 명칭은 '대한민국 임시정부 장사 활동구지', 곧 임시정부가 장사에 머물 때 활동하던 곳이다.

과연 그럴까. 그곳은 어떤 곳일까. 관련 내용은 《백범일지》에 자세히 나와 있다.

제국에서 민국으로 가는 길

3당* 통일 문제를 협의하기 위하여 5월 6일에 조선혁명당 당부(당 사무실)인 남목청楠木廳에 모여서 연회를 개최키로 하여 나도 출석하였다. 그런데 정신을 차려 보니 내 집이 아니고 병원인 듯한데, 몸이 극히 불편하였다.

사실 임시정부가 활동했다는 곳은 바로 남목청이며, 조선혁명당 본부 사무실이 있었던 곳이다. 광복진선을 구성한 김구는 이들 세력을 연합체의 형식이 아니라 하나의 정당으로 통합하고자 했다. 이 통일 문제를 협의하기 위해 이곳 조선혁명당 본부를 찾았다. 그러니 엄밀하게 이야기하면 이곳은 임시정부와 직접 관련이 없다 하겠다. 대체로 중국에서는 임시정부, 그리고 김구와 연결해서 독립운동 유적지를 설명하려는 경향이 있다. 아무래도 김구가 가장 널리 알려지고 존경받기 때문일 것이다. 하지만 역사는 있는 그대로 전달해야 하며 그럴 때 임시정부나 김구의 진면목을 파악할 수 있다.

다시 남목청에서 일어난 사건을 살펴보자. 김구는 왜 정신을 잃었을까. 사람들은 김구가 나중에 깨어나 어찌된 일인지 묻자 "졸도하여 가구 모서리에 부딪혔다."라고 했다. 그가 충격을 받을까봐 둘러댄 것인데 실상은 다음과 같다.

그날 남목청에서 연회가 시작될 때, 조선혁명당원으로 남경에서부터 상

---

* 한국국민당·조선혁명당·(작은)한국독립당을 말한다.

해로 특무공작을 가고 싶다 하여 내가 금전 보조도 해준 적이 있는 이운환이 돌입하여 권총을 난사하였다. 제1발에 내가 맞고, 제2발에 현익철이 중상, 제3발에 유동열이 중상, 제4발에 이청천이 경상을 입었다. 현익철은 의원에 도착하자마자 절명하였고, 나와 유동열은 입원 치료하고 상태가 호전되어 동시에 퇴원하게 되었다고 한다.

그러니까 조선혁명당 당원이었던 이운환이 회의장에 난입해 총을 쏜 것이다. 이른바 '남목청 사건'으로 중상을 입었던 김구와 유동열은 다행스럽게 퇴원을 했지만 현익철은 목숨을 잃었다. 현익철은 20여 년간 만주와 중국 관내에서 무장투쟁에 앞장섰던 인물이다. 북로군정서와 서로군정서에 가입해 활동했으며 서른 살의 늦은 나이에 신흥무관학교에서 교육을 받기도 했다. 그는 조선혁명당에서 중앙집행위원장과 조선혁명군 총사령을 겸했던 핵심 인물이었는데 장사에서 광복진선 운영위원으로 김구와 더불어 독립운동 세력 통합을 논의하다가 총상으로 절명한 것이다. 조선혁명당, 더 나아가 임시정부로서는 큰 인재를 잃은 충격적인 사건이었다. 그나마 임시정부의 핵심인 김구가 무사하다는 것에 위안을 삼아야 할 지경이었다.

이운환은 왜 총을 쏜 것일까. 당시 이 사건은 임시정부뿐만 아니라 국민당 정부에게도 큰 사건으로 받아들여졌다. 중국 당국은 이운환은 물론 배후로 추정되는 인물인 강창제·박창세도 검거했다. 그러나 뚜렷한 혐의점이 나오지 않아 대부분 석방했고 이운환은 탈옥하여 도망갔다. 사건 당시에는 이운환이 일본의 스파이라는 소문도 있었지만 아무래도 개인

제국에서 민국으로 가는 길

대한민국 임시정부 장사 활동구지 전시관으로 가는 골목.

남목청 6호 건물 주변도 재개발이 한창이다.

적인 불평불만 때문에 벌인 사건으로 보인다. 당시 그는 "임정의 어른들이 자기편 견해를 고수해 일의 진전이 없었다."라고 불평했다고 한다. 광복진선 통합 운동이 지지부진한 것에 대해 불만을 품었던 것이다. 또 조선혁명당 청년들에게 주는 생활비가 적어 불평했다고 한다. 이운환은 탈옥한 뒤 최덕신·박기성 등과 마주쳤지만 끝내 그 행방을 알 수 없게 되었고, 사건의 진실은 미궁으로 빠졌다.

이 사건의 현장인 남목청 6호로 가는 길 역시 진강의 임시정부 사료진열관을 찾아가는 것처럼 복잡한 감정이 든다. 길은 복잡하지 않지만 주변이 모두 재개발에 들어간 듯 건축자재가 어지럽게 널려 있다. 그래도 중간중간 우리가 갈 곳을 알려주는 안내판이 있다. '대한민국 임시정부 창사 활동구지 전시관'이라고 적힌 초콜릿 빛깔의 안내판을 따라 연립주택과 상가로 이어진 길을 가면 마침내 남목청 앞에 도착한다.

남목청 주변은 옛 건물들이 온전하게 남아 있어 분위기가 고즈넉하다. 남목청에 제법 많은 한국인이 방문하고 주변 공간에 옛날 분위기가 남아 있어 '문화의 거리'를 조성한다. 남목청은 중국식과 서양식을 절충해 지은 2층 벽돌 건물로 외벽을 둘러 만든 조그마한 마당이 있다. 조선혁명당 본부로 사용할 당시 2층에는 현익철·조경한, 아래층에는 지청천·김학규·강홍대 등이 거주했다고 한다. 외벽에 나무로 만든 계단을 설치해 1층과 2층을 오갈 수 있다. 3당 통일 문제에 대한 회의가 열렸던 곳은 2층으로 제법 공간이 넓다.

지금 남목청은 임시정부, 그리고 남목청 사건과 관련된 내용을 전시하고 있다. 건물 1층으로 들어가면 익숙한 김구의 흉상이 보인다. 그러고 보

제국에서 민국으로 가는 길

장사 대한민국 임시정부 청사. 김구와 임시정부 요인들이 피격됐던 남목청 사건의 현장이다.

니 입구 안내판에 '김구 활동구지'라고 적혀 있었던 게 기억난다. 활동을 한 것은 맞지만 주요 활동지는 아니기에 '임시정부 활동지'라는 안내와 함께 조선혁명당 본부, 그리고 김구·현익철·유동열·지청천의 피습지 정도로 쓰면 어떨까 싶다.

남목청 1층에서 눈에 띄는 건 지하에 설치한 방공호다. 아마 다른 집들도 이런 공간이 있었을 텐데 전쟁의 공포가 얼마나 일상에 영향을 끼쳤는지 알 수 있다. 2층으로 올라가면 임시정부 관련 전시가 본격적으로 이어진다. 다른 곳처럼 임시정부 전반에 대한 내용이 있고, 장사에 머물던 시기에 임시정부가 통합 노력을 했다는 것을 조금 자세히 알려주고 있다. 남목청 사건에서 피습을 당한 유동열·김구·현익철·지청천에 대한 간략한 소개와 한국국민당·조선혁명당·(작은)한국독립당의 구성원들을 표와 사진으로 정리해놓았다. 그리고 회의실에 가구 몇 개가 단정하게 놓여 있다. 이 공간에서 눈에 띄는 건 김구의 유묵이다. 이곳에 유묵을 전시해놓은 건 김구가 남목청 사건으로 총상을 입어 글씨를 쓸 때 흔들림이 나타나자 '총알체'라 이름지은 필체를 갖게 됐다는 것을 보여주려 함이다. 어느 정도로 큰 상처를 입었기에 필체마저 바뀌어버린 걸까. 그 내용을 파악하려면 자리를 옮겨야 한다.

김구가
죽다 살아난 곳

상아의원
호남성 장사시 북청로 중남대학 의대 부속병원

현익철을 비롯해 부상자들을 옮긴 곳은 상아의원湘雅醫院이다. 지금은 상아의원이란 이름으로 찾아가기가 어렵다. 이 병원은 처음에는 호남대학 의대 부속의원이었으나 지금은 중남대학 의과대학 부속병원*이 되었으니 이 이름으로 찾아가야 한다.

먼저 김구가 입원했을 때의 상황을 살펴보자. 상아의원으로 급히 이송된 김구의 상황은 심각했다. 갑작스럽게 정신을 잃었다고 하니 아마도 혼수상태였던 모양이다. 《백범일지》를 보면 처음 김구가 병원에 왔을 때 입원 수속도 하지 않았다고 한다. 가망이 없다는 것이 그 이유였다. 그러다 네 시간이 지났는데도 살아 있자 비로소 치료에 들어갔다고 한다. 실제로 홍콩에 가 있던 안공근과 큰아들 인에게 "피살당했다."라는 전보가 가서

---

* 현재 병실 3,500여 개, 의사 등 직원은 5천여 명에 이르는 대형병원이다.

중남대학 의대 부속병원 전경.

이들이 장사로 오기까지 했다.

김구가 저격당했다는 소식이 알려지자 호남성 주석인 장치중張治中(장
즈중)은 직접 상아의원을 찾아 김구의 치료 과정을 살폈다. 그리고 장개석
은 김구가 입원한 기간 동안 하루에도 몇 번씩 전문을 보냈고 퇴원할 때
는 치료비 3천 원을 보냈다. 이런 위급하고 황망한 사건을 겪었지만 김구
의 어머니 곽낙원은 아들 김구에게 위로 아닌 위로를 다음과 같이 했다.

한인韓人의 총을 맞고 산 것은 일인日人의 총에 죽은 것보다 못하네.

치료를 받았지만 김구의 몸속에는 이운환이 쏜 탄환이 그대로 박힌 채
였다. 다만 탄환의 위치가 심장 근처에서 갈비뼈로 옮겨갔다고 한다. 이

제국에서 민국으로 가는 길

김구가 피습 후 치료를 받았던 상아의원 입구. 현재 옛 건물들은 공사 중이다.

와 같은 치료 과정을 살펴볼 수 있는 곳이 바로 지금의 중남대학 의과대학 부속병원이다. 예전에 이곳을 찾았을 때 병원 관계자들이 답사단을 환영해준 적이 있었다. 한국의 대표적 독립운동가인 김구를 살렸다는 것이 이 병원의 역사 속에 중요한 의미를 갖기 때문이란다. 비록 당시 그들이 우리에게 보여준 홍보 영상에는 그 내용이 빠져 있었지만 새로 영상을 만들 때는 들어갈 것 같은 느낌이 들었다.

20층이 넘는 고층건물의 병원은 장사에서도 큰 규모에 속하는 듯 사람들이 붐빈다. 1938년 당시의 상아의원 건물은 20여 층 건물 뒤에 남아 있다. 붉은 벽돌로 된 이 건물은 1917년에 준공한 것으로 최근에 다시 보수

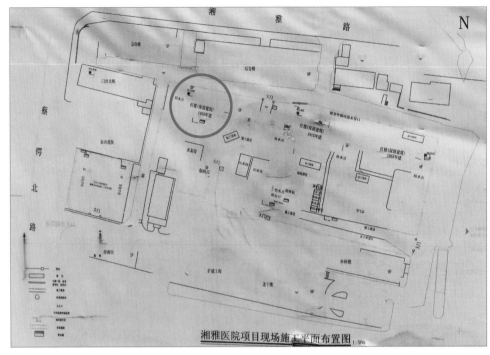

상아의원 복원 공사 평면도. 붉은 원 안의 홍루紅樓가 김구의 치료를 담당했던 상아의원 자리다.

하고 있다. 상아의원은 미국 예일대학의 예일 – 중국인친선협회의 지원으로 서양 의사들이 들어오면서 설립됐다. 옛 건물은 펼친 디근자 모양으로 장사 시내를 안고 있는 것을 형상화했다고 한다. 단단한 골조 공사 덕분에 전쟁 중에도 건물 자체가 무너지는 것을 피할 수 있었다. 원래 모습은 지하 1층, 지상 3층이었으나 뒤에 1층을 더 올려 지금의 모습이 됐다. 만약 여기서 김구가 치료받지 못했다면 어떻게 됐을까. 아마 독립운동의 역사는 또 다른 방향으로 흘러갔을지 모른다.

폭격을 피해 광주로

1938년 7월, 장강을 따라 서진하던 일본군의 진격이 더욱 빨라졌다. 안휘성·호북성·강서성의 경계까지 진출한 것이다.

임시정부가 머물던 호남성의 장사에도 위기감이 감돌았다. 일본군의 폭격이 심해지자 임시정부는 마침내 광동 쪽으로 옮겨가기로 했다. 3당 간부들과 상의한 김구는 호남성의 장치중 주석을 찾아가 기차 한 칸을 구했다. 그리고 광동성의 오철성吳鐵城(우톄청) 주석에게 편지를 써 옮겨갈 곳을 요청했다.

전쟁 중이지만 임시정부는 중국국민당의 핵심 인물을 통해 배려를 받을 수 있었다.

7월 19일* 임시정부 요인과 가족들은 광주로 가는 기차를 탔다. 일본 비행기의 공습이 있으면 잠시 기차를 나와 숲으로 몸을 숨겼다. 그리고 공습이 지나가면 다시 기차를 타고 이동했다. 가는 도중 만난 작은 도시에

---

* 다른 기록에는 7월 17일로 되어 있다.

멈추면 음식을 사서 먹었다. 이렇게 가다 멈추기를 반복하던 기차는 3일 만에 광주에 도착했다.

- 《장강일기》

임시정부가 도착한 광주. 여기는 우리에게 익숙지 않지만 역시 중요한 역사가 펼쳐진 곳이다. 이제 그 내용을 살펴보자.

광주는 광동성의 성도다. 중국의 동남쪽 끝에 있는 광동성은 고대보다 근
대와 현대에 이르러 두각을 나타낸 지역이다. 19세기 아편전쟁을 겪으면
서 서양 자본의 침투 속에 서구화 과정을 거치며 이른바 중국의 중심이
라 할 만한 북경의 영향력에서 멀어졌다. 아니, 새로운 중심지로서 역할
을 했다. 이러한 배경 속에서 1911년, 손문이 광주봉기를 일으켰고 신해
혁명이 이어졌다. 이후 1921년에는 광주가 중화민국의 임시수도가 됐고,
1924년에는 국공합작이 여기에서 결정됐다. 그리고 그 결과로 이곳에 황
포군관학교가 세워졌다.

지금 광주는 이미 북경과 상해에 이어 세 번째로 큰 도시이며 주변에
홍콩과 마카오를 비롯해 심천深圳(선전) 등이 있어서 경제면에서 크게 두
각을 나타내는 곳이다. 2010년에는 아시안게임을 성대하게 개최하기도

지상 600미터 높이를 자랑하는 광주의 상징 광주탑(광저우타워).

제국에서 민국으로 가는 길

했다. 지금 광동성과 광주를 둘러보면 오래된 역사보다는 근대, 서양, 혁명, 경제와 같은 낱말이 떠오른다.

임시정부가 광주에 머문 시기는 1938년 7월부터 10월까지 대략 석 달 정도다. 어떤 의미에서 보면 머물렀다고 하기도 애매하다. 그런데 답사에 참여한 사람들에게 흥미로운 질문을 들었다. 임시정부가 광주로 온 이유가 혹시 베트남으로 망명하기 위해서였냐는 질문이있다. 처음 듣는 이야기라 궁금하던 터에 그 실마리가 될 만한 이야기를 《장강일기》에서 찾았다.

> 장사에서 광주로 옮길 때만 해도 임정 내에는 중국의 전세와 중국 정부의 결의에 불안을 느끼는 사람이 있었다. (중략) 그래서 심지어는 광동에서 홍콩을 거쳐 베트남으로 가는 것이 어떻겠느냐고 제안하는 사람도 있었다. (중략) 물론 소수 사람의 제안이긴 했지만 가당치 않은 착상이었다. 반反식민투쟁을 하는 사람이 식민 지배하에 있는 지역으로 망명한다는 것이 앞뒤가 맞지 않는 말이다. (중략) 베트남 독립운동에 자극이 될 것이며, 또 임정의 요인들이 그런 독립운동에 적극적으로 자극을 줄 수도 있기 때문이다.

아마도 상해에 머물 때 프랑스 조계지 안에서 일정한 도움을 받았기에 프랑스령인 베트남으로 가면 좋겠다고 생각한 모양이다. 그러나 이러한 판단이 잘못된 것임을 정정화는 명확하게 지적하고 있다. 비록 프랑스의 도움을 받았지만 결정적인 순간이 닥쳤을 때 그들은 식민지 통치자로서 모습을 드러낼 것이며, 당시 임시정부가 베트남으로 들어가는 순간 베트남 민중과 같은 처지가 되어 프랑스와 맞서야 할 것이기 때문이다.

　이러한 내용이 와전되며 임시정부가 베트남으로 가려고 광주에 온 것이 아니냐는 질문이 나온 것 같다. 그렇다면 임시정부는 왜 광주로 왔을까. 가장 큰 이유는 중국의 대일전선 붕괴가 급격하게 나타났기 때문이다. 처음 광주로 올 때는 홍콩을 통해 대외 정보를 취득하거나 운남 등지로 연락선을 확보하려고 했다. 실제로 광주에 임시정부가 머물 곳을 수소문해놓은 김구는 바로 홍콩으로 업무를 보러 떠나기도 했다. 하지만 광주 시내에도 폭격이 이어지자 임시정부 청사와 요인, 그 가족들은 광주의 외곽 불산으로 거처를 옮겼다. 다시 옮길 곳을 걱정해야 하는 처지가 된 것이다. 그런 점에서 광주에는 임시정부 관련 유적이 거의 남아 있지 않다. 하지만 임시정부, 더 나아가 우리나라 독립운동과 깊은 관련이 있는 곳이 광주에 많이 남아 있다. 먼저 그 장소를 살펴본 뒤 마지막으로 임시정부 유적지를 찾아가도록 하겠다.

 황포군관학교

 동정진망열사묘원

 중산대학 강당

 기의열사 능원

 동산백원

한인 학생도 훈련받은
중국 최초의 현대식 군사학교

황포군관학교
광동성 광주시 장주군교로 170호

황포군관학교로 가는 길은 낡은 유원지를 찾아가는 기분이 든다. 실제로
군관학교 입구 주차장에는 일종의 군사체험을 할 수 있는 유료시설이 있
기도 하다. 군관학교가 있는 곳은 현재 중국인민해방군 광주경비사령부
에 속하는 지역으로 검문은 하지 않았지만 군인들이 지키는 입구를 지나

주강과 황포군관학교가
있는 황포섬.

제국에서 민국으로 가는 길

야 한다. 그리고 10여 분 더 걸어가면 드디어 황포군관학교 전경이 보인다. 조그만 광장 옆으로 강이 있는데 군함이 있어서 그런지 그쪽 사진을 찍는 것은 금지되어 있다.

먼저 황포군관학교가 어떤 곳인지 한번 살펴보자. 황포군관학교는 광주를 가로질러 흐르는 주강 안 황포섬에 있어서 붙은 이름으로, 공식 명칭은 '중국국민당 육군군관학교'나. 중국 최초의 현대식 군사학교라는 평을 받는다. 이름에 '국민당'이 있기는 하지만 온전히 국민당만을 위한 군사학교는 아니었다. 1924년 1월 중국국민당 제1차 전국대표회의에서 국공합작이 결정된 이후 1924년 6월 소련 코민테른의 지원 속에 국민당과 공산당이 같이 참여해 학교를 세웠기 때문이다. 1929년 7기까지 졸업하였으며 이후 장소를 옮긴 뒤 1931년 폐쇄될 때까지 많은 인재를 길러냈다. 무한·조주(차오저우)·남창(난창)·낙양(뤄양) 등 여러 곳에 분교를 두

황포군관학교 정문. 정식 명칭인 육군군관학교 명판이 보인다.

황포군관학교 정문을 들어서면 펼쳐지는 내부 전경.

었는데 이 중 낙양분교에 한인특별반이 있었다.

우리 독립운동에서 황포군관학교는 큰 의미가 있다. 국공합작 직후 손문을 만난 김원봉은 혁명인재 양성을 위한 대학과 군사학교 입교를 권유받았다. 그리고 1926년 봄, 광동 지역 독립운동가이자 교관으로 있었던 손두환을 통해 교장 장개석을 만나 의열단원의 입교를 허락받고 학비 면제의 혜택도 누렸다. 한국 학생들은 3기생 5명으로 시작해 4기에 김원봉*을 비롯해 24명이 입교하는 등 기수마다 한국 학생들이 있었다. 교관에도 오성륜을 비롯해 여러 명의 한국인이 참여했다.

지금 우리 눈앞에 펼쳐지는 황포군관학교는 최근에 복원한 것으로 그

---

* 이때 최림이란 가명을 썼다.

황포군관학교 내무반 침상과 관물대 복원 모습.

황포군관학교 교련실.

규모가 만만치 않다. 2층 건물이 여러 개 이어져 있는데, 1층은 황포군관학교에 관한 전시관으로 쓰고 있다. 전시관을 빠져나오면 각 공간에 재현해놓은 당시 모습을 볼 수 있다. 학생들이 공부하던 교실도 있으며 생활하던 숙소, 훈련하던 공간도 있다. 중국의 청년들은 이곳에서 훈련을 받고 일본에 맞서 싸웠다. 한국인 학생이 일부 여기에 다녔지만 대부분의 우리 청년들은 이보다 열악한 환경 속에서 독립운동을 준비했다는 것을 떠올리니 속이 상했다. 당시 황포군관학교를 다녔던 한국인 학생들도 그래서 더 열심히 훈련하지 않았을까 생각해본다.

　한국인으로 이 학교에 다니는 것은 독립혁명가 양성뿐만 아니라 중국과의 관계에서도 의미가 있었다. 황포군관학교 졸업생들은 동학同學으로서 연대감을 갖고 있었고, 실제로 국민당이든 공산당이든 가리지 않고 황포군관학교 출신이라는 점으로 도움을 많이 받았다. 그렇지만 4기 이후 학교의 실무를 공산당이 주로 담당하며 한국 학생들도 공산당으로 치우치는 경우가 생겨났다. 장개석은 이에 대해 위기감을 가졌고 결국 1927년 큰 비극이 일어나고 만다. 이 사건은 다음 답사지에서 살펴보기로 하자.

제국에서 민국으로 가는 길

독립을 꿈꾼
청춘이 잠든 곳

동정진망열사묘원
광동성 광주시 황포 장주도 만송령 동정진망열사묘원 학생군묘

황포군관학교를 갔을 때 들러야 할 곳이 하나 더 있다. 널리 알려지지는
않았지만 찾아볼 만한 곳으로, 이름이 조금 어려운 동정진망열사묘원東征
陳亡烈士墓園이다.

동정진망열사묘원 입구.

이곳은 두 번에 걸쳐 광주 군벌인 진형명의 난을 평정하기 위해 벌인 전투에서 죽은 황포군관학교 재학생과 예비 입학생 516명의 시신을 안치한 공동묘지다. 전쟁이 끝난 뒤 여기저기 흩어져 있던 무덤을 한곳에 모아 정리했다고 한다.

동정진망열사묘원 가장 안쪽에 학생군묘가 있다. 이 공간에는 6줄로 66개의 묘비가 세워져 있는데 이 중 두 개의 묘비에 한국인임을 알리는 내용이 써 있다. 한 명은 평안북도 정주 출신 김근제, 다른 한 명은 충청북도 괴산 출신 안태다. 이 비를 발견한 분은 강정애 선생이다. 강정애 선생은 광주 총영사관 행정관이었는데 남편이 이 비를 보고 알려줘서 찾게 됐다고 한다.

셋째 줄 왼쪽에서 네 번째 묘비의 주인공인 김근제는 황포군관학교 6기생으로 입학한 인물인데, 1904년생으로 23세에 사망했다는 기록 외에는 알려진 것이 거의 없다. 다만 황포군관학교 출신으로 중국 공군에서 비행사가 된 김은제와 가까운 동네에서 어린 시절을 보냈을 것으로 추측되는 인물이다. 김은제는 신익희의 딸과 결혼한 뒤 1938년, 일본군과 공중전을 벌이다 전사한 인물로 비교적 널리 알려진 사람이다.

안태의 묘비는 넷째 줄 왼쪽에서 세 번째에 있으며, 1927년 11월 9일에 사망했다고 써 있다. 「황포군관학교 동창록」에 따르면 6기생으로 입학해 28세에 죽었다고 하니 1899년생이라 할 수 있다.

긴근제·안태의 조금 더 자세한 내력을 알려줄 아랫부분은 묘비를 고정하느라 시멘트를 발라놓아 아무것도 볼 수가 없다. 그나마 누군가 찾을 수 있도록 묘비가 남겨진 것을 다행이라고 해야 할까. 강정애 선생이 김

제국에서 민국으로 가는 길

동정진망열사묘원 내 학생묘군. 모두 66기의 묘비가 있다.

황포군관학교 6기생 김근제 묘비.

황포군관학교 6기생 안태 묘비.

근제의 비를 발견한 뒤 그 후손들이 여기를 찾아왔고, 김근제의 흔적을 찾아다니고 있다니 말이다.

한국에서 태어나 철이 들었을 때 나라가 없다는 것을 깨달은 마음은 어 떠했을까. 강에 떠내려가는 풀 같기도, 바람에 날리는 먼지 같기도 했겠 다. 그 마음을 다잡고 독립을 위해, 국가를 세우기 위해 이역만리의 황포 군관학교에 입학했지만 그 뜻을 이루기 전, 20대의 젊음이 뜨거웠던 학생 시절에 유명을 달리했다. 그런 김근제와 안태를 80여 년이 지나 찾아냈 다. 나라를 찾고 세우고 이제 살 만해진 조국에 사는 우리는 그들에게 감 사한 마음보다 미안한 감정이 앞선다.

김원봉이
세계사의 변화를 지켜본 곳

중산대학 강당
광동성 광주시 문명로 207-215호

임시정부 답사 때 조금 놀라고 또 소름이 돋았던 곳이 있다. 바로 중산대학中山大學이다. 답사 전 여기에 대한 조사를 했는데 대략 이러한 내용이었다.

1924년 설립된 국립 광동대학廣東大學이 전신으로, 설립자 손문의 사망 이후 1926년 중산대학으로 학교 이름을 바꾸었다. 손문을 기념하기 위해 그의 호인 중산을 따서 학교 이름으로 정했다. 당원 간부를 양성하고, 혁명사상을 전파하기 위해 설립된 이 학교는 1920년대 일제강점기 우리나라의 김산, 김성숙 등 국내 혁명가들이 수학한 곳이기도 하다.

지금 광주에서 중산대학은 여러 곳에 캠퍼스를 둔 큰 학교다. 그래서 답사 장소로서 중산대학을 찾을 때 헷갈릴 수 있는데 지금은 학교 건물로

중산대학 노신 기념관 외경.

쓰지 않는 곳, 그러니까 옛 중산대학 강당이며 지금은 노신 기념관*이란 이름을 가진 곳을 찾아야 한다. 노란색 외관의 교회와 비슷한 건물을 찾 았다면 제대로 간 것이다.

사실 님 웨일스가 쓴 《아리랑》의 주인공인 김산**이 여기에 다녔다는 것 만으로 약간은 설레는 곳이다. 그는 1927년까지 광주에 머물면서 공부했 다고 한다. 그런데 현지에서 놀라운 이야기를 들었다. 광주에서 독립운동 사를 연구하고 있는 강정애 선생의 이야기다.

---

* 노신이 중산대학에서 교편을 잡아 여기에 기념관을 만들었다고 한다. 강당 좌우 공간에는 그를 기념하는
전시물과 동상이 있다.
** 본명은 장지락이다.

강정애 선생. 사진
최인경 제공.

"지금 여러분이 서 있는 이 공간은 중국국민당이 국공합작을 결정하는
장소였죠. 저 단상에 당시 국민당의 주요 인물이 자리를 가득 채웠습니
다. 그런데 이 장면을 보고 있던 우리나라 사람이 있었습니다. 바로 김원
봉과 권준 선생입니다."

'1924년 중국국민당대표 제1차전국대표대회'라는 표지 앞으로는 단상,
뒤로는 객석이 있는데 김원봉과 권준은 2층의 방청석에서 이 장면을 보
았다는 것이다. 중국 역사의 큰 전환점, 사실 손문이 국공합작을 하게 된
배경에는 레닌의 제안이 있었으니, 세계역사의 전환점이라고 해도 될 만
한 결정적 순간을 직접 본 김원봉과 권준은 무슨 생각을 했을까. 그들은
독립운동의 큰 흐름, 민족혁명의 방향을 가늠했을 것이다. 세계사의 흐름
과 같이한 우리 독립운동의 한 장면을 깨닫는 순간, 살짝 소름이 돋았다.
　국공합작 소식이 상해에 전해지며 독립운동 세력은 1926년 민족유일

중산대학 강당 내부. 앞쪽에 당시 회의장의 단상이 복원되어 있다.

중산대학 강당 2층에 있는 방청석. 김원봉과 권준은 이곳에 앉아 당시 국공합작의 결정 순간을 지켜봤다.

제국에서 민국으로 가는 길

당운동을 전개했다. 비록 국권을 빼앗기긴 했지만 적어도 독립운동가들은 조선시대, 그리고 대한제국 때보다 훨씬 더 넓은 세상, 더 먼 미래를 보며 움직이고 있었다.

우리는 눈앞의 일본군과 싸우는 독립전쟁, 또는 일본 경찰이나 군인에 잡혀 고초를 겪거나 피신 생활을 하는 모습으로만 독립운동가들을 떠올리지만, 그들의 사명은 독립을 넘어선 미래까지 닿아 있었다. 조금 더 우리 독립운동의 역사가 자랑스러워지는 공간이다.

광주기의에 참가한
한국의 독립운동가들

기의열사 능원
광동성 광주시 월수구 능원서로 52호

이제 조금 복잡한 의미를 가진 곳, 기의열사 능원으로 간다. 버스에서 내려서 보는 기의열사 능원의 정문, 그리고 잘 닦아놓은 길과 웅장한 기념탑은 이 공간이 중국에서 어떤 지위에 있는지 짐작하게 한다. 기의열사 능원의 기의起義, 그러니까 '의로운 항쟁'이란 뜻을 가진 이 낱말은 일반적으로 쓰이는 낱말이 아니다. 중국사에서는 역대 농민항쟁을 기의라고 표현한다. 그렇다면 광주에서 농민항쟁이 일어난 걸까. 기의열사 능원의 배경이 된 사건, 곧 광주기의에 대해 먼저 살펴보자.

손문이 코민테른의 자금과 기술로 황포군관학교와 중산대학(옛 광동대학)을 세우면서 광주는 중국혁명의 중심이 됐다. 그리고 손문이 죽은 뒤 그 과업은 황포군관학교 교장인 장개석이 맡아 북벌을 완성하기 위한 전쟁을 이어갔다. 1927년 혁명군의 수장으로 상해까지 점령한 장개석은 공산당과 결별을 생각했다. 자금을 대던 코민테른 대신 절강성·강소성의

광주기의열사 능원
기념탑.

부자들이 국민당의 후원자가 될 수 있다고 판단한 것이다. 장개석은 1927년 4월 청당淸黨, 그러니까 '국민당을 청소한다'는 뜻으로 국민당 좌파와 공산당을 학살하기 시작했다. 상해에서만 5천 명 이상이 청당의 명목으로 죽임을 당했다.

이 사건으로 국공합작이 깨지자 공산당은 장개석에 대항해 무장투쟁을 하기로 방침을 정했다. 공산당은 8월 남창기의南昌起義*, 9월 추수폭동秋收暴動**을 일으켰지만 모두 실패했다. 일반인의 무장으로 정규군을 감당하기 어려웠던 것이다. 패잔병들과 광주에 있던 섭검영葉劍英(서젠잉)이 공산당 세력을 모아 다시 봉기를 준비했다. 무장의 중심은 섭검영이 이끄는 제4교도단 2천여 명이었는데, 이 중 80여 명이 한국인이었다. 12월 11일 봉기한 광주기의는 처음에는 성공한 것처럼 보였다. 군벌은 쫓겨났고, 봉기를 일으킨 공산당 세력은 혁명위원회를 수립하고 인민정부 수립을 선포했다. 이를 '광동코뮌'이라고도 한다. 그러나 잠시 물러났던 군벌은 다시 광주로 쳐들어왔고, 혁명 세력은 3일 만에 잡혀서 처형당했다. 그 수가 무려 5천여 명에 이르렀으며, 이 가운데 한국인이 150여명이나 되었다.

기의열사 능원은 이때 죽은 사람들의 무덤을 만들고 그들을 기리기 위해 만든 공간이다. 능원에 들어서면 중앙의 넓은 길 끝에 기념탑이 보인

---

* 1927년 8월 1일 강서성 남창에서 일어난 봉기로 국공내전 중 중국국민당과 공산당 사이에서 벌어진 최초의 전투다.
** 농민이 많은 호남·호북·강서·광주 지역에서 중국공산당이 일으킨 폭동이다.

제국에서 민국으로 가는 길

광주기의열사 능원 내 광주공사열사지묘. 광주기의 때 죽임을 당한 수천 명을 합장한 묘다.

가까이 다가가면 보이는 광주기의 기념비명.

다. 기념탑은 손으로 하늘을 향해 세운 총을 잡고 있는 모양의 조각이다. 탑이 아니라 무기를 그대로 조각해놓은 것이니 우리나라로 치면 동학농민운동의 현장에 죽창 모양의 기념탑을 세운 것과 같다.

기념탑에서 90도로 꺾인 길 오른쪽에 거대한 무덤이 있다. 갑작스럽게 죽임을 당한 수천 명을 묻은 곳이다. 무덤의 규모는 여러 의미로 슬픔과 분노의 규모에 비례하는 경우가 많다. 그래서 쉽게 지나칠 수 없다. 거대한 합장묘 앞에는 금빛 글씨로 광주기의 기념비명을 새겨 그 내력을 볼 수 있도록 했다. 낯선 글자 가운데 눈에 띄는 문장이 있다. 조선등국제전우朝鮮等國際戰友, 즉 "조선을 포함해 여러 나라 사람들이 같이 싸웠다."라고 적고 있다. 그들은 150여 명의 우리나라 사람들에 대한 기록을 여기에 새겨놓았다. 그렇다면 우리가 기의열사 능원을 찾은 이유는 여기서 끝날까. 그렇지 않다. 조금 더 능원 안쪽으로 들어가보자.

작은 연못과 정자를 지나면 갑자기 거창한 광장이 나오고 좌우에 널찍한 공간과 큰 비석이 보인다. 한쪽은 중조혈의정, 다른 한쪽은 중조인민혈의정이다. 앞에서 본 비명으로만 광주기의에 동참한 소련과 한국을 기억하는 것이 아니라 이렇게 기념물과 기념 공간을 따로 만들어놓았다. 광주기의의 역사를 통해 국가 간 우호를 도모하려는 의도가 크겠지만 당시 함께했던 사람들을 이렇게 기념한다는 것은 대단한 일이다.

누군가는 이 기념 공간이 부담스럽게 느껴질 수도 있겠다. 중-조, 그렇다면 중국과 조선, 곧 북한과의 우정을 기념하는 공간이 아닌가 하는 생각에서이리라. 우리가 남북한으로 나뉜 지 한참 뒤인 1964년에 이곳을 만들었으니 틀린 생각만은 아니다. 그렇지만 비문을 한번 보자. 거기에는

중조혈의정 전경.

중조인민혈의정 전경.

정자 내부에 자리한 중조인민혈의정 기념비.

광주기의 당시 죽은 '조선청년 일백오십인'에 대해 적고 있다. 당대의 역사를 바탕으로 이 공간을 기념하고 있다. 1909년 이토 히로부미를 하얼빈에서 사살한 안중근 의사는 지금의 북한 땅 황해도 해주 사람이다. 그의 역사가 어찌 분단된 한 공간에만 적용될 수 있을까.

정말로 생각해야 할 것이 있다면 왜 남의 나라 혁명에 우리 청년들이 참여했을까 하는 점이다. 아마도 그들은 중국의 혁명이 성공한다면 그다음은 우리나라 차례라고 생각하지 않았을까. 그래서 혁명의 길에 자신의 귀한 생명을 던졌을 것이다. '물에 녹는 소금 알갱이처럼, 낮에 뜬 별처럼'* 그 존재를 확인하기 어렵지만 그들은 분명히 존재했고, 그 결과는 역사가 되어 지금까지 이어지고 있다. 그래서 우리의 답사는 계속되어야 한다.

---

* 《중국에서 만나는 한국독립운동사》(윤태옥)에서 인용했다.

제국에서 민국으로 가는 길

광주 시기의
임시정부 청사를 찾다

동산백원
광동성 광주시 월수구 흙고원로 12호

이제까지 광주에서 뜨거웠던 근대 역사의 현장을 살펴보았다. 다시 우리 답사의 본래 주제인 임시정부를 찾아나설 때다. 사실 광주가 중국의 혁명가와 한국의 독립운동가에게 잊을 수 없는 공간이지만, 임시정부는 이 광주에 정말 '잠깐' 머물렀다. 이에 남겨진 흔적이 많지 않고 증언 역시 드문 가운데 다행히 기록이 있다.

나는 (중략) 성 정부 장 주석(장치중 주석)을 방문하여 광동으로 이사 가는 것을 상의하였다. 그 결과 장 주석이 기차 한 칸을 독채로 우리 일행에게 내주어 무료로 쓰게 하고 광동성 주석 오철성 씨에게 친필 소개장을 작성하니 큰 문제는 해결되었다. 대가족 일행보다 하루 먼저 출발하여 광주에 도착하였다. 이전부터 중국 군사 방면에 복무하던 이준식·채원개 두 사람의 주선으로 동산백원東山柏園을 임시정부 청사로 하고, 아세아 여관에 대가족 전원을 수용했다.

– 《백범일지》

당시 임시정부 청사는 '동산백원'이다. 문제는 시간이 흐르며 그 장소가 어디인지 확인하기가 어려워졌다는 점이다. 그런데도 우리가 광주에 왔다는 건 이제 그 장소를 찾아냈다는 말이 된다. 여기에는 광주 지역 독립운동사를 연구한 강정애 선생의 공이 컸다. 그 내력이 조금 길지만 어떻게 찾아냈는지 한번 들어보자.

대한민국 임시정부가 장사에서 위협을 받고 광주로 오게 됐습니다. 1938년 7월 22일부터 9월 19일까지 2개월 정도 있었어요. 그 있던 곳이 바로 우리가 가게 될 동산백원입니다. 광주 영사관에서는 여기에 기념비를 세우든가 어떤 방식으로든 기념을 해야 하지 않을까 하는 고민을 하게 됩니다. 그런데 기념비를 세우더라도 정확한 위치를 알고 세워야 하잖아요? 그래서 "우리가 알고 있는 주소와 자료를 중국 전문 기관에 맡겨 확인해달라고 하자."라고 생각합니다.
그래서 첫 번째로 광동성문물국, 두 번째로 광동혁명역사박물관에 자료를 보냈어요. 광동혁명역사박물관에서는 "중국공산당 제3차 대표대회가 열렸던 지역과 동산백원이 가깝다. 그런데 공산당 제3차 대표대회가 열렸던 지역은 1938년도에 폭파됐으니 동산백원도 훼파(훼손과 파괴)됐을 것이다."라는 공문을 보내왔어요. 그러던 중 영사관 측에선 또 다른 사실을 알게 됩니다. 바로 중산대학에서 성립된 '중앙연구원 역사언어

제국에서 민국으로 가는 길

연구소'가 동산백원에서 몇 개월 동안 사무를 봤다는 기록이에요. 이 연구소는 현재 대만에 있습니다.

영사관 측에선 바로 대만에 연락을 했어요. "당신들이 알고 있는 동산백원의 위치를 알고 싶습니다."라고 했죠. 그랬더니 그쪽에선 "우리는 1938년도에 일본으로부터 폭격을 받아 그 자료가 없어진 것으로 알고 있다. 그러나 80주년 기념으로 만든 디브이디DVD가 하나 있는데 거기에 예전 동산백원의 입구 사진이 있으니 보내주겠다."라며 영상과 사진을 따로 보내줬어요. 그래서 그걸 광동성문물국 산하기관에서 전문적으로 연구를 합니다. 그런데 거기서 입구 사진과 현재 건물 사진이 같은 걸 발견한 거죠. 이후 다시 중앙연구원 역사언어연구소 산하기관이 지금도 보존되어 있는 게 맞다고 확인을 해줍니다.

– 강은혜 님 블로그
(https://blog.naver.com/singlequotationmark)

우리가 답사 가는 중국 내 임시정부 유적지들은 대체로 이런 노력, 이런 과정을 거쳐 확인이 됐다. 여기에 머물던 임시정부의 내력도 역사지만 그 내용을 확인하고 또 찾아낸 것도 역사다. 그리고 이곳을 방문하고 기록을 남기니 우리도 역사라고 할 수 있겠다. 이 세 가지 중 하나만 없어도 역사는 의미를 잃어버릴 것이다.

동산백원 답사는 조심스러웠다. 사진과 자료를 통해 찾아낸 그 건물에는 현재 중국 사람들이 거주하고 있다. 층마다 주인도 달라 이 공간을 기념관으로 꾸미는 계획을 하기도 쉽지 않다고 한다. 담 밖에서는 건물의

동산백원 내 임시정부 요인들의 집무 공간 터 외경. 흉고원로 12호.

전체 모습이 보이지 않는데 처음 찾았을 때는 아예 들어갈 엄두를 내지 못했다. 그러다 여러 사람이 함께 갔을 때 실례를 무릅쓰고 조용히 마당에만 들어갔다가 나왔다.

동산백원은 중산대학에서 만든 연구소가 들어설 정도로 작지 않은 규모다. 붉은 벽돌로 3층짜리 벽을 쌓고 흰색 화강암 기둥으로 입구를 만들어 세련된 느낌을 풍긴다. 1930년대에 지은 건물이라는 것을 생각하면 놀라울 정도다. 실제로 동산백원 일대는 지금 새롭게 정비 중이다. 고풍스런 주택과 상가가 어우러져 현지의 중국인들도 사진을 찍기 위해 많이 찾는 곳이다.

청사를 좋은 건물에 마련한 임시정부는 새로운 분위기가 생기지 않았

제국에서 민국으로 가는 길

임시정부 요인들의 집무 공간이 있던 안쪽 건물. 현재 민간인 거주지다.

을까. 전쟁 중이었지만 당시 임시정부의 광주 생활은 오래간만에 쾌적했을 것이다. 임시정부 가족들이 머무른 곳으로 전해지는 아세아여관은 5층 건물로 야외수영장과 수세식 화장실을 갖춘 최신식 시설이었다고 한다. 모두 광동성 주석 오철성의 배려 덕분이었다. 하지만 광주에 머문 시간은 짧았고 화급하게 탈출해야 했다.

중국공산당 제3차 전국대표대회 개최지.

앞서 나왔지만 동산백원으로부터 가까운 곳에 중국공산당이 제3차 전국대표대회를 열었던 장소가 있다. 그때 회의를 위해 탁자를 놓았던 공간은 아예 유리를 씌워 고고학 유물을 보존하는 것처럼 해놓았다. 공산당은 이 대회에서 국민당이 제안한 국공합작을 받아들이기로 했다. 이처럼 광주는 같은 공간에 여러 시간, 여러 사건이 겹쳐 있다.

광주를 탈출하며
맞이한 개천절

광주에 머물던 시절, 이미 일본군의 공습을 피해 광동성 주석 오철성의 주선으로 9월 하순 대부분의 사람들이 광주 남쪽의 작은 도시인 불산으로 이전했다. 집 한 채를 전세 내어 사무실과 요인들이 머물 공간도 마련했다. 그렇지만 10월 초, 일본군이 광동성에 상륙해 진격해온다는 소식이 들렸다. 이 소식에 임시정부 역시 빠르게 움직였다.

김구는 장개석에게 요청해 조성환·나태섭과 함께 국민당 정부가 임시 수도로 정한 중경으로 갔다. 그 외 요인들은 100여 명에 달하는 대식구의 이동을 위해 중국 정부와 협상을 해서 교통편, 그러니까 기차 한 칸을 구했다. 하지만 위수사령부에서 발행한 허가서는 늦게 도착했고 그사이에 불산 시내는 혼잡해졌다. 임시정부 가족들이 기차역에 도착했을 때는 이미 기차역이 아수라장으로 변해 있었다. 불산 시내에 일본의 폭격이 이어지자 사람들이 역으로 몰려들어 기차의 비어 있는 곳, 탈 수 있는 곳이라면 좁은 틈이라도 몸을 실으려 했다. 혼란스러운 상황은 중국 군인들이 객차의 문 옆에서 중국 정부로부터 기차를 배정받은 임시정부 관련자들만 들여보내면서 비로소 정리됐다. 10월 19일, 새벽 2시에 출발한 기차는 몇 시간을 달리다 갑작스럽게 일본기의 공습을 받았다. 열차는 멈췄고 사람들은 주변의 사탕수수 밭으로 피신을 했다. 이렇게 어렵사리 삼수역에 도착했지만 험한 고생길이 기다리고 있었다.

광서성 유주까지 가려면 주강珠江을 거슬러 올라가는 수로를 이용해야 했다. 100여 명이 탈 수 있는 큰 배를 빌려 계평桂平(구이핑)까지는 그럭저럭 갔지만 광주에서 따로 출발한 일행이 합류하면서 증기선을 더 빌려야 했다. 중간에 배 하나가 도망가는 우여곡절이 생기며 20여 일을 허송세월했다. 가까스로 배를 구한 11월 16일, 다시 강을 거슬러 올라가다가 물살이 센 곳에 다다랐는데 강폭마저 좁았다. 어쩔 수 없이 사람이 직접 배와 연결된 밧줄을 끌어 강변을 따라 올라가야 했다.

언제 끝날지 모를 고된 이동으로 심신이 괴로울 즈음에 임시정부는 특별한 행사를 벌였다. 양력 11월 24일은 음력 10월 3일이 되는데 바로 개천절이었다. 피난 중이지만 이날을 기념하기 위해 술과 고기를 준비하고 한국인이라는 정체성을 확인하는 시간을 가졌다. 이렇게 배 위에서 밥을 해서 먹으며 또 때로는 기념해야 할 날을 기리며 움직이기를 다시 며칠. 11월 30일 임시정부 요인과 가족들은 마침내 유주에 도착했다. 광주를 떠난 지 거의 40여 일 만이었다.

제국에서 민국으로 가는 길

답사 가는 길
계속되는 공습 속 불안정한 임시정부

중국에는 소주에서 낳고, 항주에서 살며, 광주에서 먹고, 유주에서 죽는
것이 소원이란 말이 있다.

– 《장강일기》

우리에게 유주는 낯선 곳이지만 중국에서는 꽤 유명한 고장이다. 소주
는 미인이 많은 곳이고 항주는 풍경이 아름다운 곳이란다. 또 광주는 먹
을거리가 다채롭고 풍부하며 유주는 관을 만드는 데 좋은 나무가 유명하
다. 그래서 위와 같은 말이 나온 것 같다. 소주는 항주에서 멀지 않으니
임시정부의 이동 경로 속에 대부분 포함된다. 우리에게는 살기 좋은 도
시, 풍광 좋은 명승지를 찾는 여행길이 임시정부에게는 피난길이 되었으
니 시기나 처지에 따라 길의 의미는 이렇게 달라진다.

유주행 열차에서 바라본 계림 산수.

지금 유주는 광서장족자치구의 유명한 도시다. 광서장족자치구는 중국의 서남쪽 끝으로, 남쪽에는 베트남과 국경이 닿아 있다. 광서장족자치구란 이름에서 알 수 있듯 장족이 많이 산다. 장족은 중국에 사는 소수민족중 하나로 가장 많은 수를 이루는데 1,800만 명 정도라고 한다. 광서장족자치구에는 장족을 포함한 48개의 소수민족이 사는데 전체 인구의 40퍼센트 정도다.

광서장족자치구의 성도는 남녕南寧(난닝)이지만 이 지역에서 가장 널리알려진 곳은 계림桂林(구이린)이다. 이강과 우뚝 솟은 봉우리가 인상적인계림은 중국에서도 최고의 관광지로 꼽힌다. 그래서 한국 관광객이 북쪽의 계림으로 가는 길에 잠시 유주에 들르기도 한다.

기차를 타고 유주에 내렸을 때의 느낌은 상해나 광주와 달랐다. 기차역은 새로 지었지만 역 주변은 여전히 옛 시간 속에 머무는 듯했다. 그러나

어봉산 전망대에서 바라본 유주 시가지. 유강이 U자형으로 휘돌아 흐르고 있다.

한국에서는 보기 드문 전기차와 그 전기차를 위한 시설이 곳곳에 있어서 중국의 변화를 느낄 수 있었다. 이곳에서 임시정부는 반년 정도 머물렀다. 이제 그 모습을 찾아가보자.

임시정부 요인과 가족들은 천신만고 끝에 유주에 도착해 선발대가 미리 구입해놓은 지금의 중산로 일대 여러 채의 집에 나눠 살았다. 광주에서 일본의 공습을 피해 유주까지 왔지만 큰 보람은 없었다. 유주가 중국군의 후방 기지 역할을 했기 때문에 광주 못지않게 일본군의 공습이 끊이지 않았던 것이다.

1938년 12월 5일

공습 경보를 듣고 동굴에 들어가자마자 일본 비행기가 작탄을 수없이 떨어뜨리는 모양이었다. 석굴이 심히 흔들리며 당장 무너지는 듯하고, 동굴 안의 상태는 천둥번개 치듯 불빛이 번쩍이며 천장이 내려앉는 듯 작은 돌 부스러기가 자꾸 떨어져, 나는 허리를 구부려 제시의 몸을 방어하며 폭탄 투하가 멈춰지기를 기다릴 뿐이었다. 몇십 분이 지나자, 폭파하는 소리가 끊어지더니 십여 분 후 해경解警되었다. 겁에 질린 일행이 머뭇거리며 굴 밖으로 나왔더니 처참한 광경이었다. 우리가 들어 있었던 집 앞뒤, 오른쪽, 왼쪽이 불바다를 이루고 있었고, 동굴 문 밖의 넓은 밭에는 작탄이 떨어져 패인 웅덩이가 헤아릴 수 없이 많았고, 참혹하게 된 시신도 많이 눈에 띄었다.

– 〈제시의 일기〉*

계속되는 공습 속에 유주로 온 임시정부는 여러 면에서 안정을 이루기 어려웠다. 무엇보다 국민당 정부가 있는 중경과 멀었고 내륙이라는 점에서 광주처럼 외부와 연결할 고리를 찾기 어려웠다. 그러므로 유주는 중경 또는 기강에 자리를 잡기 전 임시정부가 잠시 거쳐간 곳으로 봐야 한다.

---

* 임시정부에서 독립운동을 하던 양우조·최선화 부부가 중국에서 맏딸 '제시'를 낳으며 1938년부터 1946년 환국하기까지 기록한 8년간의 일기다.

제국에서 민국으로 가는 길

★ 유주역

㉑ 공원로소학교

★ 유후공원 음악정

㉒ 유후공원

유주강

⑲ 유주 대한민국 임시정부
   항일투쟁 활동진열관

⑲ 유주 대한민국 임시정부 항일투쟁 활동진열관

⑳ 유후공원

㉑ 공원로소학교

중국인과 함께한
유주 임시정부

유주 대한민국 임시정부 항일투쟁 활동진열관
광서장족자치구 유주시 어봉구 유석로 1−1호

임시정부가 유주에서 잠시 머물렀던 곳으로 추정되는 곳은 낙군사다. 낙군사는 이국풍이 살짝 흐르는 유주에서도 단연 눈에 띄는 건물이다. 2층 건물의 모서리에 4층 높이의 탑이 있어서 모양도 독특한 데다 샛노란 빛깔의 벽면에 검정 테두리 장식이 있어서 멀리서도 금방 찾아낼 수 있다. 뾰족한 탑 장식과 여러 가지 모양의 창문 장식 덕분에 유럽풍이 물씬 느껴진다. 원래 이 건물은 1927년 소련이 프랑스풍으로 지은 것이다. 처음에는 버스터미널로 썼다가 1935년에 수리를 해서 호텔로 쓰면서 낙군사란 이름으로 부르게 됐다. 이때부터 낙군사는 광서 지역의 주요한 공간으로 쓰이면서 우리 임시정부뿐만 아니라 장개석 등 유명인사들이 머무르는 곳이 되었다. 낙군사 건물 밖에 있는 안내판에는 이 같은 낙군사의 내력을 소개하며 1943년부터 1944년까지 호지명胡志明(호찌민)이 여기에 머물렀다는 흥미로운 사실을 공개하고 있다. 당시 베트남 독립운동을 준비

제국에서 민국으로 가는 길

낙군사 외경. 독특한 서양식 건축물로
눈에 잘 띈다.

낙군사 입구. 뒤로 어봉산이 보인다.

하던 호지명이 우리와 시간차를 두고 같은 공간을 이용했던 것이다.

이들 망명 집단은 1941년 5월 베트남 독립동맹, 즉 베트민Vietminh이라고 불리는 월맹越盟을 결성해 반불反佛, 항일抗日의 독립운동을 전개하게 되었다. 당시 우리가 알고 있기로는 이 베트민이야말로 이념과 사상을 초월한 중국 망명 베트남 국민의 총집결체였다. (중략) 같은 피압박 민족으로서 우리는 그들의 활동을 눈여겨보지 않을 수 없었으며, (중략) 베트민의 지도자인 호지명도 중국에 망명 중인 우리 임시정부에 대해서 호의적인 태도를 보이고 있었으므로, 그가 중경을 방문했을 때 임정의 외무 당국자와도 접촉을 했었고, 나중의 일이긴 하지만 1945년 11월 임시정부 요인들이 귀국차 상해에 기착했을 때는 호지명이 마지막 환송연을 베풀기도 하였다.

－《장강일기》

월남으로도 불렀던 동남아시아의 강국 베트남. 지금이야 베트남 파병, 결혼 이민 등으로 우리와 연결됐지만 당시만 해도 별다른 관계가 없었던 두 나라의 지사가 독립을 위해 중국에 와서 갖은 고생을 다 하며 인연을 맺은 셈이다. 무엇보다 1945년 무렵에는 두 나라 독립운동가들 모두 빠른 시일 안에 독립할 것이라 확신하고 있었다. 서로에게 응원과 축하를 보내던 시절이 있었으니 냉전의 시기가 없었더라면 두 나라 사이는 지금보다 가깝지 않았을까. 다행스럽게도 최근 축구나 경제 교류 덕분에 두 나라가 가까워지고 있으니 이러한 역사를 되새겨보는 것도 좋겠다.

제국에서 민국으로 가는 길

유주 대한민국 임시정부 항일투쟁 활동진열관 내부.

유주 대한민국 임시정부 항일투쟁 활동진열관 내부의 전시 패널들.

2004년 유주시 정부와 우리 독립기념관은 낙군사를 '유주 대한민국 임시정부 항일투쟁 활동진열관'으로 꾸몄다. 지난번 답사 때 역시 독립기념관의 도움으로 새롭게 전시 공간을 단장하고 있었다. 여기에 어떤 내용을 담고 있는지 이제 그 안으로 들어가보자. 낙군사 1층은 예전 모습

그대로다. 임시정부 요인들이 활동하고 휴식을 취하는 모습의 모형이 있고, 유주와는 직접 관련이 없는 이봉창·윤봉길의 사진도 있다. 유주와 직접 관련이 없으면 어떤가. 잠시 잊고 있던 상해 시기를 떠올려보는 것도 좋겠다.

임시정부에 대한 내용은 2층에 잘 전시되어 있다. 최근에 전시 내용을 정비해서 다른 어떤 곳보다 이해하기 쉽게 깔끔하게 정리됐다는 느낌이 든다. 3·1운동부터 상해 시기 임시정부, 그리고 상해에서 광주까지 이동해온 과정, 유주에서의 임시정부 활동을 글과 사진, 도표 등으로 잘 정리해놓았다. 무엇보다 눈에 띄는 건 임시정부가 유주에 도착한 이후 짧은 시기 머물면서 활동한 모습을 묘사한 대형 그림이다. 딱딱한 글과 각을 잡은 자세로 찍은 사진에 의지해 당시 역사를 상상해야 하는 우리에게 기록 그림은 큰 도움이 된다. 큰 그림 제목만 소개하면 다음과 같다.

〈대한민국 임시정부 유주에 도착하다〉
〈대한민국 임시정부 요인과 가족들 유주에 정착하다〉
〈한국광복진선청년공작대 자선공연〉
〈한국광복진선청년공작대의 중국 항일 부상장병 위문〉
〈유주를 떠나며〉

제목만으로도 대략 어떤 내용인지 짐작할 수 있다. 특히 마지막 그림인 〈유주를 떠나며〉에 붙인 제목은 당시 이 지역 신문기사를 인용했는데 전시관이 어떤 관점으로 임시정부를 보고 있는지 알 수 있다.

제국에서 민국으로 가는 길

한국광복진선청년공작
대의 활동을 형상화한
조각상이 전시돼 있다.

작별, 우리들의 공작을 위해! 한국청년공작대와 아동극단을 환송한다.

— 〈유주일보〉, 1939.4.17.

낙군사 2층 전시관 공간 가운데 흥미로운 조각이 있다. 다섯 청년들 가운데 한 명이 횃불을 높이 들고 다른 청년들도 비장한 모습으로 서 있는 조각이다. 여기에 붙은 제목은 〈한국광복진선청년공작대에서 광복군으로〉다. 유주 시절 청년공작대가 중경에 가서 광복군으로 발전하는 것을 보여준다.

전시관은 유주 다음 시기인 기강과 중경에서의 임시정부 활동을 간단하게 정리하며 마무리하고 있다. 여기를 찬찬히 둘러보는 것만으로도 중요한 답사가 된다. 이제 전시관 조각상의 주인공인 한국광복진선청년공작대의 활동 현장으로 가보자.

한국광복진선청년공작대,
유주를 누비며 활동하다

유후공원
광서장족자치구 유주시 성중구 문혜로 60호

한국광복진선청년공작대의 흔적을 찾아 유후공원柳候公園으로 들어가기 전에 잠시 기억을 되살려보자. 광복진선은 임시정부의 한국국민당을 중심으로 조선혁명당과 (작은)한국독립당이 만든 연합체다. 이 연합체를 통일조직으로 만드는 협상이 장사 남목청에서 열렸다가 이운환의 총격으로 현익철이 안타깝게 세상을 뜨고 김구·유동열·지청천 등이 부상을 입었던 사건도 일어난 바 있다. 그 광복진선에서 유주에 머물던 시기에 청년들을 중심으로 구성한 조직이 바로 한국광복진선청년공작대다. 청년공작대에 대한 기록은 여럿 있는데 그 가운데 하나를 살펴보자.

조카인 석동은 불과 연일곱 살로서 공작대의 가장 나이 어린 대원이 되었다. (중략) 특히 유주가 있는 광서성(광서장족자치구) 출신 부대 다수가 전투에 참여했으므로 사상자도 많이 발생하였다. (중국)중앙정부의 지원

제국에서 민국으로 가는 길

유후공원 내 유종원 동상. 유후공원은 유종원을 기리기 위해 조성된 공원이다.

이 부족하여 상이군인의 보호 관리를 대부분 지방정부가 맡고 있었다. 상이군인 지원을 위한 민간단체로는 중국의 국부國父인 손문의 부인 송경령 여사가 운영하는 '상병지우사傷兵之友社'가 있었다. 청년공작대는 3·1절 기념행사의 일부로 상이군인을 위한 모금을 겸한 한중합작 예술제를 개최하였는데, 조카 석동은 그날 무대의 스타가 되었다. (중략) 내 아들 후동도 청년공작대의 소년대 소속으로 노래와 춤으로 출연했다. 그리고 중국의 항일예술단이 만든 연극에도 일제의 침략에 쫓겨 피난 가는 가족의 일원으로 이역을 맡았었다. 유주에서 청년공작대가 비로소 결성되었다는 것은 특이할 만한 일이긴 했으나, 임정이 마냥 유주에만 체류할 수는 없었다.

– 《장강일기》

여기서 알 수 있듯이 청년공작대는 임시정부를 위해서가 아니라 중국의 부상 군인을 위해 공연했던 단체였다. 중국인의 항일의식을 고취시켜 항일전선으로 이끌어내려는 선전의 일환이었지만 이러한 활동은 유주에서 임시정부, 더 나아가 한국에 대한 관심과 호감을 이끌어냈다. 그렇기 때문에 이 지역 신문은 임시정부와 청년공작대가 유주를 떠날 때 아쉬운 감정을 표하기도 했다. 청년공작대는 예술제를 벌이기 전에 유주 시내를 돌아다니며 항일의식을 고취시키기 위한 선전공작을 벌였다.

유주 시내를 다니며 노래를 부르고 음악을 연주하고 또 중국 사람들과 이야기를 나누었을 청년공작대의 모습을 상상해본다. 중국에서 태어났기에 말은 물론 풍습도 익숙하지만 중국인에게는 이방인인 한국 청년들. 중국인들은 자신들을 위해 노력하는 한국 청년들을 보면서 어떤 생각을 했을까. 다른 나라의 사람들이지만 같이 일본에 맞선다는 연대감을 느끼지 않았을까. 청년공작대 역시 유주에서 선전공작을 하며, 우리는 혼자 싸우는 것이 아니라는 생각을 하지 않았을까. 그런 청년공작대가 유주를 떠나기 전 기념촬영을 한 곳이 유후공원에 있다.

유후공원은 당나라 때 유명한 문장가로 '당송 8대가'* 중 한 명인 유종원의 사당 옆에 있다. 유종원은 친구인 유우석과 '간담상조肝膽相照'** 고사를 만든 인물로도 유명한데 이 지역과 인연을 맺은 것은 말년에 유주

---

* 당나라의 한유韓愈·유종원柳宗元, 송나라의 구양수歐陽修·소순蘇洵·소식蘇軾·소철蘇轍·증공曾鞏·왕안석王安石을 말한다.
** 간과 쓸개를 서로에게 내보일 정도의 사귐을 뜻한다.

제국에서 민국으로 가는 길

韓國光復陣線青年工作隊在柳州與各機關團体代表留別紀念撮影一九三九四

청년공작대가 유주를 떠나면서 중국의 각 단체 대표들과 기념으로 촬영한 사진이다. 뒤에 정자가 보인다. 독립기념관 제공.

유후공원 음악정. 청년공작대가 사진을 찍었던 곳에 있는 정자다.

자사(장관)로 임명되면서다. 유주는 당시 수도인 장안과 멀리 떨어져 있어 좌천의 의미가 강했다. 유종원이 여기서 생을 마감한 뒤 사람들이 세운 사당이 유후사이고, 이 사당 옆에 만든 공원이 유후공원이다.

유후공원에는 삐죽 솟은 푸른 유리기와를 올린 정자인 음악정이 있다. 바로 이곳이 한국광복진선청년공작대가 1939년 4월 임시정부를 따라 기강으로 가기 전 중국의 각 단체 대표들과 이별하며 기념사진을 찍은 곳이다. 사진 속 장소가 지금도 거의 그대로 남아 있는 음악정. 그 앞에서 찍는 우리의 사진은 자연스럽게 역사 속 청년공작대의 시간과 겹친다.

3·1운동 20주년
기념식이 열린 곳

공원로소학교
광서장족자치구 유주시 유북구 만당로 24호

유후공원 후문으로 길 하나를 건너면 작은 학교가 하나 있다. 이름은 공원로소학교인데 임시정부가 유주에 머물던 시절에는 용성중학이었다. 지금은 임시정부의 흔적을 찾을 수 없지만 1939년 당시 임시정부 요인들과 가족들이 '3·1운동 20주년 기념식'을 이 학교 강당인 예당에서 했다. 안창호는 1920년 3월 1일 상해올림픽대극장에서 열린 첫 번째 3·1운동 기념식에서 이렇게 연설한 바 있다.

"과거 1년간 일인은 이날을 무효화하려 하였고, 우리는 이날을 유효하게 하려 싸웠소. 일인의 최대 문제는 이날을 무효로 돌리는 것이고, 우리의 최대 의무는 이날을 영원히 유효하게 함이외다."

1919년 12월 국무회의에서 국경일에 대한 논의를 한 뒤 1920년 초 임

3·1운동 20주년 기념식이 열렸던 공원로소학교 내 예당 옛터. 큰 고목이 자리하고 있다.

시의정원 회의에서 3·1절을 '독립선언일'로 기념해 국경일로 정했다. 3·1절은 개천절*과 함께 임시정부에서 가장 중요한 기념일이었다. 나중에 기강에 머무는 시기인 1939년 11월 21일, 일제가 을사늑약을 강제한 11월 17일을 '순국선열의 날'로 정하면서 기념일이 더 늘어났지만 3·1절은 늘 특별했다. 용성중학에서 열린 20주년 기념식은 매년 갖는 의미에 더해 몇 가지 특별한 것이 있었다. 바로 「한국독립선언 20주년 기념선언문」을 발표한 것이다. 잠시 그 내용을 살펴보자.

첫째, 한국 내부의 혁명 세력이 성숙되고 역량이 크게 강화되었으며,

---

* 처음에는 건국기원절. 당시에는 음력 10월 3일이었다.

제국에서 민국으로 가는 길

둘째, 일본 제국주의는 이미 붕괴 과정에 접어들었고,

셋째, 약소민족의 해방을 위한 국제 정세의 전환이 가시화되었고,

넷째, 중국 우군의 항전으로 적들 역량의 태반이 소멸되었음을 적시하였다.

일본의 공습이 빗발치는 속에서도 임시정부는 곧 광복이 올 것을 확신했다. 대한의 광복을 어둠 속에서 곧 올 새벽처럼 여겼다. 자연스럽게 독립한 다음, 세울 나라에 대한 생각도 발표했다.

첫째, 정치적으로 완전한 해방을 향유하여 사람마다 평등한 기본권을 갖는다.

둘째, 경제적으로 완전한 해방을 향유하여 사람마다 평등한 생활을 할 권리를 갖는다.

셋째, 교육적으로 완전한 해방을 향유하여 사람마다 평등하게 교육받을 권리를 갖는다.

지금 우리 사회의 화두인 정치·경제·교육의 평등이 이미 이 시기에 건국의 기본 이념으로 등장했다. 조소앙이 주창한 삼균주의는 이후 중경에서 「대한민국 건국강령」으로 이어졌다. 청년공작대의 애국가, 유주 인사들의 참여, 그리고 이와 같은 선언이 이어졌던 3·1운동 20주년 기념식을 공원로소학교 앞에서 상상해보자.

●

버스로 9일을 달려
기강으로

임시정부 요인과 가족들이 유주에 머무는 동안 김구는 중경에 가 있었다. 김구는 중경에서 중국국민당 정부와 임시정부 중경 이전을 교섭하는 동시에 독립운동 단체의 통일을 추진하기 위해 바삐 움직이고 있었다. 그런 와중에 임시정부 요인들과 가족들이 유주에 도착했다는 소식을 들었다. 그러나 유주는 일본의 공습에서 안전하지 않았으며 중국의 임시수도였던 중경과도 거리가 멀었다. 김구는 중국 정부에 요청해 임시정부 요인과 가족들이 중경 가까운 곳에 올 수 있도록 계획을 짰다. 머무를 곳은 중경 오는 길에 본 기강으로 정했다. 중경에는 대가족이 살 집을 구하기 힘들고, 혹시 모를 폭격의 위험이 컸기 때문이다. 중국 정부가 어려운 가운데 차량 여섯 대와 여비를 지원해주었고, 미주 지역의 교포들에게도 원조를 받았다. 여러 도움 속에 120여 명의 임시정부 요인과 가족들은 유주를 출발했다.

여섯 대의 버스에 나눠 탄 임시정부 요인과 가족들은 1939년 4월 6일과 22일 이틀에 걸쳐 유주 낙군사 맞은편의 하남교통부 서남운수공사 정거장을 출발했다. 유주에서 귀주성의 귀양貴阳(구이양)까지 가는데도 너

고속철이 다니는 유주역 전경.

댓새가 걸렸다. 가는 중 어떤 버스는 고장이 나 더 늦게 도착했다. 그리고 공산당의 성지인 준의를 지나 4월 30일 기강에 도착했다. 귀양에서 사흘을 머무르긴 했으나 버스로 9일이나 달린 셈이었다.

그 길을 우리는 최근 건설한 고속철로 여섯 시간 정도 타고 이동했다. 여섯 시간의 기차 여행을 지루하다거나 힘들다고 말하는 사람은 없었다. 우리는 그렇게 임시정부 답사가 주는 역사의 의미를 깨달아가고 있었다.

답사 가는 길
기강, 숨가쁜 발걸음을 멈추다

기강은 중경일까, 사천일까. 기강은 중경과 400리 떨어진 곳에 위치해 있다. 원래 중경부에 속하던 기강은 임시정부가 도착할 당시에는 사천성四川省(쓰촨성)에 속한 도시였다. 그러다가 다시 중경직할시가 되다 보니 자료마다 다른 것처럼 보이지만 그렇지 않다. 유주를 떠나 기강에 도착한 임시정부 요인과 가족들은 비로소 한숨을 돌린 것 같다. 당시 상황을 기록한 글을 보자.

제시(당시 생후 10개월)는 집 주위의 자연적인 환경을 좋아하는 듯하다. 제시는 집 근처의 병아리, 오리, 염소들을 보고 싶어 하는데, 멀리서 볼 때에는 좋아하는 듯하지만, 병아리를 손에 올려 놓아주면 질겁한다.

– 《제시의 일기》

임정이 기강에 도착한 후로 모두들 한숨을 돌리며 어느 정도 여유를 되찾은 듯이 보였다. 나도 이때쯤 해서는 내 주변의 상황을 나름대로 따져보고 가늠해볼 수 있을 만큼 임정의 생활에 익숙해져 있었고, 국무위원들을 모셔야 하는 바쁜 생활 중에서도 나 자신이나 식구들을 위해 짬을 낼 만큼 정신적으로 여유가 생겼다.

- 《장강일기》

기강은 임시정부 답사를 하는 우리에게도 약간의 여유를 주는 곳이다. 예전에는 유주에서 버스를 타고 한참을 달려 기강을 답사하느라 힘들었다. 그러나 얼마 전 고속철도가 중경까지 생기면서부터는 대체로 고속철을 타고 먼저 중경으로 와서 하룻밤을 잔 후 다음 날 버스를 이용해 기강에 가는 방법을 택한다. 그러다 보니 답사를 하는 사람들도 여유가 생겼다. 마치 서울에서 경기도나 충청도 지역 답사를 다녀오는 느낌이기 때문이다. 조금 넉넉한 마음으로 머무를 수 있었던 기강. 임시정부는 여기서 어떤 시간을 보냈을까.

기강도 이전 도시처럼 임시정부가 머물던 시기는 1년 남짓으로 짧았다. 머무른 시간의 길이는 짧지만 1919년 4월 처음 상해에서 임시정부가 수립되었을 때 또는 그해 9월 연해주와 한성의 임시정부를 통합했을 때를 기준으로 1년을 보면 20년째의 세월을 채운 시간이다. 임시정부에 몸을 담고 독립운동, 그러니까 항일전쟁을 펼친 지 어느덧 20년이 흐른 것이다.

보통 사람에게 20년의 시간이란 어떤 의미가 있을까. 그 시간을 전쟁

임시정부의 큰어른으로 존경받았던 주석 이동녕이 1940년 72세에 영면하자 임시정부 요인과 가족들이 국장으로 장례식을 치렀다. 백범김구선생기념사업협회 소장.

과 같이 보내야 했다면 그야말로 큰 고통이 아닐 수 없다.

누군가는 역사 속에서 이보다 더 길었던 전쟁, 예를 들면 고구려가 수·당과 벌인 전쟁 또는 고려와 몽골의 전쟁을 들어 고통을 비교하려 할지도 모르겠다. 그러나 직접 비교하기는 어렵다. 예시로 든 역사 속 전쟁은 나라가 있는 시절의 싸움이니 백성과 군대가 있는 전쟁이다. 그런데 임시정부의 전쟁은 나라를 빼앗긴 처지에 남의 나라에서 벌이는 전쟁이었다.

20여 년의 세월은 전쟁 자체의 어려움에 시간의 무게를 더해 임시정부를 압박했다. 임시정부가 기강에 머물던 시기, 주석 이동녕이 노환으로 죽음을 맞았다. 임시정부를 돕던 의사 유진동과 임의택이 손을 썼지만 죽음을 예감한 이동녕은 곡기를 끊었다. 이동녕은 독립운동계의 오랜 숙원인 통합을 위해 광복진선 세 단체가 통합할 것을 유언으로 남기고 눈을

제국에서 민국으로 가는 길

감았다.

　김구가 스승으로 모셨던 임시정부의 어른, 이동녕의 죽음은 많은 이들에게 상실감을 주었다. 그렇기에 서둘러야 했다. 그들에게는 한시가 급한 '독립운동 완수'라는 과업이 있었다.

기강
(치장강)

23 기강박물관

22 한국 임시정부 주석
이동녕 구거유지

위태롭게 남은
이동녕 주석의 집에서

한국 임시정부 주석 이동녕 구거유지
중경시 기강구 남문로 1-4호

조금은 여유를 부려 도착한 기강에서 당황스러운 순간을 맞았다. 기강에서 임시정부 유적을 찾기가 어려웠기 때문이다. 임시정부가 사용했다고 전해지는 강을 끼고 있던 타만가8호의 건물은 이미 없어진 지 오래다. 지금은 7층 아파트가 서 있다. 그나마 장소라도 밝혀진 곳은 다행이다. 임시정부 가족들과 조선혁명당 청년 당원들이 살았다고 하는 상승가 107호

기강 대한민국 임시정부 청사가 있었던 타만가 일대를 보여주는 그림.

상승가로 올라가는 계단.

는 아예 지번이 새롭게 부여되며 그 장소 자체를 찾기가 어려워졌다. 혹시나 자그마한 표식이라도, 아니면 문헌상의 지번이나마 찾을 생각으로 상승가 여기저기를 기웃거렸지만 찾지 못했다. 그래서 시내에서 강으로 드나드는 오래된 통로를 보며 당시 임시정부 사람들의 모습을 상상하는 것으로 안타까움을 달래야 했다.

사전 조사를 통해 알고는 있었지만 생각보다 유적을 찾기가 어려워 난감한 가운데 그나마 흔적이 남아 있는 것으로 확인된 이동녕 주석의 집으로 향했다. 야트막한 이층집은 작고 초라해 한 나라의 주석을 지냈던 인사가 살던 집이라고 하기가 민망했다. 그래도 초라한 것이야 예상한 바이지만 위태로움은 예상을 뛰어넘었다. 마치 철거 직전에 멈춘 것 같은, 그러니까 중장비를 동원해 작업하던 중 딱 멈추고 어디 점심을 먹으러 간 것 같은 모습이라서 당황스러울 뿐이다. 집과 닿아 있는 담장도 잘린 면이 거칠게 드러나 있다. 덩그러니 남아 있는 집 벽에 '한국 임시정부 주석 이동녕 구거유지'라는 빛바랜 표지판이 있는데 그나마도 몇 글자는 훼손되어 있다. 이 일대를 재건

제국에서 민국으로 가는 길

타만강변의 이동녕 거주지. 이 건물 양쪽에 임시정부 요인들과 가족들이 살았으나 지금은 모두 철거됐고, 이동녕 거주지만 덩그러니 남아 있다.

축하기 위해 건물을 철거하다가 갑작스럽게 한국의 임시정부 유적을 보존하라는 지시를 들은 것만 같다. 이동녕 주석의 집은 우리가 조금이라도 관심을 늦춘다면 임시정부 유적지가 곧 사라질 수 있다는 것을 경고하는 듯하다.

사라지고 다시 생겨나는 것이 흔한 요즘 같은 시대에 자국도 아닌 타국의 유적을 보존해준 기강의 관계자들에게 감사의 마음을 전하고 싶다. 그들 덕분에 우리는 임시정부가 기강에 머물던 시기의 여러 사건, 그러니까 이동녕의 죽음과 유언, 7당 통일회의, 또 임시의정원 회의를 열어 11월 17일을 '순국선열의 날'로 정해 을사늑약의 치욕을 극복하려 한 이야기를 이동녕의 집마당 앞에서 나눌 수 있기 때문이다.

독립운동 단체의 통일을 위해
7당 통일회의를 열다

1940년 3월 13일 이동녕이 유언을 남기기도 했지만 이미 통합 작업은 상당 부분 진행되고 있었다. 중국국민당 정부도 여러 차례 한국의 독립운동 세력 통합을 요구해오던 터였다. 1938년 11월, 국민당 정부는 조금 더 적극적으로 움직여서 진과부가 김구에게 이러한 뜻을 전했고, 김구가 찬성의 뜻을 표하자 다음 해 1월에는 계림의 김원봉에게 연락해서 마침내 중경에서 두 사람이 만나기에 이르렀다. 그리고 1939년 5월 10일, 두 사람은 「동지·동포 제군에게 보내는 공개통신」을 발표하기에 이른다.

(전략) 요컨대 현재의 관내 운동은 각종 실제 사정에 비춰볼 때, 각 단체의 분립적 활동을 중지하고, 공동 정강과 통일적 조직하에 주의와 당파를 초월하여 역량 집중을 시도할 필요가 있다고 확신한다. 이리하여 우리의 운동은 광명의 단계로 활발하게 전개될 수 있고, 이렇게 되지 않으면, 우리의 운동은 여전히 종래와 마찬가지로 시종일관할 수밖에 없을 것으로 본다. 주의와 사상이 다르다는 이유하에 각 단체의 분립을 주장하는 이론적 근거가 있음은 우리도 시인한다. 그러나 주의 및 사상이 다

제국에서 민국으로 가는 길

르다는 이유로써 절대적으로 동일한 정치조직의 결성도 불가능하다는 원리는 있을 수 없다. (하략)

민족 진영과 좌파 진영을 대표하는 두 사람이 공동성명을 발표하고 또 주의와 사상을 뛰어넘을 수 있다고 선언했으니 어느 때보다 독립운동 단체의 통일 가능성이 높아졌다. 그리고 얼마 뒤인 1939년 8월 27일, 기강에서 '한국혁명운동 7단체회의'가 열렸다. 참가 단체와 인사를 보자.

한국국민당 조완구·엄항섭   **한국독립당** 홍진·조소앙

조선혁명당 지청천·최동오   **민족혁명당** 성주식·윤세주

조선혁명자연맹 유자명·이하유   **조선민족해방동맹** 김성숙·박건웅

조선청년전위동맹 신익희·김해악

이들 단체 가운데 한국국민당·한국독립당·조선혁명당은 광복진선에 속하고 다른 네 단체는 좌파 연합체인 조선민족전선연맹(이하 전선연맹)에 속한다. 그중 조선혁명자연맹은 아나키스트 단체다.

회의 초기에는 분위기가 좋았던 것 같다. 서로 하나가 된다는 취지에 공감했다. 문제는 그 '하나'의 모습이었다. 사회주의 성향의 조선민족해방동맹과 조선청년전위동맹은 '연맹체'를 강력하게 요구했다. 표면적으로는 이념이 다르다는 것을 이유로 내세웠지만 실상은 단일당 방식으로 통합할 경우 김원봉의 영향력이 강해질 것을 두려워한 것이다. 결국 연맹체보다는 통합 쪽으로 회의가 진행되자 두 단체가 먼저 이탈하면서 5개

단체가 회의를 이어갔다. 그렇지만 광복진선과 전선연맹, 두 세력도 정책 등에 대해 자신들의 주장을 굽히지 않았다. 광복진선은 삼균주의 채택을 주장했지만 전선연맹은 삼균주의의 실체가 뚜렷하지 않다고 보았다. 또 광복진선은 새로운 단일당이 임시정부와 함께해야 한다고 주장했지만 전선연맹은 별도의 기구를 건립해야 한다고 했다. 결국 이 회의는 소기의 목적을 달성하지 못했다.

한국 독립운동 세력의 통합이 실패로 돌아가자 중국국민당은 당황했다. 그들의 자율적인 활동을 지원해왔던 중국국민당은 이후 자신의 목소리를 명확히 드러내는 쪽으로 방침을 바꿨다.

이러한 가운데 광복진선에 속하는 3당의 통합을 요구하는 목소리가 더욱 높아졌다. 조선혁명당이나 (작은)한국독립당은 나름대로의 방침을 갖고 있었지만 재정적인 면에서 자립하기 어려워 한국국민당과의 통합을 피할 수 없었다.

1939년 10월, 3당은 한국민주독립당이란 이름으로 통합 정당을 창당할 것과 그 절차에 합의했다. 그리고 이듬해 '한국독립당'으로 통합 정당의 이름을 바꾸고 3당은 해체하여 신당에 참여하는 것으로 결정했다. 더불어 '임시정부를 옹호하고 지지함'을 밝혀 한국독립당은 임시정부의 여당 역할을 하게 됐다.

이때 임시정부의 지도체제도 바뀌었다. 국무위원제를 폐지하고 그동안 국무회의의 사회를 맡는 역할로 한정됐던 주석에게 회의 주재 및 실질적인 권한을 부여하는 '주석제'로 바꾼 것이다. 이제 임시정부의 주석은 임시정부의 공식적인 최고직책이며 군사권도 지휘할 수 있는 강력한 권한

제국에서 민국으로 가는 길

을 갖게 됐다. 이 새로운 주석에는 당시 부주석이던 김구가 선임됐다. 이전까지 김구는 한인애국단 단장이나 한국국민당 이사장 등의 직함으로 임시정부를 지휘했지만 이제부터는 명실상부한 임시정부의 대표로서 지도력을 발휘하게 됐다. 중경 시기 임시정부 주석 김구의 모습은 이렇게 기강에서 만들어졌다.

박물관에서 만나는
임시정부

기강박물관
중경시 기강구 고남거리 농장촌 3단지

이제 발길을 옮겨 기강박물관으로 간다. 이름에서 짐작할 수 있듯이 우리
나라의 시립박물관과 비슷한 자그마한 박물관이다. 박물관은 지역 역사

기강박물관 전경. 기강 시기 임시정부의 관련 자료를 전시하고 있다.

제국에서 민국으로 가는 길

를 종합적으로 보여주고 있는데 자연사박물관도 겸하는 듯 공룡 모형도 있다.

기강박물관 임시정부 관련 자료 전시실 모습.

우리가 여기에 온 이유는 기강 지역의 선사시대부터 현대까지 역사를 한눈에 전시하는 2층 공간에 대한민국 임시정부 전시실이 마련되어 있어서다. 우리가 상승가 일대에서 찾지 못했던 임시정부 청사나 지청천이 살던 곳, 김구가 살던 곳 등의 사진과 지도를 여기에서 볼 수 있다. 그리고 기강에 온 임시정부 요인과 가족들의 이름을 일목요연하게 정리한 표도 있다. 현장에서 사라진 장소, 공간에서 사라진 시간에 대한 기억을 이렇게 기록으로나마 볼 수 있으니 참으

임시정부 요인들의 명단을 살펴보는 사람들.

로 소중하고 감사한 일이다. 시내에서 조금 떨어진 지역에 있지만 기강에 왔다면 꼭 들러보자. 기강 관계자들이 박물관에 임시정부 관련 공간을 만들어놓은 보람을 느낄 수 있도록 말이다.

이동 시기가 끝나고
중경으로

1940년 9월, 임시정부가 중경으로 옮겨갔다. 이는 예측할 수 있는 일이었다. 중국국민당 정부가 남경을 빠져나와 중경을 임시수도로 삼았으니 국민당 정부와 교섭을 하던 임시정부도 애초에 중경으로 가야 했다. 그러나 당시만 하더라도 국민당 정부가 어디로 옮겨가는지 명확하지 않았고 임시정부가 한 번에 먼 길을 옮겨가는 것도 어려웠다. 그래서 임시정부 상황을 고려해 장사로, 그리고 일본의 압박을 피해 광주로 옮겨가던 중 국민당 정부가 중경에 자리를 잡았다는 소식을 듣고 중경을 최종 목적지로 결정한 것이다.

1938년 10월, 중경에 도착한 김구는 임시정부의 이전을 놓고 국민당 정부와 본격적으로 교섭했다. 하지만 중경 상황이 녹록치 않았다. 중경이 임시수도가 되면서 각지에서 사람들이 몰려들어 집도, 식량도 부족한 상황이 됐다. 그사이 임시정부 요인과 가족들은 광주를 탈출해 유주로 옮겨갔고, 다시 기강으로 옮겨 비교적 안정적인 곳에서 임시정부가 머물게 되자 김구는 중경으로의 이전 문제를 국민당 정부와 협의했다. 그리고 마침내 이전 문제를 타결했다. 임시정부 청사와 요인들은 중경 시내로 이전하고 요인의 가족들은 따로 중경 외곽인 토교에 거처를 마련한다는 데에 동의한 것이다. 이렇게 하여 9월 임시정부가 중경으로 가고, 아이들 학교 문제가 해결된 다음 해 1월, 대부분의 사람들도 기강을 떠났다. 이제 임시정부의 길고 힘들었던 이동 시기는 끝났다. 많은 것을 얻었지만 원래 원하던 바는 아니었다. 그러니 하루빨리 안정을 되찾고 새로운 전기를 만들어야 했다. 중경은 임시정부에게 어떤 공간이 될까.

3부

임시정부 중경 시기

1940. 9.~1945. 11.

독립전쟁, 그리고 해방이 오다

임시정부의 진짜 모습을
찾아가는 길

대한민국 임시정부 이동 경로

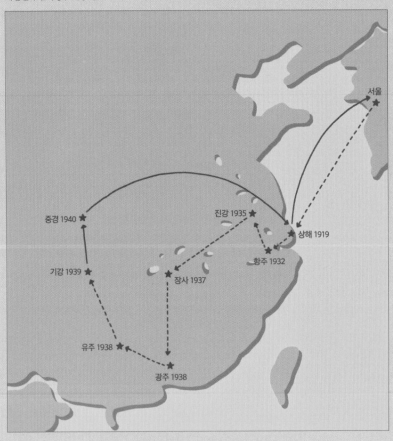

공간으로만 보면 길었던 답사의 끝이 보이는 것 같다. 이제 남은 5년 이상의 시간을 중경에서 찾아볼 것이다. 지금 이 책과 함께 답사를 한 분들은 중경 임시정부가 얼마나 중요한 공간인지 짐작할 수 있을 것이다. 그런데 임시정부에 관심을 둘 틈이 없는 경우, 여기는 무척 낯선 공간이 되기도 한다.

얼마 전 모 라디오 생방송을 할 때 깜짝 퀴즈로 임시정부에 대한 문제를 낸 적이 있었다. 그때 정답을 '중경 임시정부'로 하고자 했으나 같이 방송을 하던 분들이 익숙하지 않다며 난감해했다. 임시정부라고 하면 대체로 '상해 임시정부'를 생각한다는 것이었다. 실제로 문자로 온 답도 '중경'보다 '상해'가 더 많았다. 분명히 임시정부가 마지막 머물렀던 곳이라는 설명을 했음에도.

그 이유를 생각해보면 하나는, 3·1운동의 결과로 성립한 상해 임시정부가 워낙 유명하기 때문이리라. 실제로 상해 임시정부의 수립은 1919년 혁명적 분위기의 반영이며 3·1운동이란 민족적 역량을 수렴한 결과이니 주목받을 만한 위치에 있다. 그리고 '임시정부 수립 100주년'과 같은 말이 널리 퍼지며 처음 임시정부가 수립된 시기에만 관심이 모였다.

또 하나는, 이동 시기도 그렇지만 중경에서 머물던 시절 임시정부가 거둔 성과를 제대로 파악할 기회가 많지 않아서이기도 하다. 상해라고 하면 독립임시사무소를 설치해 정부 수립에 대한 논의가 치열하게 이뤄지고 그 과정에서 '대한민국'이란 국호와 헌법의 기초가 되며 민주공화제를 포함하는 「대한민국 임시헌장」도 나왔던 성과가 있다. 또 안창호·이동휘를 비롯한 유명한 독립운동가의 활동이 보인다. 무엇보다 윤봉길의 홍구공원 의거도 있으니 상해 시기 임시정부는 여러모로 눈에 띈다. 사람들은 상해 시기 이후의 임시정부가 다른 독립운동 세력, 예를 들면 의열단이나 만주의 독립군과 견줘 눈에 띄는 활동을 하지 못한 것으로 평가한다. 더구나 1940년대라고 하면 독립운동의 큰 흐름을 보는 것보다 제2차 세계대전과 같은 세계정세에 대해 관심을 가지는 경우가 많다. 사람들이 생각하는 마지막 독립운동이라면 국내에서 일어난 1942년의 조선어학회사건을 꼽을 정도다.

이제부터 살펴보겠지만 중경으로 온 임시정부의 모습은 그전과 차원이 다르다. 상해 시기나 이동 시기와 질적인 차이가 있다. 정부의 모습뿐만 아니라 독립운동 세력의 통합, 더 나아가 세계정세의 변화에 적극적으로 반응하고 움직였던 것이다. 임시정부의 진가를 보고 싶다면 중경 시기에 관심을 기울여야 한다. 실제로 답사를 다녀보면서 사람들이 이 모습에 관심을 갖지 않는다는 사실을 알 수 있었다. 그러다가 얼마 전 문재인 대통령과 정부 관계자들이 이곳에서 단체 사진을 찍으면서 중경을 떠나기 전 임시정부 요인들이 청사의 좁은 계단에서 찍은 사진이 널리 알려지기 시작했다. 덕분에 중경 임시정부에 대한 관심도 하나둘 늘어나고 있어서 다행이다. 이제 중경을 답사하며, 그 계단에 섰던 사람들의 꿈에 다가갈 기회를 만들자. 그들이 우리에게 전하는 말에 귀를 기울이자. 중경 임시정부가 국내로 돌아가 주요 독립운동 세력과 손을 잡고 건설하려 했던 새로운 나라는 과연 어떤 모습이었을까.

제국에서 민국으로 가는 길

중일전쟁의 포화를 피해, 독립전쟁의 격전을 위해

중경은 어떤 곳일까. 같이 답사를 간 사람들 가운데 몇 명은 영화 〈중경삼림〉을 떠올렸다. 그러나 영화 제목에 등장하는 중경은 홍콩의 행정구역 이름이다. 사실, 우리가 찾아온 중경은 영화 속 배경과 비교할 수 없을 정도로 크다. 중경은 중국 대륙 서남쪽에 있는 도시로 중국의 네 개 직할시 가운데 한 곳이다. 북경·천진·상해 등 다른 직할시가 모두 동쪽에 있는 것과 달리 중경은 서쪽에 있다. 원래 중경은 사천성에 속하는 도시로 크게 주목받지 못했다.

위치에서 짐작할 수 있듯이 중경은 중국 역사에서 주요 중심지로 떠오른 적이 드물다. 기원전 11세기에 거의 전설처럼 내려오는 파巴나라가 지금의 중경 지역에서 건국됐다고 한다. 진나라 때 여기에 파군을 설치했고 한나라 때 익주가 세워졌다. 이 지역이 잠깐 역사의 주역으로 등장한 때

중경 시내와 조천문(사진 중앙 고층건물) 일대 전경. 이곳에서 장강과 가릉강이 만난다. 장강의 물빛이 누렇다.

는 유비가 촉나라를 여기에 세운 때다. 촉나라를 파촉이라 부르기도 하는데, 옛날부터 전해오는 '파'와 나라 이름 '촉'을 합친 것이다. 삼국시대, 더 나아가 《삼국지연의》 덕분에 이 지역을 가리키는 형주·익주·초주 등이 사람들 입에 오르내리게 되었다.

중경이란 지금의 이름은 송나라 때 광종과 관련이 있다. 그는 황태자 시절 이곳에서 대국왕에 봉해졌는데 얼마 지나지 않아 다시 황제로 즉위했다. 이처럼 경사가 겹친 것을 '쌍중희경雙重喜慶'이라 하는데 여기에서 중경이라는 지명이 나왔다. 이후 중경은 서부 내륙의 주요 거점이 됐으

제국에서 민국으로 가는 길

니 그 배경에는 바로 항구도시란 지리적 이점이 있었다. 중경 시내에 가면 장강과 가릉강(자링강)이 합류하는 곳이 있다. 명·청대 물류 집산지 역할을 했던 곳이다. 이러한 위치 때문에 청일전쟁에서 이긴 일본은 소주·항주·사시沙市 등과 함께 중경을 개항하고 장강과 그 지류를 항해할 수 있는 권리를 요구하기도 했다.

현대에 들어와 중국국민당 정부는 이곳을 임시수도로 삼았다. 1937년 11월, 남경을 빠져나온 국민당 정부는 1929년에 직할시가 된 바 있는 중경으로 임시수도를 옮기고 대일항전을 결정했다. 이에 따라 국민당 정부와 많은 사람들이 왔고 주요 산업시설 역시 중경 일대에 재편됐다. 비록 전쟁 중에는 일본군의 공습과 갑작스럽게 늘어난 사람들로 어수선했지만 명실상부한 중국의 중심으로 뜬 것이다. 그리고 1940년 9월, 임시정부가 중경 양류가楊柳街에 청사를 마련하고 요인들이 옮겨와서 업무를 보기 시작하며 임시정부의 중경 시기가 시작됐다.

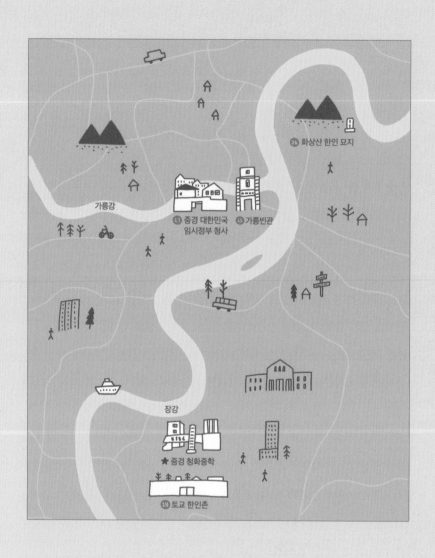

24 토교 한인촌

25 가릉빈관

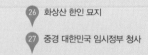

26 화상산 한인 묘지

27 중경 대한민국 임시정부 청사

독립전쟁의 일상이
숨쉬는 곳

토교 한인촌
중경시 파남구 화계촌 화계가도 토교 신계촌 1호

기강에서의 생활을 끝내고 임시정부 가족들은 중경의 외곽인 동감마을에 자리를 잡았다. 당시 동감마을의 행정구역상 이름은 파현 토문향인데 흔히 토교라고 불렀다. 임시정부는 중국진재위원회로부터 6만 원의 원조를 받아 이곳의 땅을 15년 기한으로 빌렸다. 그리고 집 세 채를 새로 짓고 10여 가구가 살림을 시작했다. 1941년 1월, 이로써 임시정부의 중경 이사가 마무리됐다.

토교에서의 생활은 피난 다닐 때보다는 어느 정도 안정이 된 셈이었으나 살림살이가 궁핍하고 쪼들리기는 마찬가지였다. 그렇게 궁한 살림을 꾸려나가는 대신 토교에 모인 우리 모두가 너 나 할 것 없이 한 집안 식구들처럼 지냈고, 각자의 가족끼리도 단란한 가정을 꾸려나갈 수 있었다. (중략) 또 토교의 우리 마을에는 화탄계花灘溪라는 냇물이 흐르고 있

중경시 화계촌의 현재 모습. 재개발로 화탄계가 있던 토교 일대의 정취가 모두 사라지고 없다.

었다. 화탄계의 물은 이름만큼이나 맑기가 그지없어 그냥 마실 수도 있었고, 얼마든지 빨래도 하고 미역도 감을 수 있었다. (중략) 고구마와 옥수수를 심고 가꿀 때는 바로 고향에 와 있는 듯한 기분이기도 했다.

– 《장강일기》

임시정부에 관한 책과 자료를 읽으면서 가장 마음이 따뜻해지는 부분이다. 드디어 우리 독립운동가와 가족들도 비록 궁핍하지만 비교적 평범한 일상을 누리게 됐다. 고국의 동포들이 여전히 고통받고 있던 시절이라 그 마음은 편하지 않았을 테지만 전쟁의 포화는 벗어났으니 잠시나마 행복했으리라.

기록을 남긴 정정화는 1982년 건국훈장을 받았다. 임시정부에 발을 들인 이래 독립운동 자금을 구하기 위해 여섯 번이나 국내로 잠입한 적이 있고 또 임시정부의 한국독립당 당원으로, 대한애국부인회* 간부로 활동한 경력을 인정받았다. 정정화를 가리켜 '임시정부의 살림살이를 책임진 사람'**이라고 표현하기도 한다. 그런데 이 표현을 들어 정정화의 업적을 독립운동 전선에서 과소평가하는 이들이 있다. 1~2년 혹은 그보다 짧은 독립운동이라면 적에게 타격을 가하거나 군사활동을 하는 독립운동가의 역할이 중요할 수 있겠다. 그러나 몇 년을 넘어 근 30년에 이르는 독립운동은 전쟁과 일상의 결합이라는 기묘한 상황을 만들어냈다.

전쟁이란 일단 일어나면 총력전을 펼쳐 단박에 끝내야 하는 일시적인 사건이며, 일상은 한 사람이 생로병사와 희노애락을 경험하며 길게 이어지는 장기적인 생활이다. 사건과 생활의 결합은 보통 어려운 것이 아닌데 이러한 상황이 임시정부에 닥쳤다. 독립전쟁의 표면을 이룬 독립운동가의 투쟁만큼이나 그 속에서 일상을 지켜나간 이들의 고생도 보통이 아니었다. 당시 외부활동에 제약이 따랐던 여성들이 대부분 이런 역할을 했다는 점에서 여성 독립운동가를 새롭게 발굴하려는 노력이 필요하다. 그리고 한 독립운동가가 훈포장을 받았다면 옆에서 도운 아내, 드물게 남편도 역시 함께 받아야 한다. 토교는 이렇게 독립운동의 투쟁과 생활을 함께했던 임시정부 요인과 가족들이 살았던 곳이다.

---

* 1919년 상해에서 조직된 대한민국애국부인회가 일제의 탄압이 가혹해지고 임시정부의 위상이 흔들리며 활동이 미진해지자 1943년 2월 23일 중경에서 대한애국부인회로 재건됐다. 정정화는 이때 훈련부장에 선출됐으며, 국내외 한인 여성들에게 독립운동 참여를 촉구하고 계몽교육을 하는 활동을 했다.
** 김구는 정정화를 '한국의 잔다르크'라고 칭송한 바 있다.

폐공장 터에서 상상하는
요인 가족들의 생활

토교를 찾아가는 것은 생각보다 어려웠다. 이전에 이곳을 다녀간 분들이 남긴 블로그나 지도를 참고해 이미 폐공장이 된 철강공장을 찾기는 했지만 그다음이 문제였다. 사람이 거의 없는 넓은 공장 안에서 '한인촌 구지(한인 거주 옛터)'라는 기념비를 찾을 수 없었다. 그 지역을 찍은 사진을 대조해가며 이곳저곳을 살폈지만 결국 우리 손으로 찾는 것을 포기했다. 어쩔 수 없이 공장에 들어올 때 만난 중국 사람에게 부탁을 했고 서너 사람을 거친 끝에 기념비를 찾을 수 있었다. 그는 귀찮다는 듯 무척이나 큰 호의를 베푸는 양 우리에게 장소를 안내해주었다. 책을 보고 마을 터가 강 옆 너른 곳이라고 생각했는데 조금 생뚱맞게도 공장 안의 어느 건물 마당이었다. 다만 벽이 없다고 가정하면 앞으로는 흐르는 물이 있고 뒤로는 마을이 연결되니 살기에 그럭저럭 무난한 위치로 보였다.

지금 이곳은 안내자가 없으면 찾아올 수 없다. 큰길 도로에서 전혀 예상하지 못한 곳으로 들어가야 나오기 때문이다. 우리는 그 장소에서 사진도 찍고 주변의 풀도 조금 정리하고 나왔지만 영 찜찜했다. 일단 우리에게 길을 알려준 현지인에게 약소하나마 사례를 했다. 혹시 우리처럼 이곳을 찾지 못하고 헤매는 다음 사람들에게 선의를 보여주길 바라며.

우리는 공장 안팎을 다니며 토교를 이뤘을 만한 곳을 구경했다. 토마토도 기르고, 고구마와 옥수수도 심어 가꾸던 임시정부 가족들의 일상이 여기에서 펼쳐졌으리라. 아이들은 학교에 다니기도 하고, 아프면 병원에도

토교 한인촌으로 가는 길. 철
강공장의 허가를 받아야 들어
갈 수 있다.

공장 안으로 들어오면 토교촌
이다.

토교 한인촌에 세워진 기념비
에는 한인 거주 옛터라고 한글
로도 새겨져 있다.

토교촌의 한인들이 자녀들을 보냈던 청화중학.

갈 수 있었다. 토교에는 의사도 살았던 것이다.

> 그리고 동쪽에 잇대어 있는 방에서는 광파 유진동 내외가 살았는데 그
> 역시 단칸방이었고 한쪽 구석에 따로 약실藥室을 차려놓고 있었다. 광파
> (유진동)가 의사였을 뿐만 아니라 그의 부인도 산파 출신으로 토교에서
> 의사 일을 보고 있었기 때문에 약실이 필요했던 것이다. 광파는 따로 중
> 경시 바로 강 건너편에 병원을 차려놓고 중경에서 지냈으며, 주말만 토
> 교에 와서 보냈다.
>
> — 《장강일기》

유진동은 그리 널리 알려지지 않았는데 상해 동제대학에서 의학을 배

제국에서 민국으로 가는 길

임시정부 요인으로 활동했던 부친 유진동 의사를 소개하는 유수동 선생.

운 의사다. 유진동과 그의 부인인 강영파는 김구의 어머니를 돌보기 위해 중경에 왔고 한국광복군이 창설됐을 때 총사령부 군의처장으로 일했다.

우연히 답사를 함께한 유수동 선생에 의하면 부친 유진동은 광복군에 있을 때 포로로 잡혀온 일본군의 신체검사를 맡으며 그 일본군 속에 속해 있던 한국인들을 구하는 역할도 했다고 한다. 광복을 맞았을 때 유진동은 김구를 따라 서울에 왔다가 곧 중국으로 돌아갔고, 이후 북한으로 갔다. 중국에 남은 가족들은 조국이 남과 북으로 나뉘고 중국 역시 국민당과 공산당으로 나뉜 속에서 경계의 삶을 살아야 했다. 최근에야 이 긴장관계가 완화되며 2007년 독립유공자로 인정받았다. 유진동에 대한 기록은 정정화의 《장강일기》에 더 나와 있다.

당시 임정의 업무를 수행하던 사람들은 지금의 직제로 볼 때 공무원의 신분이나 마찬가지였으므로 식구 수에 따라서 월급이 지급되었고, 일정한 양의 쌀 배급도 있었다. 가능한 모든 임정의 식솔들이 평등하게 혜택

반도록 했으나 임정의 뜻대로 모두가 다 고른 생활을 할 수는 없었다. 예를 들어 (중략) 석린 민필호의 경우 판공실 주임이 되기 전까지 줄곧 중국군사위원회에 적을 두고 있었기 때문에 다른 이들에 비해 비교적 여유가 있었고 (중략) 중경에서 병원을 개업한 광파의 가족은 특히 더 여유가 있었다.

토교촌의 사람들이 모두 비슷한 생활을 한 건 아닌 모양이다. 토교 앞을 흐르는 물은 예전처럼 맑지 않지만 정감이 넘치는 공간의 배경이 되어주고 있다. 야트막한 언덕이 있고, 주변에 중경으로 가는 길도 있다. 토교에 임시정부 가족들이 자리를 잡자 여기저기서 임시정부를 찾아온 사람들도 토교에 들렀다. 임시의정원 의장이던 홍진이나 남목청에서 중상을 입었던 유동열도 토교에 머물렀다가 떠났다.

토교에서 우리는 오랜만에 임시정부의 독립운동이 아닌 일상의 이야기를 들을 수 있다. 넉넉하지 않지만 얼마나 소중한 일상인가. 그렇지만 다시 전쟁터를 찾아가야 할 것 같다. 아직 임시정부의 독립전쟁은 진행형이니까.

한국광복군이
창설되다

가릉빈관
중경시 유중구 신화로 250호

만약 사람들이 중경 임시정부의 업적이 뭐냐고 묻는다면 제일 먼저 한국
광복군 창설을 이야기하겠다. 중경에 와서 처음 임시정부가 한 일이 한
국광복군의 창설이기도 하지만, 한편으로는 이제야 비로소 정부(임시정
부) – 당(한국독립당) – 군(한국광복군)이라는 체계를 갖췄으며, 군 창설로 나
라를 우리 힘으로 되찾을 방도가 완성됐기 때문이다. 중경에서 창설된 한
국광복군은 끝까지, 국내로 돌아가기 전까지 최대한 노력을 기울였다. 한
국광복군의 활동은 임시정부가 연합국에 제 목소리를 내기 위해서도 반
드시 필요했다.

　어떤 사람들은 한국광복군에 대한 평가를 조금 인색하게 한다. 그 규모
로 볼 때 한반도의 일본군과 대적하기에 아무래도 부족해 보이기 때문일
것이다. 그러나 전쟁의 전황은 하루에도 열두 번 바뀌고 또 우세와 열세
는 주변의 영향을 받는다. 문제는 그 바탕이 될 만한 것, 그러니까 우리에

게 군대가 있느냐, 없느냐가 문제의 핵심인 것이다.

한국광복군이 창설된 곳은 중경 시내에 있다. 멀리서도 그 위치를 짐작할 수 있는데 근처에 높은 건물이 있기 때문이다. 하지만 답사를 갔을 때 가슴이 철렁했다. 애써 찾아간 유적에 공사판이 펼쳐져 있었기 때문이다. 나중에 들으니 2017년 12월 한중 정상회담을 계기로 이곳에 한국광복군 관련 기념 공간을 만드는 것이 합의되어 공사를 진행하는 중이란다. 다행스럽고 고마운 일이다. 그렇다면 여기에서 일어난 한국광복군에 대해 간단하게 살펴보자.

임시정부는 1939년 5월 기강에 도착했을 때부터 한국광복군의 창설을 계획했다. 중국군사위원회는 한국광복군을 자신들의 지휘 아래 두고자 했다. 이를 받아들이기 어려웠던 임시정부는 중국 정부와 교섭을 진행하는 동시에 독자적인 광복군의 창설을 추진해나갔다. 한국광복군 창설의 실무 작업은 군사간부였던 지청천·이범석·유동열·김학규 등이 맡았다. 준비 끝에 '한국광복군 총사령부 성립 전례식'을 1940년 9월 17일 가릉강 기슭에 위치한 가릉빈관이라는 호텔에서 열었다. 이 자리에는 임시정부 요인을 비롯해 국민당 정부의 요인과 국공합작으로 중경에 와 있던 주은래·동필무董必武(둥비우) 등 공산당 관계자, 중경의 외교사절 및 신문기자 등 총 200여 명이 참여했다. 당시 행사의 방명록에서 참여한 이들의 이름을 확인할 수 있다. 지금은 대만의 국민당과 중국의 공산당으로 구분되는 중국 측 인사들이 모두 있다. 중국공산당 정부가 대한민국 임시정부에 대해 관심을 갖는 건 이러한 인연 때문이 아닐까.

창설된 한국광복군의 총사령부는 총사령 지청천, 참모장 이범석, 각 지

제국에서 민국으로 가는 길

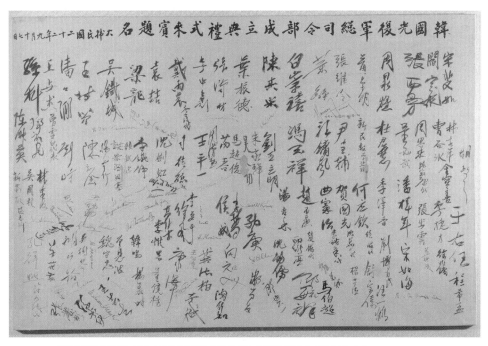

韓國光復軍總司令部成立典禮來賓題名

한국광복군 총사령부 성립 전례식에 참석한 내빈 방명록. 백범김구선생기념사업협회 소장.

대장 이준식·공진원·김학규·나월환이 맡았다. 처음에는 머리만 있는 총사령부만 구성된 채 시작했다. 중경에 부대를 구성할 젊은이가 없었기 때문이다. 한국광복군은 장래에 화북 지역의 한국 사람들 수십만 명 가운데 청년들을 모집해 1년 이내에 3개 사단으로 만든다는 목표와, 징병으로 끌려가 일본군에 속한 한국 병사들을 탈영하도록 하여 충원한다는 계획을 세웠다. 또 중국 안에서 활동하고 있던 한인 무장단체를 한국광복군에 편입시키는 노력도 했다.

그러나 중국군사위원회가 한국광복군을 인정하지 않아 제대로 된 활동을 할 수 없었다. 중국 관내에서 중국 정부의 지원을 받아야 하는 형편인데 오히려 광복군의 활동을 중국 정부가 막으며 한국광복군 소속 인사에게 통행증을 발급하지 않기도 했던 것이다. 이러한 상황에 이르자 임시정부는 임시정부의 업무를 담당하던 국민당의 주가화朱家驊(주자화)를 통해 국민당 정부, 중국군사위원회와 교섭에 들어갔다. 주가화가 마치 한국의 임시정부 요인인 듯 중국군사위원회에 한국광복군 인정을 요구했지만 받아들여지지 않았다. 여담이지만 당시 주가화나 오철성을 보면 이렇게 고마운 존재가 있을까 싶다. 결국 1941년 5월 말, 중국군사위원회는 광복군을 지휘하는 조건으로 한국광복군을 승인했다.

비록 중국군의 지휘를 받게 됐지만 한국광복군은 청년들의 참여와 초모 작업을 통해 창설 1년 만에 300여 명이 모였고, 1942년에는 조선민족혁명당의 한인 무장단체인 조선의용대를 편입시켰다. 한국광복군의 병력은 1945년에 이르러 총 700여 명으로 늘어난다. 그러나 이 수로는 일본군을 상대하기에 부족하니 의미가 크지 않다는 목소리가 있다. 이와 관련해서 옛이야기, 그러니까 고려 때 이야기를 잠시 꺼내야 할 것 같다.

공민왕은 즉위하기 무섭게 변발과 호복을 버리고 고려의 왕 본래 모습으로 돌아갔다. 신하들의 건의가 있었다고 하지만 공민왕 스스로의 자신감과 의지가 있었기 때문이다. 또한 원이 이전처럼 강력하게 고려의 내정에 간섭하기 어려울 것이라는 판단도 있었다. 이즈음 원은 각지에서 일어난 봉기군과 군벌들 토벌에 애를 먹고 있었다. 이 가운데 가장 강력한 세력이 장사성이 이끄는 반란군이었는데 원은 이를 토벌하기 위해 고려에 군대 파병을 요청했다. 막 즉위한 공민왕으로서는 원의 요구를 피할 수 없어 2천여 명을 뽑아 군대를 조직했다. 이 숫자는 군대라고 하기에는 보잘것없어 보일지 모르지만 모두 장군과 장교에 해당하는 인물들로 이루어진 당시로서는 거국적인 편성이었다. 공민왕은 이들을 보내고 나서 개경의 경호를 걱정할 정도였다. 서경을 떠난 토벌군은 원 현지에 머물고 있는 고려 사람 중에서 군인을 뽑아 2만 3천여 명에 이르는 대군을 구성했다.

— 《교과서 밖으로 나온 한국사》, 박광일 · 최태성

고려를 출발할 때 2천여 명이던 군대가 심양과 북경 근처에 사는 고려인을 충원하면서 현지에 도착할 때가 되자 2만 3천여 명에 이르는 대군이 된 것이다. 임시정부는 광복군 10만 명을 계획했다. 만일 일본의 항복이 눈앞에 이르고 중국이 전면적인 지원을 한다면 중국과 만주에 있던 한국 사람들이 한국광복군에 참여하는 수도 위와 같은 흐름을 타지 않을까.

또한 우리 힘으로 일본을 몰아내는 것이 최선이지만 한국광복군이 연합국의 일원으로 참가해 싸우는 것 역시 큰 의미가 있다. 독일과 일본의 패망 뒤 펼쳐질 전후戰後 구상에 우리 의견이 반영될 수 있기 때문이다. 그런 점에서 한국광복군의 존재는 특별하다. 실제로 임시정부는 일본이 미국 하와이의 진주만을 습격한 지 이틀 뒤인 1941년 12월 10일, 「대한민국 임시정부 대일선전성명서」를 내 일본에 선전포고를 했다. 선전포고 내용은 다음과 같다.

우리들은 3천만 한인 및 정부를 대표하여 중中·영英·미美·하荷·가加·호濠 및 기타 제국의 대일선전을 삼가 축하한다. 그것이 일본을 격파하고 동아東亞를 재조再造하는 데 가장 유효수단이 되기 때문이다. 그리고 여기서 특히 아래와 같은 점을 성명聲明한다.

1. 한국 전체 인민은 현재 이미 반침략전선에 참가하여 1개 전투 단위가 되어 있으며 축심국軸心國에 대하여 선전宣戰한다.

2. 거듭 1910년의 합병조약 및 일체一切 불평등조약의 무효와 동시에 반침략국가들의 한국에서의 합법적인 기득권익을 존중함을 선포한다.

3. 왜구를 한국과 중국 및 서태평양에서 완전 구축驅逐하기 위하여 최후 승리까지 혈전血戰한다.

4. 맹세코 일본의 난익卵翼하에서 조성된 장춘長春(만주국) 및 남경南京(왕조명 정권) 정권正權을 승인하지 않는다.

5. 루스벨트·처칠 선언의 각 항이 한국의 독립을 실현하는 데에 적용되기를 견결堅決히 주장하며 특히 민주 진영의 최후 승리를 예축豫祝한다.

대한민국 23년(1941년) 12월 10일

대한민국 임시정부 주석 김구·외무부장 조소앙

임시정부의 굳은 각오, 일본의 패망에 대한 확신과 함께 국내외 정세를 반영한 선전포고다. 루스벨트·처칠 선언이란 1941년에 합의한 「대서양 헌장」으로 "관계 주민의 자유의사에 의하지 아니하는 영토 변경을 인정하지 않는다."라는 원칙을 가리킨다. 임시정부는 한참 뒤인 1945년 2월 28일 독일에 대해서도 선전포고를 하고 세계의 파시즘에 대항하여 항일

한국광복군 창설지 옛터. 현재 큰 가림막을 세우고 복원 공사 중이다.

전쟁을 해나갔다.

성립 전례식 터에서 사람들과 이야기를 나누다가 주위를 돌아보니 현지 사람들이 우리를 신기하게 보고 있었다. 그도 그럴 것이 공사를 위해 검은 가림막을 높이 세운 곳에서 수십 명의 한국 사람들이 웅성거리고 있었기 때문이다. 어떤 중국 사람은 궁금증을 참지 못하고 우리가 보는 공사 현장을 같이 살펴보기도 했다. 훗날 이곳에 한국광복군의 기념 공간이 들어서면 우리가 여기에 서 있었던 까닭을 그들도 알아채리라.

돌아오지 못한 독립투사들,
묘지도 사라져가는 곳

화상산 한인 묘지
중경시 남안구 탄자석 인가만 종합처리장

중경 답사에서 위치를 명확히 확정하지 못한 곳이 있다. 바로 화상산 한인 묘지다. 답사 때 묘지 자체보다 그 터를 찾는 것을 목표로 했지만 그마저도 쉽지 않았다. 몇 번인가 동네를 헤매다 마침내 묘지 터가 찍힌 사진과 일치하는 공간을 찾아냈다. 마침 그 앞에서 큰 공사를 하고 있던 관계자의 배려로 공사 현장 안으로 들어가 묘지 터를 바라볼 수 있었다. 대체로 공손하게 부탁하면 배려를 해주는 경우가 많은데 여기서도 그런 고마운 경험을 했다. 사진 속 멀리 보이는 건물이 있는 곳에서 야트막한 산이 이어지는 곳, 그러니까 그 산 주변이 바로 한인 묘지였던 것이다.

이 장소는 어떤 의미가 있는 곳일까. 기강과 중경에 임시정부가 머물 때 세상을 떠난 사람들이 묻힌 곳이다. 먼저 김구의 어머니 곽낙원 여사가 여기에 묻혔다. 곽낙원은 안공근의 도움으로 다른 임시정부 요인들보다 먼저 중경에 와 있었는데 인후염과 폐병을 앓고 있었다. 유진동이 치

제국에서 민국으로 가는 길

중경 화상산 공동묘지 일대. 중국에서 활동 중 타계한 임시정부 요인과 가족들은 화상산 공동묘지에 묻히기도 했다. 쓰레기 하치장으로 변했다가 아파트가 들어서며, 현재는 옛 흔적을 찾을 수 없다.

료에 나섰으나 1939년 4월 26일 눈을 감았다. 강단만 놓고 보면 김구보다 더 강했던 곽낙원의 죽음은 임시정부의 많은 사람들에게 큰 아픔을 주었으리라. 이곳 화상산 묘지에서 치른 장례식 사진 속 김구는 그 어느 때보다 초췌해 보인다. 독립이 동포를 위한 것이라며 잠시 가족보다 독립운동을 앞세웠지만 따지고 보면 가족도 동포가 아니겠는가. 나라를 찾기 위해 보내는 시간 동안 가족을 잃는다는 것은 여러 면에서 가슴 아픈 일이다. 만약 독립을 위해 싸워야 할 시간이 더 길어진다면 어떻게 될 것인가. 슬픔과 조바심이 임시정부를 덮치지는 않았을까.

이곳에는 곽낙원 여사를 비롯해 송병조·차리석·손일민 등 임시정부 요인과 김구의 큰아들 김인 등의 묘지가 있었다. 광복을 맞으며 주요 인사들의 유해는 고국으로 봉환했지만 나머지 분들은 그렇지 못했고, 지금

김구 어머니 곽낙원 여사의 장례식. 왼쪽부터 김신 · 김인 · 김구. 백범김구선생기념사업협회 제공.

은 유해 발굴도 어렵게 되었다. 그런데 다른 사람이야 연령이 높아서 그렇다고 하더라도 김구의 큰아들 김인은 왜 여기에 묻히게 되었을까. 당시 중경 임시정부 요인들의 생활 모습을 한번 살펴보자.

중경의 기후는 9월 초부터 다음 해 4월까지는 구름과 안개 때문에 햇빛을 보기 힘들며, 저기압의 분지라 지면에서 솟아나는 악취가 흩어지지 못해 공기는 극히 불결하며, 인가와 공장에서 분출되는 석탄 연기로 인하여 눈을 뜨기조차 곤란하였다. 우리 동포 300~400명이 6~7년 거주하는 동안 순전히 폐병으로 사망한 사람만 70~80명에 달하였다. 이는 중경에 거주하는 전체 한인의 1~2할에 해당하는 숫자이니 놀라지 않을

제국에서 민국으로 가는 길

수 없다. 중경에 거주하는 외국의 영사관이나 상업자들이 3년 이상을 견디지 못한다는 곳에서, 우리가 6~7년씩이나 거주하다 큰아들 인이도 역시 폐병으로 사망하였으니, 알고도 불가피하게 당한 일이라 좀처럼 잊기 어렵다.

– 《백범일지》

당시 국민당 정부는 이 겨울의 안개를 염두에 두고 중경을 임시수도로 선택했다. 안개가 끼면 일본군이 폭격을 멈췄기 때문이다. 일본은 안개가 없는 여름에 집중적으로 폭격을 가해 중경 사람들은 산에 굴을 파서 방공호를 만들거나, 미리 봄에 교외로 나갔다가 가을에 중경으로 돌아왔다. 한 계절은 폭격이 뜸했던 곳이라 50만 명이던 중경의 인구는 임시수도가 되고 나서 100만 명으로 늘었다. 그러니 모든 물자는 부족했고 임시정부 주석인 김구의 아들이라 해도 제대로 치료를 받을 수 없었다. 전쟁은 전쟁터 밖에서도 이렇듯 계속되고 있었다.

화상산 묘지에는 10~20명에 이르는 조선의용대 대원들의 묘지도 있었다. 이 근처가 조선민족혁명당 요인들의 거주지였기 때문이다. 그러나 안타깝게도 지금은 그 흔적을 전혀 찾을 수 없다.

새로운 나라를 꿈꾼
좌우 연합정부

조선민족혁명당에 대해 기억을 더듬어보자. 처음 독립운동 세력을 통합하기 위해 의열단과 임시정부의 정당이기도 한 한국독립당 등 5개 정당이 1932년 11월 상해에서 한국대일전선통일동맹을 설립했다. 통일동맹에 참여하지 않으며 세력의 위축이라는 큰 위기에 빠진 임시정부는 한국독립당 대신 한국국민당을 창당한 바 있다. 1935년 통일동맹은 하나의 당으로 통합하여 그해 7월에 민족혁명당을 창당하였으나 한국독립당·조선혁명당이 탈당하며 그 세력이 약화됐다. 1937년 조선민족혁명당으로 당명을 바꿨고, 다시 조선민족해방동맹 등과 손을 잡고 그해 12월 조선민족전선연맹을 만들었다. 그동안 조선민족혁명당은 임시정부와 손을 잡기도 했지만 대체로 경쟁의 위치에 서서 임시정부에 관여하지 않았다. 그러다 임시정부 중경 시기인 1941년 6월 조선민족혁명당이 임시정부에 참여한다는 결정을 내렸다.

조선민족혁명당을 위시로 한 좌파 세력이 임시정부에 참여한 가장 큰 이유는 이미 기강에서 살펴본 것처럼 중국국민당에서 합작을 요구해왔기 때문이다. 이번엔 단순한 요구에 그치지 않고 합작을 해야만 연합국에

제국에서 민국으로 가는 길

임시정부 승인 문제를 협상할 수 있다고 조건을 걸었다. 연합국의 일원이 되는 것은 임시정부로서도 굉장히 중요했기에 거부하기가 어려웠다. 게다가 국민당 정부는 김구와 김원봉을 각각 지원하던 방식을 하나의 창구로 통합하고자 했다. 이에 따라 임시정부가 단일 창구로 정해지자 조선민족혁명당 등 좌파 계열은 부담을 느낄 수밖에 없었다. 또한 좌파 세력 내에서 임시정부 참여에 대한 목소리가 나왔다. 조선민족해방동맹을 이끌고 있던 김성숙이 당의 모습을 유지한 채 임시정부에 참여하는 것은 큰 문제가 없으며 오히려 당으로 임시정부에 참여한다면 자신의 목소리를 내면서도 독립운동 역량을 강화할 수 있다고 주장한 것이다. 마지막으로 1941년 12월 8일, 일본의 진주만 기습으로 태평양전쟁이 일어나 미국이 참전하면서 광복의 가능성이 더 높아진 데도 이유가 있었다.

이러한 분위기 속에서 조선민족혁명당을 비롯한 전선연맹은 임시정부와 통합을 위한 작업을 시작했다. 조선민족혁명당은 처음에 한국독립당과 통합을 주장했다. 그러나 한국독립당은 조선민족혁명당 당원 상당수가 화북 지역에서 중국공산당과 활동하며 공산주의 사상을 가지고 있다는 이유로 반대했다. 둘 사이 이견이 좁혀지지 않자 국민당 정부가 통합에 적극 관여하기 시작했다. 정당 통합은 나중으로 하고 먼저 무장조직인 한국광복군과 조선의용대를 통합하자는 것이었다. 장개석은 1940년 조선의용대 상당수가 공산당 관내인 화북으로 넘어가는 사건이 일어나자 한국의 무장조직을 중국군사위원회의 지휘 아래 두고 명확히 통제하려 했다. 이에 따라 선제적으로 1942년 4월 조선의용대가 한국광복군에 편입됐다.

이어진 전선연맹의 임시정부 참여는 임시의정원에 참여하는 방식으로 이뤄졌다. 당시 23명의 임시의정원 의원은 모두 한국독립당 소속이었다. 여기에 새롭게 선거를 해 23명을 추가로 뽑기로 했다. 1942년 8월 선거 결과 조선민족혁명당 12명, 조선민족해방동맹과 조선혁명자연맹 각 2명으로 좌파 계열 정당 소속 16명과 우파인 한국독립당 7명이 선출돼 모두 46명의 임시의정원 의원이 구성됐다. 이는 1919년 임시정부가 출범한 이래 가장 많은 수였다. 이렇게 좌우가 손을 잡고 통일의회를 구성했으니 임시정부는 군의 통합뿐만 아니라 좌우 정치세력의 통합도 이뤄냈다. 통일의회는 의장 홍진과 부의장 최동오가 이끌며 업무를 시작했다.

1944년 4월 21일 통일의회는 임시정부로서는 마지막이었던 개헌을 통해 다섯 번째 헌법인 「대한민국 임시헌장」을 발표했다. 4월 24일에는 새 헌법에 따라 정부를 조직했다. 잠시 정부 조직의 면면을 살펴보자.

주석 김구(한국독립당) **부주석** 김규식(조선민족혁명당)

외무부장 조소앙 **군무부장** 김원봉

재무부장 조완구 **내무부장** 신익희

법무부장 최동오 **선전부장** 엄항섭

문화부장 최석순

국무위원* 이시영 조성환 황학수 조완구 차리석 박찬익 조소앙 안훈
　　　　장건상 김붕준 성주식 유림 김원봉 김성숙

---

* 한국독립당 8명, 조선민족혁명당 4명, 조선민족해방동맹 1명, 조선혁명자동맹 1명이다.

역사에 만약은 없다지만 만약 미군정이 임시정부를 승인했다면, 광복 후 이들이 중심이 되어 새로운 나라를 이끌어갔을 것이다. 과연 어떠했을까. 완전하지는 않지만 좌우 합작을 이루었으니 그들은 포용의 폭이 넓은 나라를 만들어갔을 것이다. 또한 일생을 독립운동에 매진한 인물들이니 국내의 친일파와 일본에 대해 확실한 조치를 하지 않았을까. 어쩌면 반민특위와 같은 별도의 기구를 설치하는 것 자체가 불필요했을지 모른다. 좌우 연합정부가 꿈꿨던 나라의 구체적 모습을 중국 내 독립운동 세력 통합과 좌우 합작을 모색하며 작성한 「대한민국 건국강령」을 통해 상상해보자.

「대한민국 건국강령」

임시정부는 중경에 도착한 뒤, 당-정-군으로 체제를 정비하며 광복 이후 새로운 국가에 대한 비전을 제시했다. 그 비전은 1941년 11월 28일, 국무회의를 거쳐 국무위원회에서 발표한 「대한민국 건국강령」에 담겨 있다.

「대한민국 건국강령」은 총강, 복국, 건국의 3장 24개 항이며 핵심은 세 번째 장인 건국에 있다. 조소앙의 삼균주의를 바탕으로 새롭게 세울 나라의 모습과 관련해 크게 정치·경제·교육의 세 분야로 정리했다. 새로 수립할 대한민국은 당연히 민주공화국으로 모든 인민의 기본 권리를 보장하고 납세와 병역의 의무를 정했다. 다만 일본 세력에 기대거나 독립운동을 방해한 자 등은 선거권과 피선거권을 부여하지 않기로 했다. 지방자치제를 도입해 중앙정부의 독재를 막거나 토지와 대생산기관은 국유화하는 것처럼 일정 부분 계획경제를 시도하고 있다는 것도 눈에 띈다. 임시정부는 이를 위해 일본이 차지하고 있던 모든 시설과 토지를 국유화한 뒤 토지의 경우 고용농과 자작농, 소지주 등에게 우선 지급한다는 내용까지 적시했다. 교육에 대해서는 국비 의무교육제도를 택해 국가가 초등교육은 물론 고등교육에 들어가는 비용도 부담한다고 했다. 「대한민국 건국강령」은 임시정부가 수립할 새로운 나라가 개인이나 특정계급의 독재를 막는 민주공화국으로 정치·경제·교육에서 국민 전체가 균등한 생활을 누릴 수 있도록 하는 것에 목표를 두고 있었다.

사회주의적 요소가 다분한 「대한민국 건국강령」을 우파 중심의 임시정부가 결정했다는 점이 흥미롭다. 훨씬 시간이 지난 지금 이른바 우파 또는 보수 세력은 임시정부의 이 생각을 받아들일까. 거꾸로 임시정부 요인들이 지금의 그들을 자신들과 같은 우파 정치세력으로 볼까 궁금하다.

제국에서 민국으로 가는 길

임시정부의
마지막 청사

중경 대한민국 임시정부 청사
중경시 유중구 칠성강 연화지 38호

이제 중경 대한민국 임시정부 청사로 가보자. 임시정부 요인들이 환국 전에 사진을 찍은 것으로 유명한 계단이 있는 그곳으로. 이곳을 찾는 사람들 대부분이 그 계단에서 사진을 찍으니 우리나라 사람들에게 이토록 유명한 촬영 명소가 또 있을까 싶다. 먼저 이 청사의 내력을 간단하게 살펴보자.

우리 임시정부도 중경을 떠날 때까지 네 번 옮겨다녔으니 그 고해파란苦海波瀾만은 영원히 잊을 수 없다. 제1차는 양류가, 제2차는 석판가石坂街, 제3차는 오사야항嗚師爺巷, 제4차는 연화지蓮花池에서 보냈다. 양류가에서는 폭격으로 인하여 더 이상 버틸 수가 없어서 석판가로 이전하였다. 그랬는데 석판가에서는 화재로 건물이 전소되는 바람에 심지어 의복까지 소실되었다. 오사야항에서는 화재는 겨우 면할 수 있었으나

중경 대한민국 임시정부 청사 입구. 외벽에 '연화지 38호'라고 적혀 있다.

제국에서 민국으로 가는 길

폭격으로 인하여 가옥이 완전히 무너졌기 때문에 다시 중수하였다. 그러나 인원은 많고 방이 좁아 부득이 이곳을 정부 직원 주택으로 사용하고, 제4차 정청을 연화지에 70여 칸 건물을 빌려서 사용하였으니, 세금이 1년에 40만 원이나 되었다. 장 주석이 특별히 보조해주어 정부가 중경을 떠날 때까지 이곳을 사용하였다.

— 《백범일지》

지금 남아 있는 곳은 중경 임시정부의 네 번째 청사이자 마지막 청사다. 다른 곳과 마찬가지로 찾아가는 길이 조금 복잡하다. 중경이 갑작스럽게 성장한 도시이기도 하거니와 경사로에 건물을 지었기 때문에 예상 밖의 골목들이 나타난다. 더구나 최근에 중경은 엄청난 인구에 어울리는 거대한 건축물을 짓고 있기 때문에 주변 분위기가 확확 달라진다. 그래서 경사진 도로에 차를 세우고 중국어와 한글로 '중경 대한민국 임시정부 구지 진열관'이라는 안내판을 먼저 찾아낸 뒤 표시된 화살표 방향으로 걸어가면 된다. 이 짧은 골목길을 지나면 상해에서 시작한 그 긴 여정이 끝이 난다. 감개무량하기도 하고, 또 아쉽기도 하다. 골목 좌우에 높다랗게 서 있는 아파트 사이를 지나면 저 멀리 검은 빛깔의 오래된 건물 하나가 보인다. 바로 중경 대한민국 임시정부 청사다. 우리에게도 감동이지만 우리와 비교할 수 없는 감격을 느낀 이들이 있다. 안휘성安徽省(안후이성)을 출발해 5천 킬로미터를 걸어서 1945년 1월 31일 이 청사에 도착한 50여 명의 청년들이다. 이들 중에는 김준엽·장준하도 있었다.

임시정부 청사 앞뜰은 우리들 50여 명을 2열 횡대로 정렬하기에 충분했다. 누구의 지휘 구령도 없이 우리는 오伍와 열烈을 맞춰 섰다. 줄이 정돈되어가자 우리는 침묵으로 감격을 억눌렀다. 1945년 1월 31일 하오가 휘날리는 태극기의 기폭처럼 벅찬 감회에 몸부림치며 시간이 흐름을 잠시나마 정지시켰고 나의 의식도 아련해졌다. (중략) 이분(김구)을 찾아 6천 리, 7천 리, 7개월 행군의 귀향처럼 우리는 애국가를 듣고 싶었다. 한 발짝 한 발짝을 옮길 때마다 그 얼마나 갈망했는가, 지금의 이 순간을. 걸어온 중국의 벌판과 산길과 눈길 속에 뿌린 우리들의 땀과 한숨과 갈망이 들꽃으로 가득히 대륙에 피어나고, 그 들꽃 속에서 일제히 합창의 환영곡이 들려오는 듯한 환상의 곡 속에서 김구 선생을 맞았다.

— 《장준하 전집》, 1권, 돌베개

김구를 만난 50여 명의 청년들, 그들을 만난 김구와 임시정부 요인들, 그 소식을 토교에서 들었을 임시정부 요인의 가족들, 누가 가장 감격스러웠을까. 그 대소를 가리기 어려울 것이다. 임시정부가 아니었다면 그리고 광복군이 없었다면, 이렇게 감격스런 순간을 맞이할 수 있었을까. 당시 그들에게는 중경의 임시정부 청사가 '대한민국'이지 않았을까. 그들이 섰다고 하는 청사 앞마당은 이제 주변 건물이 확장되며 작은 계단 하나만 남았다. 저 위에 섰을 김구, 저 아래 섰을 청년들의 뜨거운 눈물이 이 공간에 흘렀을 것이다.

이제 계단을 오른다. 그 아래며 벽에 대한민국 임시정부 청사가 있던 곳임을 알려주는 표지가 있다. 원래 이곳은 중국인 범백용 소유의 호텔

제국에서 민국으로 가는 길

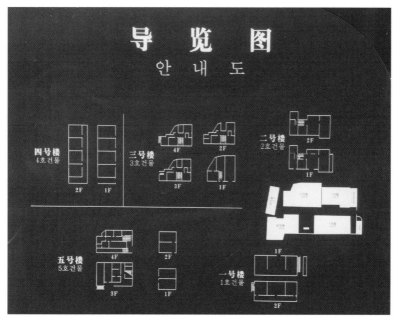

중경 대한민국 임시정부 청사의 건축 배치도.

로 당시 이름은 '칠성란七星蘭'이었다. 이곳 주소인 '유중구 칠성강 연화지 38호'에서 그 이름의 내력을 짐작할 수 있다. 한때 호텔이었던 이곳의 건물은 모두 다섯 동이며 총 건축 면적은 1019.36제곱미터에 이른다고 한다. 면적이며 위치로 볼 때 김구가 말한 1년에 40만 원이라는 비싼 임대료가 이상하지 않은 곳이다. 지금 주변의 재건축 분위기 속에서 이러한 건물이 남아 있는 것이 신기할 정도다.

　작은 문을 지나면 드디어 그 유명한 계단이 나온다. 계단은 건물 사이에 길게 나 있다. 중경 임시정부 청사는 중국 내 청사 중에서 가장 규모가 크다. 임시정부는 이 연화지 청사를 1945년 1월부터 광복을 맞이해 고국으로 귀국하는 11월까지 썼다. 여러 설명이 가능하겠지만 많은 내용을 이미 살펴보았으니 여기서는 현지 안내판의 내용을 살펴보겠다.

1호 건물

1층은 원래 서무국, 경위대, 선전부 집무실로 사용되었으나 현재는 대한민국 임시정부의 활동을 소개하는 전시관으로 구성했다. 2층은 군무부, 문화부, 선전부장실이었으나 건물이 너무 낡아 철거 후 원래의 모습으로 복원했다가 다시 한국광복군의 활동을 소개하는 군사활동 전시실로 개조했다.

2호 건물

1층은 임시의정원 회의실 겸 식당으로 사용됐던 곳이다. 임시의정원은 헌법에 명시된 최고기구로서 1919년 구성된 이후 광복을 맞이할 때까지 총 39회의 의회가 개최됐다. 「대한민국 임시헌장」(1944년 4월 22일)에 의하면 국내의 각 도와 국외 거주 교포 중에서 인원을 정하여 선출했는데 정원은 57명이었고, 임기는 3년으로 연임이 가능했다. 2층은 외무부, 외무부장, 외무부차장 집무실로 사용됐다.

3호 건물

1층은 내무부와 경위대 사무실, 2층은 재무부와 업무를 처리하던 곳이며, 3층은 김구 주석의 집무실과 국무위원 회의실로 사용되던 곳이다. 김구 주석은 국서를 접수하고 국군을 통감하며 국무위원회 주석으로서 대한민국 임시정부를 대표했다. 국무위원회는 주석과 8~14명의 위원으로 구성되며 국무를 의결하고 정무를 총괄했으며 비서처, 주석 집무실, 서무국 등의 부서가 있었다.

4호 건물

이곳은 대한민국 임시정부가 환국한 이후 철거된 상태로 있던 것을 복원한 것이다. 2층으로 된 이 건물은 각각 네 개의 방으로 구성됐는데, 1층은 외빈 숙소와 주석 비서실이었으며, 2층은 좌로부터 유동열·차리석·최동오·윤기섭 선생의 집무실 겸 숙소로 사용됐다. 건물의 뒤편에는 일본군 폭격기의 공습에 대비하기 위한 방공호가 있었는데, 헐려 없어졌던 것을 다시 원형대로 복원했다.

5호 건물

이곳은 원래 4호와 연결된 2층 건물이었으나, 현재의 건축 구조와 관리사무실의 설치 필요에 따라 현재의 3, 4층은 그대로 둔 것이다. 1층은 창고(현재 한중우호협력실, 기획전시실로 사용), 2층은 외빈 접대실로 사용됐는데 대한민국 임시정부는 이곳에서 중국 등 외교사절들을 맞이했다.

안내판의 내용으로 각 건물이 어떻게 쓰였는지 알 수 있다. 이제까지 살펴본 임시정부의 변화·발전 모습과 거기에 참여했던 사람들의 익숙한 이름들이 적혀 있다.

1945년 봄, 김구를 비롯한 임시정부의 요인들이 이 청사에서 바쁘게 움

주석 판공실. 집무와 숙박이 가능하도록 만들어진 김구 주석의 집무실로 3호 건물 3층에 있다.

3호 건물 3층에 있는 국무위원회 회의실. 2017년 우리나라 대통령과 정부 각료들이 이곳에서 임시국무회의를 열어 중경 시절 임시정부 활동의 의미를 기리기도 했다.

제국에서 민국으로 가는 길

직였으리라. 1호 건물 2층이 군무부, 문화부, 선전부장실이었으니 여기에서 김원봉·최석순·엄항섭이 각각 업무를 보았을 것이다. 김원봉의 우렁찬 목소리, 엄항섭이 영어로 전화를 주고받는 목소리가 들려오는 것 같지 않은가. 또 2호 건물에서 임시의정원 회의가 열릴 때면 두꺼운 뿔테 안경을 쓴 의장 홍진과 가슴까지 치렁치렁한 수염이 인상적인 부의장 최동오가 번갈아가며 사회를 보았을 것이다. 3호 긴물에서는 김구 주석이 국민당의 오철성 같은 외부 인사를 만나고, 4호 건물에서는 유동열·차리석·최동오·윤기섭 등이 활동했을 것이다. 얼마나 감격적인 현장인가.

　단지 역사 유적으로만 남을 뻔한 이곳에 최근 우리나라의 대통령이 방문하면서 작게나마 국무위원 회의를 연 바 있다. 과거와 현재를 잇는 고리 하나가 더 생긴 셈이다.

필사적인 외교전을
펼치다

중경에 도착한 임시정부는 외교전에 많은 공을 들였다. 제2차 세계대전이 연합국의 승리로 끝나면, 연합국은 제2차 세계대전 이전의 모습을 기준으로 자신들에게 유리한 방식으로 세계를 재편할 것이기 때문이었다. 이럴 경우 독일의 폴란드 침공이 있던 1938년이나, 일본이 진주만을 폭격한 1941년 이전에 이미 일본의 식민지였던 한국이 독립 대상에서 배제될 가능성이 높았다. 국내로 한국광복군을 투입해 일본을 몰아내는 것이 독립을 위한 가장 좋은 방법이지만 전면전은 엄청난 희생을 각오해야 했다. 차선책은 임시정부가 여러 나라로부터 독립 승인을 받고 연합군의 작전에 공동 참여하는 것이었다. 연합국의 입김을 배제할 수는 없지만 독립을 확정지을 수 있다는 점에서 중요한 의미가 있었다.

그런데 연합군과 직접 연결할 채널이 임시정부에는 거의 없었다. 중국 국민당 정부를 통해 연합국과 간접적으로나마 연락을 꾀해야 했다. 당시 국민당 정부는 임시정부를 전담할 인력과 기구까지 두고 있었다. 임시정부는 1932년부터 1938년까지 진과부와 소통했는데, 이때는 일종의 비선을 통한 교섭이었다. 국민당 정부가 조직부를 설치한 1938년부터 1944년

제국에서 민국으로 가는 길

까지는 주가화, 이후에는 오철성이 국민당 정부의 조직부장으로 공식적
으로 임시정부와 교섭했다.

　이들은 임시정부의 여러 의견을 국민당 정부에 전했는데 임시정부 승
인에 대한 요구도 전달했다. 주가화의 경우 1942년에만 5월과 6월, 7월
에 각각 국민당 정부에게 임시정부 승인을 요청했다. 그러나 미국이 임시
정부를 승인힐 의사가 없다는 것을 눈치 챈 국민당 정부는 임시정부를 단
독으로 승인하기 어렵다는 답변을 해왔다. 미국의 승인을 구하기 위해 구
미위원회 위원장인 이승만이 다방면으로 노력했으나 결론은 마찬가지였
다. 이에 따라 눈을 돌린 것이 국제회의를 통해 임시정부의 지위를 인정
받고 한국의 독립을 확인받는 방식이다.

운명의
카이로회담

　　　　　　　　간혹 일본의 패망에 따라 한국의 독립이
이뤄졌다고 생각하며 일본을 항복시킨 미국을 한국 독립의 은인처럼 여
기는 경우가 있는데 이는 세계정세를 잘 모르고 하는 소리다. 물론 미국
의 참전은 일본의 패망을 가져왔고, 우리가 독립할 기회를 가졌으니 아예
미국이 우리의 광복과 관계가 없다고 이야기할 수는 없다. 그러나 미국은
자국의 이익을 먼저 생각했다. 너무 당연한데 사람들은 착한 미국을 상정
하는 경우가 많다. 미국에게 한국의 독립은 차후의 문제였다.

「카이로선언」(1943년 11월): 카이로회담에서 미·영·중 3대 연합국은 제2차 세계대전이 끝난 뒤 연합국이 일본의 영토를 어떻게 처리할 것인지에 대한 기본 방침을 처음으로 천명했다. 선언문에서 한국민이 노예 상태에 놓여 있음을 상기하면서 적당한 시기에 적당한 절차에 따라 자유롭고 독립적인 국가로 만들도록 하였다.

– 《고등학교 교과서》, 천재교육

한국사 교과서에 나오는 「카이로선언」, 그리고 카이로회담에 대한 내용이다. 연합국이 한국의 독립에 관심을 표명하다니, 조금 갑작스런 면이 있지 않은가. 독자들은 이미 짐작했겠지만 선언의 배경에 임시정부의 외교가 있었다. 그 과정을 살펴보자.

임시정부가 카이로회담 소식을 들은 것은 1943년 7월이다. 임시정부는 곧장 오철성을 통해 장개석에게 면담을 요청했고 장개석의 승락에 따라 전격적으로 한중 수뇌부의 회담이 이뤄졌다. 1943년 7월 26일 임시정부에서는 주석 김구, 외무부장 조소앙, 선전부장 김규식, 광복군 총사령 지청천, 광복군 부사령 김원봉과 통역으로 안원생이 참여했고 중국 측에서는 장개석과 오철성이 참여했다. 이 자리에서 김구와 조소앙은 영국과 미국이 한국의 장래 지위에 대해 '국제공동관리' 방식 채용을 주장하는데 중국은 여기에 현혹되지 말고 한국 독립을 주장해줄 것을 요구했다. 국제공동관리 방식이라니 무엇일까. 바로 신탁통치를 말한다. 이때 미국은 전후 세계에 자신의 영향력을 강화할 수 있는 방식으로 신탁통치를 염두하고 있었는데 임시정부가 이를 간파했던 것이다. 임시정부의 요구에 대해

제국에서 민국으로 가는 길

카이로회담에서 추수감
사절 회동을 갖는 장개석
·루스벨트·처칠. 국립
문서기록관리청 소장.

장개석은 미국과 영국을 설득하는 것이 어렵겠지만 힘써 보겠다고 약속
했다. 사실 장개석의 입장에서도 일본이 한국을 계속 점령하거나 혹은 다
른 나라가 한국에 영향력을 끼치는 것은 반갑지 않은 일이었다.

　장개석은 임시정부와 약속을 지켰다. 1943년 11월 23일 열린 회의에서
영국과 미국에게 한국의 독립을 약속하고 즉각 발표하자고 주장했다. 장
개석의 예상처럼 두 나라, 그러니까 처칠의 영국과 루스벨트의 미국이 강
력하게 반발했다.

　처칠은 한국의 독립을 보장할 경우 인도가 독립하겠다고 나설 수도 있
으며, 무엇보다 일본의 한국 지배를 계속 허용하는 강화협정을 일본과 맺
을 계획을 갖고 있는 터였다. 처칠은 루스벨트에게 장개석의 주장을 말려
달라고 했다. 하지만 원래 이 회의는 미국이 확장 일로에 있던 일본을 중
국에게 막아달라고 하기 위해서 열렸다. 당시 일본은 중동에서 독일과 만
난다는 전략을 세우고 미얀마와 인도를 공격하는 중이었다. 또 남쪽으로

호주와 뉴질랜드를 침공할 가능성도 있었다. 이를 막기 위해서 미국은 중국을 지원하여 일본군이 중국전선에 매달리도록 할 계획이었다. 미국은 중국의 도움이 필요했기에 장개석을 회의에 초청한 것이었다.

따라서 루스벨트는 장개석의 요구를 무시하기 어려웠다. 결국 한국의 독립을 약속하되 조건을 걸기로 했고 여기에 처칠과 장개석이 동의했다. 세 나라가 결정한 조건은 세 단계를 거쳐 정리됐다. 처음에는 '가장 이른 시기at the earlier possible moment'였지만 미국 손을 거치며 '적당한 시기at the proper moment'가 됐다가 마지막으로 영국 손을 거치며 '적당한 시기, 적당한 방법in due course'이 되어 1943년 12월 1일 「카이로선언」으로 발표됐다.

「카이로선언」을 들은 임시정부는 일단 환영의 뜻을 표했다. 연합국의 승리가 확실한 전쟁 국면에서 연합국 수뇌가 한국의 독립을 확인해준 것은 큰 쾌거였다. 이로써 한국의 독립은 돌이킬 수 없는 사실이 됐다. 그런데 문제는 'in due course'란 어구였다. 당시 중국 언론은 이를 '당연한 순서'로 번역했지만 임시정부는 여러모로 분석한 뒤 이 어구의 뜻이 곧 신탁통치라고 판단했다. 이에 따라 김구는 다음과 같은 성명을 발표했다.

우리는 당연한 순서라는 말을 어떻게 해석하던지 그 표시를 좋아하지 않는다. 우리는 반드시 일본이 붕괴되는 그때에 독립되어야 할 것이다. 그렇지 않으면 우리의 싸움은 계속될 것이다. 이것은 우리의 변할 수 없는 목적이다.

― 《백범일지》

제국에서 민국으로 가는 길

임시정부 요인들이 나중에 모스크바 3상회의에서 신탁통치에 대해 강력하게 반발한 이유가 여기에 있다.* 이런 까닭에 「카이로선언」은 독립운동사, 더 나아가 한국 현대사에 굉장한 의미가 있다. 국제사회가 한국의 독립을 공식 확인해준 첫 번째 선언인 동시에 식민지 지배를 받던 수많은 나라 가운데 유일하게 한국만 독립을 확인받은 선언이기 때문이다. 김구가 성명을 발표하며 비판하기는 했으나 'in due course'라는 조건은 나라를 되찾은 뒤 우리가 풀어가면 될 문제로도 볼 수 있다. 그러니 카이로회담을 두고 펼친 임시정부의 외교활동은 큰 성과를 거뒀다고 인정해도 될 것이다. 이후 임시정부는 상해 시기 조계지에서 호의를 보여주었던 프랑스와도 접촉했다. 외무부장 조소앙이 중경의 프랑스대사관을 1944년 8월부터 여러 차례 방문하며 외교관계를 이어나가기 위해 노력했다.

---

* 언론 보도는 소련이 주장했다고 하지만 사실은 미국이 주장했다.

세계 각지의
우리 독립운동 세력과 손잡다

일제의 패망이 다가오자 임시정부는 국내 진공을 위해 세계 각지에 있는
독립운동 세력과 연결을 시도했다. 이미 오랫동안 임시정부를 지원해온
미주의 독립운동 단체인 '재미한족연합위원회'가 중요하게 떠올랐다. 미
주의 9개 독립운동 단체가 합친 재미한족연합위원회는 임시정부에 필요
한 독립운동 자금을 댔으며 임시정부의 대미 외교를 전담하는 창구 역할
도 했다.

또 화북 지역 연안延安(옌안)에서 활동하고 있는 조선독립동맹과 그 군
대인 조선의용군도 새로운 교섭 상대로 떠올랐다. 중국공산당의 영향을
받는 조선독립동맹이지만 임시정부가 좌우 연합정부를 만들었을 때 협력
할 의사를 전해왔다. 이에 대해 임시정부도 화답을 했다. 실제로 군사부
문에서 협력하기 위해 1943년 3월 임시정부 주석 김구는 조선독립동맹
위원장 김두봉에게 편지를 보냈다. 편지가 남아 있지 않아 정확한 내용을
알 수는 없지만 압록강에서 한국광복군과 조선의용군이 합세해 국내로
진입하자는 제안을 한 것으로 보인다. 김구는 편지에 그치지 않고 국무
위원 장건상을 연안에 파견했다. 임시정부의 적극적인 움직임에 김두봉

이 중경으로 오겠다고 했지만 실행되지 못했다. 일본이 먼저 망했기 때문이다. 김구와 김두봉의 편지 교환은 광복 이후 두 사람이 남북정치지도자 협상 과정에서 만나는 데에도 밑바탕이 됐을 것이다.

흥미로운 것은 임시정부가 김일성의 존재를 알고 있었고 또 연락을 취했다는 것이다. 1937년, 보천보전투를 인지한 임시정부는 그 내용을 기관지에 소개하기도 했다.

> 정세로 말하면 동북 3성(만주) 방면에 우리 독립군이 벌써 자취를 감추었을 터이나, 신흥학교 시절 이후 30여 년이 지난 오늘까지 오히려 김일성 등 무장부대가 의연히 산악지대에 의거하여 엄존하고 있다. 이들이 압록, 두만을 넘나들며 왜병(일본군)과 전쟁을 할 수 있었던 것은 중국 의용군과 연합작전을 하고 러시아의 후원도 받았기 때문이다. 이렇게 현상 유지를 하는 정세라. 관내 임시정부 방면과의 연락은 극히 곤란하게 되었다.
>
> — 《백범일지》

임시정부는 만주 일대에서 꾸준히 독립운동을 하는 세력들을 파악하고 있었고 일제의 패망이 가까워지자 이 지역 독립운동 세력과 연합할 필요를 느꼈다. 임시정부는 러시아와 중앙아시아의 한국 교포 100만여 명과 연락할 방법을 찾기 위해 국민당 정부에 협조를 구했다. 비밀리에 이충모를 보내 연락을 도모하기도 했다. 눈에 띄는 성과는 보이지 않지만 세계 각지의 독립운동 세력 규합을 위한 임시정부의 발걸음이 빨라진 것이 느껴진다.

　오히려 국내 세력과 연결하기가 어려웠는데, 중경이 상해에 비해 국내와 멀었기 때문이다. 그럼에도 불구하고 제37차 임시의정원회의에서는 국내공작위원회 설치를 결의했다. 이 위원회는 김원봉·성주식·조성환·김성숙·안훈이 담당하는 것으로 했다. 국내공작위원회 소속인지는 불분명하지만 1944년 11월, 백창섭과 문덕홍이 중경을 출발해 국내에 잠입했던 기록이 남아 있다. 또 국내에서 1944년 8월 조직된 여운형이 이끄는 건국동맹과 상호 연락을 취하고자 했다. 성과는 없었지만 광복 이후 서로가 협력할 수 있는 바탕이 된 시도라는 점에서 중요하다. 일제의 패망을 앞두고 임시정부는 광폭으로 움직이고 있었다.

한국광복군을
국내로 진공시켜라

1945년 2월 임시정부는 독일에 대해 선전포고를 했다. 그 이유는 미국 샌프란시스코에서 연합국 회의가 열리는데 참가 자격을 1945년 3월 1일 이전에 독일에 선전포고한 나라로 한정했기 때문이다.

　선전포고를 한 이상 연합국 군사작전에 참여해야 하는데 문제가 하나 있었다. 국민당 정부, 정확하게는 국민당의 중국군사위원회가 광복군을 지휘하고 있었기 때문이다. 앞에서 살펴봤듯이 중국은 한국광복군을 승인하면서도 중국군사위원회를 통해 통제하려 했다. 이때 조선의용대의 주요 병력이 공산당 관내로 넘어가는 사건이 일어나자 1941년 11월 한국광복군을 중국군사위원회 휘하에 두고 중국군의 지원군으로 삼는다는 「한국광복군 9개준승」을 강요했다. 이에 대해 임시정부는 강력 반발하며, 이 내용이 무효임을 주장하는 한편 중국군사위원회와 교섭에 들어갔다. 1944년 8월, 임시정부는 광복군이 중국 관내에 있을 때는 중국군과 함께 대일작전에 참가한다는 조건부로 「한국광복군 9개준승」을 폐지한다는 통보를 받았고 1945년 3월, 새로운 군사협정인 「원조한국광복군판법」을 체결했다. 이로써 한국광복군은 중국군사위원회의 통제에서 완전히 벗어났고 임시정부가 통수권을 갖게 됐으며 중국의 원조는 차관의 형식을 띠게 됐다.

연합군으로
참전하다

임시정부는 한국광복군 독립을 위해 중국군사위원회와 협상을 벌이는 한편 연합국의 일원으로 전쟁에 참여했다. 이는 광복군의 필요에 의한 것이기도 하지만 연합국의 요청에 의해서기도 했다. 그 첫 작전에 들어간 부대는 '인면전구공작대'다. 부대 이름이 조금 어려운데, '인면'의 인은 인도, 면은 미얀마를 가리킨다. 즉 인도 – 미얀마 전선에서 활동할 공작대란 뜻이다. 영국군은 일본군과의 전쟁을 수행하는 데 영어와 일어에 능숙한 요원이 필요하자 한국광복군에게 참여를 요청했다. 이에 따라 광복군은 한지성·문응국 등 모두 9명을 선발해 1943년 8월 영국군 총사령부가 있는 인도 캘커타로 보냈다. 여기서 통신과 공작에 필요한 기술을 배운 후 1944년 영국군에 분산 배치됐다. 비록 소수지만 광복군의 활약은 대단했다. 일본군을 대상으로 심리전을 벌인 끝에 일본군에서 상당수 군인이 탈영하게 했으며, 1944년 5월 영국군 제17사단이 만달레이에 포위되어 있을 때 무선통신을 통해 일본군의 움직임을 파악하여 영국군이 포위망을 벗어날 수 있도록 했다. 이에 대해 영국의 사단장은 직접 광복군을 찾아 감사의 뜻을 전했다고 한다. 광복군은 미얀마 탈환작전이 끝나는 1945년 7월 중순까지 영국군으로 여러 전

1943년 8월 말부터 1945년 7월 중순까지 인도와 미얀마 지역에서 영국군과 작전을 수행했던 인면전구공작대의 모습이다. 앞줄 왼쪽부터 나동규·김성호, 뒷줄 왼쪽부터 김상준·문응국·박영진·한지성·영국군 연락장교 베이컨. 독립기념관 제공.

투에 참여했다. 이들은 일본의 항복 소식까지 들은 뒤 1945년 9월 10일, 중경의 한국광복군 총사령부로 돌아왔다. 만 2년 만의 복귀였다.

국내 진공으로 가는 길

한국광복군은 연합군으로 참전하는 동시에 국내로 공격하여 들어가는 것을 준비했다. 사실 국내 진공이 광복군에게 가장 중요했다. 이를 위해 광복군은 미국의 OSS*와 협력에 들어갔다. OSS는 광복군을 한반도에 진입시켜 첩보활동을 한다는 계획인 '독수리 작전The Eagle Project'을 수립했고, 이를 1945년 4월 임시정부 주석 김구가 승인하며 실행됐다. 김구는 실무 진행을 위해 중국 주둔 미군 총사령관을 방문하기도 했다. 광복군은 OSS와 연계한 국내정진군 공작반을 편성했고 독수리작전을 수행하기 위해 광복군 제2지대는 서안에서, 제3지대는 안휘성 입황에서 미군으로부터 3개월 과정의 훈련을 받기로 했다. 먼저 시작된 서안 제2지대 1기생의 훈련이 1945년 8월 4일에 끝났다. 김구는 8월 5일 광복군 총사령 지청천 등 19명과 서안으로 가서 미국 측과 국내 진공 문제를 협의했다. 여기에서 OSS의 도노반William B. Donovan 소장은 다음과 같이 선언했다.

"금일 금시로부터 아메리카합중국과 대한민국 임시정부가 적 일본에 항거하는 비밀공작이 시작된다."

당시 국내 진공 작전은 크게 세 단계로 계획되었다. 1단계로 광복군 대원들이 잠수함으로 국내에 진입함, 2단계로 국내에 거점을 마련하고 공작을 통해 인심을 선동, 3단계로 OSS측과 연결해 무기를 비행기로 운반하여 적 후방에서 대규모 무장을 하는 것이다. 당시 제2지대 대원 장준하는 준비 사항을 이렇게 적고 있다.

---

* Office of Strategic Services. 전략정보국의 약자. 제2차 세계대전 당시 미국의 정보기관이다.

필요한 통신장비와 무기와 식량과 휴대품을 갖춰놓고, 일본 국민복과 일본 종이와 활자로 찍은 신분증을 가졌으며, 비용으로는 금괴가 준비 되어 있었다. 심지어 일본제 신발까지 준비가 되어 있었다.

— 《돌베개》, 장준하

광복군은 모든 준비가 됐다. 3개월의 훈련을 마친 한국광복군 국내정 진군의 국내 진공은 이제 명령만 떨어지면 됐다.

조금 빨리 온 광복, 해방

다음 날 서안의 명소를 대강 관람하고 축 주석(섬서성의 축소주 주석) 사 랑에서 저녁을 마친 후, 날씨가 매우 더울 때이므로 객실에서 수박을 먹 으며 담화하던 중 홀연 전화 소리가 울렸다. 축 주석은 놀라는 듯 자리에 서 일어나 "중경에서 무슨 소식이 있는 듯하다."라며 전화실로 급히 들 어가더니, 뒤이어 나오며, "왜적이 항복한답니다."라고 하였다.

이 소식은 내게 희소식이라기보다는 하늘이 무너지고 땅이 꺼지는 일이 었다. 수년 동안 애를 써서 참전을 준비한 것도 모두 허사로 돌아가고 말 았다.

— 《백범일지》

평생을 항일 반독재에 바쳤던 함석헌 선생은 "해방이 도둑처럼 왔다."라고 표현했다. 또 누군가는 여기에 편승해 "해방이 될 줄 몰랐다."라고 했다. 후자는 대체로 친일파들이 한 말인데, 함석헌 선생의 말은 갑작스럽다는 것이지 해방이 올 줄 몰랐다는 것은 아니다. 후자는 일제 치하가 영구할 것으로 믿은 자신을 변호하기 위한 말일 뿐이다.

1945년 8월의 전황은 변하고 있었고 일제의 패망은 예측할 수 있었다. 6일 히로시마에 원자폭탄이 투하됐다. 8일에는 소련이 일본에 선전포고를 하고, 9일에는 나가사키에 또 원자폭탄이 투하됐다. 이와 별도로 태평양전선에서 미군이 승리하는 중이었고 중국에서도 중국군이 일본군을 밀어내는 상황이었다. 관동군 등 일본 병력은 아직 그 수가 많았지만 전체적인 전황은 일본이 버티기 어려운 상황이었다. 일반 국민이야 그렇다 쳐도 독립운동에 참여하거나 고위급 친일파들이 몰랐을 것 같지는 않다. 다만 일본의 보유 전력으로 볼 때 그 항복이 조금 빨랐다.

결정적인 순간에는 시기가 중요하다. 임시정부로서는 한국광복군이 미국 등의 연합군과 국내로 진입한다는 작전을 본격적으로 펼치지 못했는데 일본이 항복하고 만 것이다. 망명정부를 이끌던 드골의 프랑스군이 파리에 입성했던 것처럼 임시정부의 광복군이 서울로 들어갔어야 했는데 그러지 못했다.

일본이 무조건 항복한다는 소식이 알려진 것은 1945년 8월 10일이다. 일본은 연합국이 「포츠담선언」에서 요구한 무조건 항복을 받아들이겠다고 했다. 그리고 공식적으로 항복을 선언한 것은 8월 15일, 그러니까 일황 히로히토가 전날 녹음한 방송을 튼 날이다. 히로히토는 '무조건 항복' 대

제국에서 민국으로 가는 길

신 '연합국의 공동선언을 수락'한다고만 했다. 실제로 그것이 국내에 널리 알려진 것은 다음 날 오후 1시, 여운형이 휘문고에서 연설을 하면서다.

임시정부의 마지막 움직임은 국내정진군의 여의도비행장 착륙이었다. 미국 OSS의 버드 중령의 지휘 아래 이범석·노능서·장준하·김준엽 등 광복군과 미군 등 모두 28명이 탄 군용기가 8월 18일, 여의도비행장에 착륙했다. 이때 미국은 미국인 포로 문제를 상의하려고 했으며, 임시정부는 일본의 항복을 받고자 했다. 그러나 일본군의 거부와 무력시위로 다음 날 중국으로 돌아가야 했다.

이로써 임시정부의 국내 진공, 그리고 일본에게 직접 항복을 받는다는 계획은 실패로 돌아갔다. 새롭게 전개되는 상황에서 임시정부는 새로운 전략을 세워야 했다. 아직 활동도, 작전도 끝나지 않았다.

아! 환국

생각보다 이른 시기에 온 광복으로 임시정부는 혼란스러웠다. 임시정부 환국 관련 문제를 회의를 통해 결정하려 했으나 임시의정원에서 야당이라고 할 수 있는 조선민족혁명당 등이 여당 한국독립당 위주로 짜여진 임시정부 국무위원 총사퇴를 요구하며 회의에 불참했다. 이 가운데 김구는 9월 3일 「국내외 동포에게 고함」이란 성명서를 발표했다.

> (전략) 우리의 국운이 단절되는 데 있어 수치적 인자가 허다하였다면, 금일에 조국이 해방되는 데 있어 각고하고 장절한 노력이 있었을 것을 삼척동자도 알 수 있는 것이다. 만일 허다한 우리 선열의 고귀한 열혈의 대가와 중·미·소·영 등 동맹군의 영용한 전공이 없었다면 어찌 조국의 해방이 있을 수 있었으랴. (하략)

조국의 광복에 독립운동의 뜨거운 노력과 피가 있었음과 함께 연합군의 공을 같이 나열한 것이다. 나중에 김구는 이를 우리 독립운동의 힘이 7, 외부의 힘이 3이 되어 광복을 맞았다고 한 바 있다. 엄연한 현실을 받

제국에서 민국으로 가는 길

아들인 것이다. 이때 김구는 국내에 과도정부가 수립될 때까지 임시정부가 정부 역할을 하겠다고 선언했다. 임시정부–과도정부–보통선거–정식정부로 가는 계획을 발표한 것이다. 이를 위해 임시정부 세력을 온전하게 국내로 옮기는 것이 필요했다. 임시정부는 다시 바쁘게 움직였다.

먼저 환국 전에 중국에서 두 가지 문제를 해결해야 했다. 하나는 400만명에 이르는 교포들의 문제였다. 임시정부는 중국 정부와 협의하여 11월에 주화대표단을 설치했다. 또 김홍일 등 중국군에 속해 있던 한국인에게이들을 부탁하기도 했다. 중국 밖의 교포들 문제는 중국 정부에 보호를요청했다. 다른 하나는 한국광복군을 확대하는 것이었다. 확군擴軍 작업이라고 할 수 있는데, 대략 2만 8천 명 정도로 파악된 일본군에 잡혀간 한국 청년들을 광복군에 편입시키고자 했다. 이를 위해 중국에 임시로 6개잠편지대暫編支隊를 편성했다.

환국을 위한
외교

중국 내 문제가 어느 정도 정리되자 본격적인 환국 준비를 했다. 임시정부는 환국을 위해 중국·미국과 교섭을 시작했다. 임시정부는 먼저 중국국민당 정부와 교섭하며 크게 네 가지를 요청했다. 임시정부의 국제적 승인을 도와줄 것, 교포의 생명과 재산을 보호해줄 것, 일본군에 속해 있는 한국 청년들을 광복군에 편입시킬 것, 환국에 필요한 교통편과 경비를 지원해줄 것 등이었다. 장개석은 임시정부의 요청에 대해 대체로 긍정적인 답변을 했다.

그러나 임시정부가 미국과 벌인 교섭은 좀 상황이 달랐다. 먼저 외무부장 조소앙이 주중 미국대사를 만나고 주석 김구와 외무부장 조소앙 명의로 미국 대통령에게 서신을 보내며 미국 국무부와도 교섭했다. 한편으로는 중국을 통해 미국과 교섭을 추진하기도 했다. 미국에 요청한 부분은 간단하다. 임시정부가 미군의 활동에 협력할 것이니 미국은 임시정부를 승인하고 국내에서 정부로 활동할 수 있도록 해달라는 것이었다. 미국은 임시정부를 정부 자격이 아닌 개인 자격으로만 환국을 허락한다는 방침을 밝혔지만, 한편으로 임시정부를 활용해 한국 내 정국의 안정을 모색하려는 생각도 하고 있었다. 9월 초, 국내에서 주요 인사들이 임시정부 환국과 지지를 표명하는 국민대회를 추진하고 있었는데, 그 인원이 상당했다. 미국은 한국 내에서 임시정부가 높은 지지도를 갖고 있는 점을 활용하고자 했다. 물론 임시정부를 활용한다는 것은 '정부'가 아닌 '개인'이었다.

미국의 방침에 대해 대부분의 임시정부 요인들은 분노를 터뜨렸다. 심지어 미군정이 철수한 뒤 귀국하자는 주장도 나왔다. 하지만 논의가 진행되며 '임시정부 요인이 모두 귀국하는 것은 어찌 정부가 귀국하는 것이 아니겠는가'로 결론을 내려, 마침내 미군의 요구를 받아들이기로 했다.

환국이 결정되자 실무적인 것들도 정리됐다. 임시정부 요인들을 두 팀으로 나누어 환국하며 중경에서 상해까지는 중국 측이, 상해에서 서울은 미국 측이 교통편을 제공하기로 했다. 10월 하순에 임시정부를 환송하기 위한 중국 측의 환송연이 열렸다. 중국국민당은 물론 공산당도 환송연을 열었으니 주은래·동필무 등이 참여했다. 또 장개석은 환국 경비로 특별히 1억 원과 미화 20만 달러를 지원해주었다.

조국으로
돌아가는 길

마침내 11월 3일, 임시정부 요인들이 중경 연화지 청사 계단에 모였다. 뒤편에 대형 태극기를 교차시켰다. 기나긴 임시정부를 마감하는 상징적 자리, 비록 완전하지는 않지만 광복을 맞이한 벅참, 그리고 새로운 도전에 대한 불안감 등이 교차하는 가운데 사진을 찍었으리라. 주석 김구를 가운데 두고 국무위원들이 중심에 섰다. 그리고 사진 찍을 준비를 하는 동안 임시정부 요인뿐만 아니라 일하는 사람도 불러모았다. 맨 마지막에는 임시정부 경비를 하던 경위들도 불렀다. 한 명이라도 더 사진에 들어가야 했다. 태극기를 손에 들고 한 장 더 찍었다. 청사 여기저기를 돌아다니던 꼬마 심현석도 이때 사진에 잡혔다.

조소앙 · 이시영 · 조완구 · 김학규 · 김구 · 홍진 · 유동열 · 김순애 · 신익희 · 노영재 · 임의탁 · 성주식 · 김성숙 · 최동오 · 김붕준 · 장건상 · 황학수 · 이해명 · 나동규 · 이평산 · 나성헌 · 유진동 · 민필호 · 윤기섭 · 김상덕 · 박찬익 · 유림 · 이영호 · 신송식 · 김은충 · 안우생 · 문일민 · 남상규 · 조성환 · 최승호 · 신현창 · 윤경빈 · 민영구 · 오희영 · 염온동 · 안봉순 · 김재호 · 이정호 · 안병무 · 김유철 · 민영숙 · 조계림 · 김정숙 · 백정갑 · 신건식 · 서상렬 · 허지수 · 박승헌 · 선우진 · 최형록 · 김의한 · 엄항섭 · 안미생. 모두 사진 속 인물들의 이름이다.

大韓民國臨時政府返國紀念
大韓民國二十七年十一月三日

1945년 11월 3일 중경 임시정부 청사 앞에서 대한민국 임시정부 환국을 기념해 찍은 사진. 백범김구선생기념사업협회 제공.

제국에서 민국으로 가는 길

같은 날 같은 장소에서 임시정부 환국을 기념한 사진. 뒤편에 꼬마 심현석도 있다. 백범김구선생기념사업협회
제공.

이들 가운데 11월 5일, 두 대의 비행기에 나눠 탄 29명의 임시정부 요인들은 다섯 시간 만에 상해에 도착했다. 상해에 도착해서 미군은 임시정부 요인들에게 개인 자격 귀국임을 확인하는 서명을 요구했다. 이 문제로 옥신각신하며 시간이 더 걸렸다. 11월 19일, 미국이 요구한 서명을 제출하니 그다음 날 비행기 한 대를 상해로 보내왔다. 탑승 인원이 15명인 비행기였다. 누가 먼저 탈지 결정하기 위해 국무회의를 여는 해프닝이 일어났다. 이렇게 해서 1진이 정해졌다.

김구·김규식 등 1진이 탄 비행기는 11월 23일, 상해를 출발해 세 시간 만에 김포비행장에 들어왔다. 국민들과 함께 흔들 태극기를 준비했지만 꺼낼 필요가 없었다. 미군이 임시정부 요인의 귀국을 극비리에 진행한 탓에 같이 태극기를 흔들 국민이 공항에 없었다. 2진이 탄 비행기는 12월 1일 상해를 출발했지만 그다음 날 김포비행장에 도착했다. 폭설 때문에 군산에 착륙한 뒤 자동차로 논산으로 이동하여 하룻밤을 보낸 뒤 다시 유성에서 비행기를 타고 김포에 도착한 것이다. 임시정부의 환국 모습은 초라하기 그지없었다. 미군정의 의도대로였다.

우리가 알고 있는 임시정부의 대대적인 환영식은 12월 1일, 서울운동장에서 열린 '대한민국 임시정부 봉영회'다. 3만여 명의 인파가 모였다. 그러나 거기에 임시정부 요인들은 없었다. 임시정부 요인들은 먼저 경교장에 모였다가 12월 19일, 비로소 서울운동장에서 열린 '대한민국 임시정부 개선전국환영회'에 참여했다. 독립운동에 평생을 바친 이들을 미군정이 최대한 꽁꽁 숨긴 것이니, 광복을 맞은 뒤 무려 4개월이 지나서 국민들과 얼굴을 마주하게 됐다. 이때는 무려 15만 명에 이르는 인파가 몰려

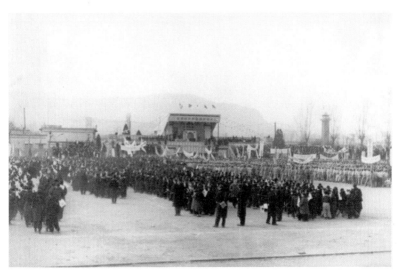

1945년 12월 19일 서울운동장에서 약 15만 명에 이르는 사람들이 모여 임시정부 요인들의 귀국을 환영했다. 백범김구선생기념사업협회 제공.

임시정부를 환영해주었다.

임시정부의 환국은 여기서 끝난 것이 아니다. 중경 시내와 토교에 머물던 임시정부 요인의 가족들이 남아 있었다. 1945년 11월 4일 기준으로 중경에 머물던 한국 사람의 수는 모두 501명이었다. 이들이 귀환할 교통편을 구하기 위해 국민당 정부는 백방으로 수소문했다. 일단 비행기는 어려운 상황에서 뱃길을 이용하는 방법이 있지만 명색이 대한민국 임시정부 요인들과 가족들인데 목선에 태워 보낼 수 없다는 것이 내부 의견이었다.

미군정의 처사와 비교해보면 고맙기 그지없는 일이다. 그래서 기선을 찾았지만 역시 구할 수 없었다. 교통편이 마련된 것은 이듬해 1월이었다.

1차 250여 명이 중경을 출발해 버스와 배를 이용해 2월 19일 상해에 도착했다. 2차, 3차에 이어 그해 7월에 마지막 4차가 중경을 떠나 상해로 왔다.

상해에서 임시정부 요인과 가족들은 세 달여를 기다린 끝에 4월 26일 미국의 LST함정을 타고 3일 만인 4월 29일 부산에 도착했다. 이로써 임시정부의 환국은 끝났다. 임시정부 요인과 가족들에게 고국, 조국은 어떤 의미가 있었을까.

> 토교에서는 후동이(김자동)처럼 중국에서 나고 중국에서 자란 어린이들이 몇몇 있었다. 모국의 산과 들, 모국의 냄새, 모국의 마음을 이야기로만 듣고 자란 아이들이었다. 나는 틈만 나면 독립된 그들의 조국에 대해 내가 알고 있는 모든 것을 이야기해주었다. 어쩌면 그것은 내가 나에게 들려주는 내 나라의 이야기였을지도 모른다. 그렇게 해서라도 20여 년 가까이* 내가 살지 못했던 내 나라를 나 스스로에게 확인시키려 했던 것인지도 모른다.
>
> – 《장강일기》

이렇게 꿈에도 그리던, 그리고 중국에서 태어난 아이들에게 소중한 나라라고 알려주던 고국으로 귀국을 했다. 거창한 환영식까지는 아니지만

---

* 정정화는 임시정부에 합류한 뒤에도 독립운동 자금을 위해 여섯 차례나 국내에 드나들었다. 마지막으로 고국을 떠난 것은 1931년이다.

제국에서 민국으로 가는 길

적어도 이역만리에서 독립운동을 한 고생을 알아주기만 해도 좋았을 것 같다.

그러나 광복을 맞은 지 거의 1년이 다 지나 도착한 그들을 대하는 고국은 차갑기 그지없었다.

계속해서 《장강일기》를 살펴보자.

미군들이 달라붙어 짐 검사를 한답시고 보따리들을 들었다 놨다 하면서 배 임자 값을 하려 들었다. 짐 검사는 그저 노는 손에 일잡히는 꼴이었고, 우리에게는 임시정부 측이라고 선심을 쓰는지 보따리 조사를 생략했다.

"조사는 무슨 조사야? 임시정부는 거지 떼나 마찬가지인데, 그냥 보내."

수천 명의 한국인들이 미군의 수송선에 탔다. 임시정부라고 봐준 건 짐 검사를 생략해준 것뿐이었다. 그들에게 임시정부 요인에 대한 존중을 바랄 수 없었다.

(부산에 배가 도착한 지) 마침내 사흘이 지난 뒤에야 우리는 부산에 첫발을 내딛게 되었다. 그리고 고국땅이라고 돌아와 처음으로 들어간 곳이 수용소였다. 난민 수용소, 우리는 난민의 자격으로 고국에 돌아온 것이다. 방역과 통관 절차 때문이라고 하나 기분이 언짢을 수밖에 없었다. 짐을 한곳에 모아놓고 모두가 일렬로 늘어서서 주사를 맞았다. 미군 병사

들이 옆에 서 있다가 옷 속에다 디디티DDT를 뿌려댔다. (중략) 부산 부두에서부터 부산역을 떠나올 때까지도 수천 명의 동포가 귀국한 것을 환영한다는, 그 흔한 현수막 하나가 걸려 있는 것을 본 기억이 없다.

어찌 이럴 수가 있을까. 임시정부가 유일한 독립운동 기관은 아니다. 그러나 독립운동의 중추였고 아무리 양보하더라도 독립운동을 했다는 것, 그러니까 일본과 맞서 싸운 존재였던 것은 분명하다.

일본을 내쫓고 나라를 되찾았으니 그들의 노고에 대해 최소한의 감사한 마음을 보여주어야 했는데, 분위기가 이상했다. 그런데 그 이유를 곧 알수 있게 됐다.

또 하나 눈살을 찌푸리게 하는 것은 기차가 설 적마다 화물칸으로 기어 올라와 설쳐대는 경찰관들이었다. 아무에게나 반말 짓거리로 대하고 위세를 부리는 꼴이 꼭 왜정 때의 경찰을 그대로 뽑아다 박아놓은 것 같았다.

일본의 패망이 곧 한국의 광복이 아니라는 것은 앞에서 이미 살펴보았다. 3·1운동 이후 독립에 대한 의지를 중국, 그리고 미국과 영국, 소련에게 끊임없이 전달했고 그들과 함께 싸웠기 때문에 연합국이 한국의 광복을 약속했고 또 현실로 옮겨졌다. 그러나 그 광복의 열매를 가져간 존재는 냉전이란 이름으로 한반도의 양쪽에 자리를 잡은 미국과 소련의 군정 장관이었다. 또 그들의 입맛에 맞는다면 일본의 앞잡이였더라도 주인 노

제국에서 민국으로 가는 길

릇을 할 수 있었다.

임시정부 요인들은 광복을 맞은 조국에서 '진정한' 광복을 위해 다시 한 번 필사의 노력을 다해야 했다.

100년 대장정의 끝,
그리고 새로운 100년의 시작

임시정부는 일본과도 싸웠고, 세계의 열강에 대한민국의 존재를 알리며 독립을 위해 싸웠다. 기대했던 바람직한 국내 상황은 아니지만 이겨내지 못할 이유도 없었다. 미군이 개인 자격이라고 했지만 임시정부 요인들은 다시 움직이기 시작했다. 국내외에서 활동하던 독립운동 세력과 새로운 나라 건설을 위해 협조와 경쟁을 하기 시작했다. 국외에서 제기된 신탁통치에 대한 반대,* 남북분단을 고착할지도 모르는 5·10총선거 반대, 그리고 남북분단을 막기 위한 남북협상을 펼쳤다. 그 속에서 1948년 8월 15일, 마침내 '대한민국 정부'가 수립됐다. 30년 만에 임시를 뗀 것이다. 남한의 단독정부 수립에 임시정부 인사 대부분이 반대했지만 그렇다고 대

---

* 이 부분은 친일파가 경력을 세탁한 것과는 다른 접근이 필요하다.

제국에서 민국으로 가는 길

한민국 정부가 임시정부와 관계없다는 것은 아니다. 제헌국회가 개헌한 날 이승만은 임시정부의 재건을 주장했다. 나라 이름도 그대로 대한민국 으로, 연호도 1919년을 원년으로 삼았다. 제헌 헌법의 전문을 보자.

유구한 역사와 전통에 빛나는 우리 대한국민은 기미년 3·1운동으로 대 한민국을 건립하여 세계에 신포한 위대한 독립정신을 계승하여 이제 민 주독립국가를 재건함. (하략)

3·1운동으로 건립된 대한민국은 대한민국 임시정부이니 재건한 민주 독립국가는 임시를 뗀 대한민국이 되는 것이다. 또한 임시정부 인사들이 분단을 막기 위해 남한의 단독정부에 참여하는 것에 큰 부담을 느꼈지만 대한민국 정부의 구성은 상당수 임시정부 요인들*로 채워졌다.

단독정부 수립이 확정되고 남북분단이 확정되자 민족의 논리보다 이념 의 논리가 시대를 압도했다. 이러한 나라는 적어도 임시정부가 꿈꾸던 나 라가 아니었다. 그리고 비극이 찾아왔다. 1949년 6월 26일, 임시정부의 마지막 청사라 할 경교장에서 현역 군인 안두희에게 김구가 암살당하고 말았다. 김구의 어머니 곽낙원이 일찍이 장사에서 남목청 사건이 일어났 을 때 절대로 "동포의 손에 죽어서는 안 된다."라고 했는데 가장 우려했 던 일이 벌어져버렸다.

---

* 대통령 이승만, 부통령 이시영, 국회의장 신익희, 국무총리 겸 국방부장관 이범석, 무임소장관 지청천, 반 민특위위원장 김상덕.

임시정부가 돌아온 조국의 풍경

임시정부의 역사는 서울까지 이어졌지만 그 이야기를 나누는 곳은 장강과 가릉강이 만나는 중경이 될 것이다. 항구도시 중경의 면모는 임시정부 시절의 중경과 크게 달라졌다. 상해의 야경이 대단하다고 하는데, 중경의 야경도 그에 못지않다. 강 건너에서 거창한 빌딩이 형형색색의 빛을 뿜어내는 모습은 가히 장관이다. 그 빌딩숲 사이에서 찾아낸 작은 유적, 어쩌면 이미 잘린 나무의 작은 그루터기 같은 곳이 임시정부와 대한민국의 역사 유적이다.

임시정부 요인들은 셀 수 없는 밤을 중경에서 보내며 자신들이 만들어갈 나라에 대해 꿈을 꾸었다. 그러나 1945년 8월 10일, 그리고 15일 이후 고국에 돌아온 순간, 그 꿈의 많은 부분을 접어야 했다. 독립운동을 했고, 쉬지 않고 싸워왔지만, 세계정세는 다시 급변했고 대한민국의 운명은 열강의 손에 달려 있었다.

그들 역시 엄청난 희생 끝에 일본의 항복을 받아냈기 때문에 자신의 몫을 챙기고자 했다. 당연하게도 자신들의 이익에 충실했다. 그 결과 유럽에서는 전쟁을 일으킨 독일이 네 조각으로 갈라졌지만, 일본이 지고 갔어야 할 분단의 굴레를 우리가 대신 떠안아야 했다. 그 속에서 대한민국 임시정부는 기적처럼 '임시'를 뗀 대한민국 정부로 이어졌다. 하지만 중경에서 꿈꾸던 대한민국의 모습과는 많이 달랐다. 남북이 분단됐고 친일파가 청산되지 못했으며, 무엇보다 동족상잔의 비극이 일어났다.

그러나 대한민국 임시정부가 없었다면 어떻게 됐을까. 대한민국의 헌법과 제도는 그들에게 기댔으며, 그렇게 우리는 70여 년을 지나왔다. 공

제국에서 민국으로 가는 길

상해 외탄 전경.

화정의 모습이 잘못된 길로 접어들었을 때도, 분단된 조국의 통일을 꿈꿀 때도 우리는 임시정부의 역사 속에서 길을 찾았다. 무엇보다 3·1운동과 지금의 대한민국을 연결해줄 임시정부가 존재하지 않았다면 그 공백을 어찌 메울 수 있었을까.

제국을 민국으로 만들기 위해 걸었던 시간

장강을 바라본다. 1945년 11월, 노신사가 된 독립운동가는 거대한 물결 과 중경의 건물 속에서 수십 년 전 처음 보았던 상해 바다와 외탄의 화려 함을 떠올린다. 그는 지난 27년의 고단한 여정 속에서 새로운 국가를 건 설하고자 민족의 미래를 꿈꾸며 걸어왔던 길을 회상한다. 민주주의나 평 화와 같은 '가치'를 끝내 놓지 않고 살아온 자신에게 고생했다는 말 한마 디를 건넨다. 고국에 돌아가면 할 일이 많아서 걱정이긴 하다. 이제까지

장강 야경.

제국을 민국으로 만들기 위해 걸었던 길에서 얻은 지식과 경험을 조국에 실현하기 위해 노력할 것을 다짐한다. 그 생각으로 감격에 북받치자 노신 사의 눈에 선명하게 빛나던 중경의 야경이 뿌옇게 흐려진다. 2019년 임시정부 수립 100주년, 우리도 어느새 노신사처럼 눈시울이 붉어진다.

'영광'스럽게도, 우리는 지금까지 그와 함께 이 길을 걸었다. 장강을 바라보는 당신 옆으로 독립운동가가 보이는가. 만약에 보인다면, 적어도 상상할 수 있다면 이번 답사는 성공이다. 답사는 그 시간, 그 공간에 있던

제국에서 민국으로 가는 길

사람을 만나는 것이 아니던가.

100년이 지난 지금, 그들이 꿈꾸던 나라는 아직 완성되지 않았다. 하지만 그 꿈을 정확하지는 않아도 짐작할 수 있는 정도는 됐다. 이제부터는 우리의 몫이다. 앞으로 100년, 우리의 길을 따라 답사할 훗날 사람들 역시 이 길이 '영광'스러웠다고 말할 수 있도록 노력할 일이다.

제국에서 민국으로 가는 길

초판 1쇄 발행 2019년 1월 22일
초판 4쇄 발행 2020년 7월 10일

지은이 | 박광일

발행인 | 박재호
편집팀 | 고아라, 홍다휘, 강혜진
마케팅팀 | 김용범, 권유정
총무팀 | 김명숙

사진 | 신춘호
디자인 | 이석운, 김미연
교정교열 | 김익선
종이 | 세종페이퍼
인쇄·제본 | 한영문화사

발행처 | 생각정원
출판신고 | 제25100-2011-000320호
주소 | 서울 마포구 양화로 156(동교동) LG팰리스 814호
전화 | 02-334-7932 **팩스** | 02-334-7933
전자우편 | 3347932@gmail.com

ⓒ 박광일, 신춘호 2019

ISBN 979-11-88388-74-5 03910

이 도서의 국립중앙도서관 출판시도서목록(CIP)은 서지정보유통지원시스템 홈페이지(http://seoji.nl.go.kr)와 국가자료공동목록시스템(http://www.nl.go.kr/kolisnet)에서 이용하실 수 있습니다.(CIP제어번호: 2019000544)